# A FONTE DA LIDERANÇA

David M. Traversi

# A FONTE DA LIDERANÇA
## Oito Diretrizes para o Líder de Alto Impacto

*Tradução*
MARIA DA GRAÇA RODRIGUES BUENO

*Prefácio de*
MICHAEL E. GERBER

Editora
Cultrix
SÃO PAULO

Título original: *The Source of Leadership.*

Copyright © 2007 David M. Traversi, Ph.D. e New Harbinger Publications, 5674 Shattuck Ave, Oakland, CA 94609 USA.

Todos os direitos reservados. Nenhuma parte desta obra pode ser reproduzida ou usada de qualquer forma ou por qualquer meio, eletrônico ou mecânico, inclusive fotocópias, gravações ou sistema de armazenamento em banco de dados, sem permissão por escrito, exceto nos casos de trechos curtos citados em resenhas críticas ou artigos de revistas.

A Editora Pensamento-Cultrix Ltda. não se responsabiliza por eventuais mudanças ocorridas nos endereços convencionais ou eletrônicos citados neste livro.

**Coordenação editorial:** Denise de C. Rocha Delela e Roseli de S. Ferraz
**Preparação de originais:** Melania Scoss
**Revisão:** Maria Aparecida Salmeron

**Nota do editor**
Este livro tem como proposta fornecer informações exatas e autorizadas a respeito dos assuntos em pauta. Ele não tem a intenção de substituir a consulta a um profissional competente nas áreas psicológica, financeira, legal ou outros serviços profissionais. Se necessário, o leitor deverá consultar um profissional competente.

A citação de Martin Luther King Jr. foi reproduzida mediante acordo com a The Heirs to the Estate of Martin Luther King Jr., c/o Writers House, agente do proprietário, Nova York, NY. Copyright © 1968 The Estate of Martin Luther King Jr., copyright renovado em 1996 Coretta Scott King.

Dados Internacionais de Catalogação na Publicação (CIP)
(Câmara Brasileira do Livro, SP, Brasil)

> Traversi David M.
>    A fonte da liderança: oito diretrizes para o líder de alto impacto / David M. Traversi ; tradução Maria da Graça Rodrigues Bueno ; prefácio de Michael E. Gerber. – São Paulo: Cultrix, 2011.
>
> Título original: The source of leadership.
> Bibliografia.
> ISBN 978-85-316-1111-7
>
>    1. Administração de empresas 2. Liderança I. Título.
>
> 11-00938                                         CDD-658.4092

Índices para catálogo sistemático:

1. Liderança: Empresas: Administração executiva     658.4092

O primeiro número à esquerda indica a edição, ou reedição, desta obra. A primeira dezena à direita indica o ano em que esta edição, ou reedição, foi publicada.

| Edição | Ano |
|---|---|
| 1-2-3-4-5-6-7-8-9 | 11-12-13-14-15-16-17 |

Direitos de tradução para a língua portuguesa
adquiridos com exclusividade pela
EDITORA PENSAMENTO-CULTRIX LTDA.
Rua Dr. Mário Vicente, 368 — 04270-000 — São Paulo, SP
Fone: 2066-9000 — Fax: 2066-9008
E-mail: pensamento@cultrix.com.br
http://www.pensamento-cultrix.com.br
que se reserva a propriedade literária desta tradução.
Foi feito o depósito legal.

Este livro é dedicado à minha tia e madrinha Joan Sheldon Conan, uma líder que vive no coração de muitas pessoas e que compreendeu "o que é" e tudo "que pode ser".

# SUMÁRIO

**PREFÁCIO** .................................................................................... 9

**AGRADECIMENTOS** .................................................................. 13

**INTRODUÇÃO**
MINHA BUSCA ............................................................................. 17

### CAPÍTULO 1
PRESENÇA: A Primeira Diretriz do Líder de Alto Impacto........... 39

### CAPÍTULO 2
MENTE ABERTA: A Segunda Diretriz do
Líder de Alto Impacto..................................................................... 77

### CAPÍTULO 3
CLAREZA: A Terceira Diretriz do Líder de Alto Impacto............. 93

### CAPÍTULO 4
INTENÇÃO: A Quarta Diretriz do Líder de Alto Impacto............. 123

**CAPÍTULO 5**
RESPONSABILIDADE PESSOAL: A Quinta Diretriz do
Líder de Alto Impacto........................................................................ 143

**CAPÍTULO 6**
INTUIÇÃO: A Sexta Diretriz do Líder de Alto Impacto ................ 159

**CAPÍTULO 7**
CRIATIVIDADE: A Sétima Diretriz do Líder de Alto Impacto ...... 187

**CAPÍTULO 8**
COMUNICAÇÃO INTERLIGADA: A Oitava Diretriz do
Líder de Alto Impacto........................................................................ 203

**CAPÍTULO 9**
COMO SE TORNAR UM LÍDER DE ALTO IMPACTO:
As Oito Diretrizes do Líder de Alto Impacto................................... 225

**REFERÊNCIAS BIBLIOGRÁFICAS** ................................................ 239

# PREFÁCIO

A primeira vez que encontrei David Traversi foi há mais ou menos oito anos. Por um lado, nosso encontro foi fortuito. Por outro, e hoje vendo em retrospecto, foi certamente obra de algum poder superior. Pessoalmente, acredito que ambos crescemos imensamente por termos nos conhecido.

Pelo fato de ter vendido milhões de exemplares de *The E-Myth Revisited* e de outros livros com foco na capacitação do empreendedor e do proprietário de pequenos negócios, meu interesse, na época, era aprender mais sobre o modo pelo qual as empresas de pequeno porte e seus líderes faziam a transição para uma escala de maior grandeza. Em particular, eu queria estudar o crescimento de minha própria empresa de treinamento e conversar com líderes de empresas grandes sobre a maneira de engajar todos os integrantes do processo nas filosofias do *E-Myth*.

David dedicara grande parte de sua carreira ao financiamento e aconselhamento de grandes corporações e seus líderes, bem como na administração de grandes corporações; nessa ocasião estava procurando iniciar os negócios do zero. Ele queria aprender o que eu sabia e eu, por outro lado, sentia vontade de aprender o que ele sabia. Nossas conversas duravam muitas horas. Acredito que aprendemos muito um sobre o outro e sobre o mundo do outro.

Depois de muitos anos de relacionamento, David me falou de sua ideia para o livro que você está segurando nas mãos neste exato momento. Eu sabia, com base em nossas discussões, que David era um estudioso da liderança, porém eu não avaliava a profundidade que seu interesse e sua especialização de fato alcançavam. Ele me explicou sua crença, criteriosamente embasada, na existência de um núcleo, dentro dos líderes, que fornece todas as maneiras possíveis de eles se comportarem, além de fornecer todas as funções que supostamente deveriam executar em seu papel de líderes. Explicou-me que esse núcleo consiste em diretrizes pessoais, ou energias que, quando desenvolvidas, permitem aos indivíduos possuírem as características e executarem as funções normalmente esperadas de um líder. Tais diretrizes, ou energias, "destravam" e "desbloqueiam" os líderes. David acha que essas diretrizes centrais são a fonte da liderança. Com elas, os líderes atuais e futuros alçarão voo. Sem elas, serão abatidos.

Como resultado de nossa conversa, experimentei dois sentimentos diversos: em primeiro lugar, senti uma renovada sensação de união e afinidade com David. Em meu próprio trabalho, comecei recentemente a pesquisar mais a fundo a natureza humana, buscando meios de liberar as energias pessoais do empreendedor. Esse trabalho continua sendo realizado atualmente em meus workshops, bem como em livros a serem publicados nos próximos meses e anos.

Em segundo lugar, comecei a perceber como as diretrizes que David examinava pareciam, de fato, permear a base de todo líder de sucesso que eu conhecia ou conhecera em algum momento. Por exemplo, o líder que se sobressai com excelência na formação e articulação de uma visão corporativa para sua empresa é aberto e criativo e possui uma forte intuição. E o líder que cria um grande senso de *accountability*\* dentro de sua empresa tem um profundo sentimento de responsabilidade pessoal e se sobressai na transparência da comu-

---

\* *Accountability* significa "Obrigação de um indivíduo, empresa ou instituição de prestar contas de suas atividades, aceitar a responsabilidade por elas e divulgar os resultados de modo transparente. Também inclui a responsabilidade pelo dinheiro ou outras propriedades sob sua custódia" (traduzido de http://www.businessdictionary.com/definition/accountability.html).

nicação, de uma maneira extremamente interligada com sua equipe. A cada traço pessoal ou função bem-sucedida que eu analisava, uma ou mais diretrizes identificadas por David pareciam estar inseridas em seu núcleo.

Com a publicação deste livro, e de outros livros cujo foco está nos poderes pessoais profundos que existem em cada um de nós, eu acredito intensamente que podemos esperar uma mudança igualmente profunda, e para melhor, em nossas vidas pessoais, nossos empreendimentos profissionais e sociais e, principalmente, em nosso mundo.

— Michael Gerber
Chefe "Sonhador"
The Dreaming Room LLC

## AGRADECIMENTOS

Como você perceberá neste livro, creio profundamente na unicidade de nossa existência, pois estamos todos interligados uns aos outros e a qualquer elemento da nossa existência por meio de uma energia única. Nada ocorre isoladamente. Não há exemplo melhor do que a criação deste livro, a qual não teria ocorrido se não fossem os esforços coletivos e a inspiração de muitas pessoas.

Acima de tudo eu gostaria de agradecer à minha adorável e amada esposa, Lisa, que incorpora todas as energias discutidas neste livro, mais do que qualquer pessoa que eu já tenha conhecido. Pelo fato de ter aparecido em minha vida numa fase de transição, ela me inspirou e apoiou minha busca de uma verdade mais profunda, o que levou enfim à formulação deste livro. Sempre serei grato pela paciência que ela demonstrou, pelos sacrifícios que fez e pela liberdade que me concedeu enquanto eu reunia todo o material.

Agradeço também a meus filhos, Carlo e Giovanni, e à minha filha, Madigan, pelo amor e apoio e pela maneira como inspiram em mim as diretrizes apresentadas neste livro.

Tive a sorte de ter trabalhado com diversos mentores e conselheiros que me ajudaram a superar uma série de questões que impediam meu acesso a algumas das diretrizes, ou energias, discutidas neste livro. Em particular, agradeço a Larry Clarke e Beverly Engel por sua paciência, persistência, discernimento e empatia. Sem eles, este livro não existiria.

Sou grato a Michael Gerber, meu querido amigo e ex-cliente. Escritor, orador e gerador de ideias que provocam inspiração, Michael me encorajou durante o processo de redação e me apresentou a pessoas do mercado editorial que me encorajaram igualmente.

Meus profundos agradecimentos a meu agente e amigo, Stephen Hanselman, da *LevelFive*Media, LLC. Este livro só foi possível devido à sua confiança em mim como pessoa, sua capacidade de reconhecer o valor da mensagem deste livro e seus vastos e profundos contatos no mercado editorial. Ele foi excepcional durante todo o processo. Agradeço também aos profissionais externos, responsáveis pela publicidade, Michael Levine, Liam Collopy e Dawn Miller, do Levine Communications Office, pelo brilhante trabalho de divulgação deste livro.

Aos muitos clientes ao longo desses últimos vinte anos, meus sinceros agradecimentos por sua confiança em mim e por partilharem suas experiências comigo. Em meu trabalho com eles, durante muitos anos, fui exposto à liderança em todas as suas formas e qualidades, o que resultou na aquisição de uma perspectiva única, capaz de moldar a criação deste livro. Além disso, faço um agradecimento especial aos líderes extraordinários — treinadores, professores e colegas — que encontrei no início da minha vida e que instigaram em mim o desejo de buscar uma compreensão mais profunda da liderança: Tom Whiting, Bill Silva, Mike Davis, Tony Kehl, Frank Martinez, Doug Johnson, Ples Crews, Marty Procaccio, o padre Gary Lombardi, Casey Gilroy, os falecidos John Ramatici e Steve Dunaway, John Volpi, Paul White, Shaun Bolin, Bill Vyenielo, Tim Burnett, Rey Serna, Dennis DiCamillo, Ed Conroy, Charles "C.C." Carter e Scott Bootman.

Vários amigos íntimos despenderam seu precioso tempo na leitura do manuscrito e ofereceram sugestões para seu aperfeiçoamento. Meus sinceros agradecimentos a Marrianne McBride, que também é minha irmã — um dos maiores apoios que uma pessoa pode receber; Stephen Gale, um homem sábio, tanto no conhecimento da alma como no da liderança; e Carl Stratton, a quem eu também agradeço por ser o amigo que é e por oferecer seu apoio consistente, suas observações e seu entusiasmo ao longo dos muitos anos de nossa amizade e de várias colaborações. Sou muito grato também pelo apoio constante e pela profunda amizade de Paul e Linda Kruzic e sua maravilhosa família, bem como de Lloyd e Evelyn Adams.

Agradeço profundamente a meu irmão, Stephen Traversi, da Foothill Media, por criar os gráficos deste livro e o seu *website* (www.thesourceofleadership.com), assim como o logotipo e a marca registrada de *The Source of Leadership*. E agradeço a Levi Ruiz, da Fixed or Free Computer Services, por manter meus sistemas de TI no ar e funcionando, sempre com uma atitude positiva e solícita. Eles são os melhores!

Meu agradecimento especial também para John Ramatici, um velho amigo e uma fonte de inspiração para mim e para muitos outros. Um líder verdadeiramente extraordinário, como pai, atleta, piloto, empresário e membro da comunidade, que combateu a ELA (esclerose lateral amiotrófica) com a mesma energia positiva, dignidade, amor e apoio aos outros, que são característicos de sua vida diária. John, em nome dos milhares de vidas que você ajudou, afirmo que "Vamos sempre nos lembrar de você".

Quero também mencionar algumas outras pessoas que fizeram parte da minha vida, mas deixaram este mundo durante a redação deste livro: minha avó, Josephine Traversi, que ensinou a mim e a todos o significado do amor incondicional. Gene Benedetti, Mary Ann Milne, Garrett Fogg, Misha Dynnikov e Jonathan Field foram líderes extraordinários em seus universos e a seus modos e, como a maioria dos líderes extraordinários, inspiraram de maneira mais profunda e mais ampla do que jamais imaginaram.

Finalmente, tive a sorte de trabalhar com um grupo maravilhoso de pessoas na New Harbinger Publications — pessoal de aquisições, editorial, design/produção, marketing e todos aqueles que me ajudaram a dar forma ao meu livro e colocá-lo nas mãos dos leitores. Agradeço a toda a equipe por perceber o valor daquilo que eu tinha a dizer e por confiar na minha capacidade de articular as ideias com consistência. Meus agradecimentos especiais a Melissa Kirk, minha editora de aquisições, por administrar o processo com entusiasmo e classe; Heather Mitchener, minha diretora de editoração; Jess Beebe e Kayla Sussell, minhas editoras seniores; e Jean Blomquist, minha revisora, por sua paciência e comprometimento e por assegurar que eu transmitisse minha mensagem de modo assertivo. Também a Julie Bennett, diretora de vendas e marketing; Amy Shoup, diretora de arte; Earlita Chenault, minha publicitária; e Troy DuFrene, redator de textos publicitários, pelo desenvolvimento e execução de um eficaz plano de marketing.

INTRODUÇÃO

# MINHA BUSCA

Você deseja liderar do modo mais eficaz possível? Pretende se comprometer com a liderança efetiva? Talvez você já seja um líder que busca liderar da maneira mais eficaz. Ou, pode ser um líder aspirante, querendo liderar pela primeira vez. Quando surgem as oportunidades, todos nós temos de liderar — em áreas tais como família, negócios, política, educação, organizações sem fins lucrativos, esporte ou forças armadas, somente para citar algumas. Este livro é para todo mundo. E, o mais importante, é feito para você.

Este livro visa aperfeiçoar sua eficácia como líder no mundo de hoje — uma época em que enfrentamos a mais rápida, complexa e dinâmica mudança na história de nossa vida. Ele vai equipar você com as melhores ferramentas disponíveis para enfrentar esses desafios — ferramentas que vão ajudá-lo a encontrar um contentamento e uma satisfação profundos em termos pessoais, bem como capacitá-lo a se tornar um *líder de alto impacto*.

O líder de alto impacto possui as características clássicas de um líder:

- Autodefinição
- Raciocínio proativo
- Credibilidade
- Inspiração
- Orientação para pessoas
- Energia
- Curiosidade
- Concentração
- Coragem
- Organização
- Capacidade de apoio

Um líder de alto impacto também executa as funções clássicas da liderança:

- Construir um núcleo baseado em valores
- Gerar ideias
- Formar uma visão
- Criar um plano
- Constituir uma equipe
- Construir uma estrutura responsiva
- Criar *accountability*
- Produzir resultados

As ferramentas necessárias para se tornar um líder de alto impacto existem dentro de você neste exato momento. São elas as *diretrizes internas*, ou "energias pessoais", que estão prontas para auxiliá-lo em sua jornada. Acessá-las é meramente uma questão de escolha. Muito embora essas diretrizes, por si mesmas, existam há muito tempo, pelo menos desde a origem da raça humana, elas geralmente não são discutidas no contexto da liderança. Portanto, você vai encontrar poucas evidências empíricas que deem suporte aos elos que criei entre elas e a liderança. Particularmente, acredito, com base nos conhecimentos e nas percepções formadas ao longo de uma extensa carreira como líder e como consultor dos principais líderes dos Estados Unidos, que essas diretrizes constituem o núcleo do líder de alto impacto. Elas sugerem uma abordagem sobre liderança totalmente diferente de qualquer outra que você já tenha considerado algum dia. Pedem que você busque profundamente dentro de si mesmo, em seu núcleo como ser humano, para extrair as energias que abastecerão sua capacidade de ser um líder altamente efetivo. Tudo que peço é que você permaneça receptivo, sem resistir, e avalie essas ideias. Considere a possibilidade de que a jornada aqui sugerida pode vir a ser a mais profunda de sua vida.

## A CRISE DE LIDERANÇA GLOBAL

Com base em minhas observações e experiências, acredito que muitos líderes atuais estão se debatendo e, até mesmo, fracassando nas mais variadas áreas — governo, política, forças armadas, movimentos sociais, religião, organizações sem fins lucrativos e mundo corporativo. Por exemplo, creio que nossos líderes políticos, como um todo, estão agindo pouco no sentido de reverter o aquecimento global e garantir um meio ambiente seguro e adequado à sobrevivência dos seres humanos e de outras espécies nos anos vindouros. De fato, em novembro de 2006, o então secretário-geral das Nações Unidas, Kofi Annan, declarou que o aquecimento global foi "causado por uma assustadora falta de liderança" em todo o globo (Gettleman, 2006). Os líderes pouco fazem para solucionar o efeito prejudicial dos produtos químicos em nosso ar, terra e água, e tampouco para assegurar que os seres humanos — e nossas plantações e criações de gado, aves domésticas e peixes — permaneçam saudáveis. E pouco se dedicam a solucionar nossas necessidades básicas de saúde e bem-estar, e a assegurar que milhões de nós sejamos bem alimentados e estejamos saudáveis. Também pouco fazem para ganhar nossa confiança em sua integridade ou nos fazer crer que agem por outras razões que não aquelas que apenas garantem sua reeleição. Internacionalmente, são ineficazes na tarefa de nos proteger e garantir uma vida pacífica e segura para nós e nossos filhos. Desde a Segunda Guerra Mundial, será que já nos sentimos assim tão indefesos?

Acredito que muitos de nossos líderes religiosos nos desapontaram também. Não é preciso ir além da Igreja Católica e seus escândalos relacionados à pedofilia. E o mundo corporativo? Diversos CEOs não atingem suas metas de lucro por não serem capazes de compreender o que está realmente acontecendo ao seu redor. Muitos erram no desenvolvimento do produto e lançam um produto defeituoso ou incompatível com aquilo que o consumidor quer. Muitos não veem o que acontece no cenário competitivo, percebendo tarde demais que o concorrente tem um trunfo nas mãos. Muitos se apavoram diante dessa rápida, complexa e ameaçadora existência e não conseguem assumir riscos. Esses CEOs estão inacessíveis às verdades existentes por trás de toda essa estática e chiados. Alguns, tomados pelo medo, saqueiam suas empresas e acionistas. Outros, por arrogância e ganância, cometem crimes sem qualquer remorso. Todos nós lemos sobre empresas como Enron, Tyco, WorldCom, Adelphia e, mais recentemente, os diversos escândalos relacionados à contabilização retroativa das opções de ações.

Os líderes nos colocaram nessa situação. E são os líderes que terão de nos tirar dela. Mas, neste momento, vivenciamos uma crise de liderança. Simplesmente, não temos líderes eficazes em número suficiente. Além disso, falta-nos um meio eficaz para desenvolver e treinar os líderes dos quais necessitamos. Este livro vai demonstrar de que maneira as diretrizes pessoais — as energias centrais existentes na alma de um líder — são a solução para nossa crise de liderança global. Em toda crise há oportunidades e esta crise não é uma exceção. Acredito que as pessoas que desejam fazer uma imersão em uma nova abordagem à liderança, baseada nas energias pessoais e essenciais mencionadas, virão à tona como os mais poderosos líderes de amanhã, liderando de um modo mais eficaz do que jamais testemunhamos antes.

## A CRISE DE LIDERANÇA LOCAL

Em um nível muito mais próximo e familiar, muitos líderes lutam arduamente no dia a dia de seus próprios mundos. Por exemplo, se você lidera um negócio, luta contra problemas aparentemente infinitos, altamente complexos e que mudam rapidamente, em áreas tais como regulamentação, tecnologia, Internet, terceirização e exportação ou importação de mão de obra, relações trabalhistas, pagamento de funcionários, promoção de ambientes de trabalho mais "verdes", integridade do produto, estabilidade financeira e, até mesmo, catástrofes naturais.

No campo das organizações sem fins lucrativos, você luta com a mudança de tendências na filantropia, a demanda por serviços que reduzam o uso de recursos, a dificuldade de criar impacto e a "concorrência" de uma quantidade aterradora de outros provedores de serviços. Se lidera uma empresa pública, você enfrenta a desafiadora apatia por parte dos funcionários, a ineficácia burocrática e a falta de incentivos para motivar a criatividade.

No ensino, enfrenta a redução dos financiamentos, as classes superlotadas, os alunos indisciplinados e os pais totalmente apáticos ou aqueles com a missão de incriminar alguém. Nos esportes, luta contra a integridade decrescente, as drogas que aumentam o desempenho, a interferência dos pais, no caso de atletas juvenis, e o comportamento criminoso quando se trata de adultos.

Se você lidera uma reforma social, sua luta se baseia em encontrar uma voz — uma mensagem atrativa e um canal eficiente de distribuição — capaz de unir pessoas no combate contra a discriminação, seja de raça, gênero, idade, preferência sexual ou classe econômica.

Até mesmo em casa, os líderes familiares lutam contra forças que contribuem para o divórcio, a violência doméstica, os vícios e, na melhor das hipóteses, o baixo desempenho dos filhos na escola ou, no pior dos casos, a perda deles para as gangues e o comportamento criminoso.

Como líderes em todas essas áreas, temos coletivamente uma falta de ferramentas fundamentais para enfrentar nossos desafios. Mas continue sua leitura. *A Fonte da Liderança* fornece essas ferramentas. Nós podemos e vamos liderar melhor, seremos mais eficientes e criaremos uma vida melhor para todos.

## NOSSA VIDA EXTREMAMENTE COMPLEXA E DE ALTA VELOCIDADE

Por que enfrentamos essa crise de liderança — tanto doméstica como global? Por que nossa liderança é sempre medíocre, em vez de ser de alto impacto? Em uma só palavra... tecnologia. A tecnologia aumenta intensamente o volume de dados que recebemos e a velocidade na qual precisamos processar esses dados. Como líderes, nossa resposta à quantidade e velocidade dos dados é frequentemente medíocre. Nossa vida guiada pela tecnologia nos sobrecarrega.

Em 1981, ano em que me formei na faculdade, ninguém que eu conhecesse tinha computador pessoal. Nas aulas de computação, escrevíamos os programas em máquinas perfuradoras de cartões e essas pilhas de cartões perfurados eram colocadas em uma central de processamento que, por sua vez, demorava 12 horas para finalizá-lo. Em 1981, a FedEx ofereceu pela primeira vez serviço de entrega em 24 horas. A tecnologia do fac-símile já existia, mas as transmissões eram tão lentas que nenhum conhecido meu tinha máquina de fax. Ninguém que eu conhecesse tinha telefone celular. (Quanto aos primeiros adaptadores, não tive nenhum até 1989.) O que mais havia em 1981? A Internet, da maneira como a conhecemos, não existia. Não havia scanners. Não havia assistentes digitais pessoais. Não tínhamos equipamentos sem fio. Não fazíamos videoconferências.

O que tínhamos? Usávamos máquinas de escrever. Usávamos ditafones. Usávamos telefones fixos. Enviávamos correspondência pelos Serviços Postais. Fazíamos tudo muito mais lentamente, processando os dados que gotejavam em nossas escrivaninhas e nos certificando de fazer tudo direito.

Avançamos um quarto de século e, hoje, todas essas tecnologias nos sobrecarregam com uma quantidade crescente de dados exponencialmente complexos, transferidos a velocidades cada vez maiores. Como prática coletiva, a liderança simplesmente ficou para trás de tudo mais que existe no mundo e que foi acelerado e complicado pela tecnologia. Frequentemente, nós, líderes, somos incapazes de distinguir os dados úteis dos inúteis. E mesmo que pudéssemos, não temos tempo para compreender o que fazer com as informações úteis antes que elas se tornem rapidamente inúteis. Estamos tentando "beber água direto de uma mangueira de bombeiros". O que resulta em medo, stress, resistência, lapsos de integridade, incapacidade de concentração, falta de responsabilidade pessoal, ausência de criatividade e, o mais importante, uma falta de resultados positivos; marcas características do padrão de liderança existente hoje em dia.

## AS ABORDAGENS TRADICIONAIS SOBRE LIDERANÇA DESAPONTAM

Seguramente, as abordagens tradicionais à liderança têm as respostas. Correto? Na verdade, sim e não. Essas abordagens fornecem objetivos bons e claros para um líder, porém não articulam os meios para alcançá-los.

Os livros tradicionais sobre liderança descrevem de maneira clara e precisa como um líder deve ser e o que deve fazer para se tornar eficaz em seu papel de liderança. Li milhares de artigos e uma vasta quantidade de livros, incluindo as "bíblias" modernas da liderança, tais como *The Leadership Challenge*, de James Kouzes e Barry Posner (2002); *Leadership Effectiveness Training*, do dr. Thomas Gordon (2001); *The Fifth Discipline*, de Peter Senge (1990); *Built to Last*, de James C. Collins e Jerry I. Porras (1994); *Good to Great*, de Jim Collins (2001); *Servant Leadership*, de Robert Greenleaf (1977); *The Leadership Engine*, de Noel Tichy, com Eli Cohen (1997); e praticamente tudo que foi escrito por Peter Drucker, John Gardner, Max De Pree, Warren Bennis, Margaret Wheatley, John Maxwell e Jack Welch, para citar somente alguns deles. Com poucas exceções, eles formulam listas com traços de caráter e funções daquele a quem chamei de *líder de alto impacto*, parecidas com o que vemos a seguir:

## TRAÇOS DE CARÁTER

O líder de alto impacto tem ...

- Autodefinição: no íntimo, conhece seus valores, crenças, objetivos mais elevados e visão de futuro, e como expressá-los com clareza.
- Raciocínio proativo: visualiza possibilidades positivas e excitantes para o futuro.
- Credibilidade: possui competência e mostra consistência e congruência em suas palavras e em seu comportamento, de modo que os outros passam a ter uma profunda confiança em seu caráter e habilidades.
- Inspiração: ouve atentamente os outros com o intuito de descobrir um objetivo comum, depois dá vida à sua visão ao comunicá-la, de modo que os membros de sua equipe se enxergam nela.
- Orientação para pessoas: franco e gentil, com um verdadeiro apreço pelas pessoas.
- Energia: possui um extenso reservatório de energia positiva e habilidade de gerar nova energia a partir das vicissitudes da vida organizacional.

- Curiosidade: extremamente inquisitivo e ávido por aprender.
- Concentração: capaz de concentrar energia e atenção para perseguir um objetivo.
- Coragem: capaz de tomar decisões árduas e desempenhar tarefas difíceis; tem propensão para assumir riscos.
- Organização: capaz de coordenar e direcionar atividades, formando um todo integrado, estruturado e funcional.
- Capacidade de apoio: fortalece os demais ao promover um ambiente de trabalho que incentive o ato de assumir riscos, a colaboração, a autoliderança e o reconhecimento; facilita a transformação de desafios em crescimento pessoal.

## FUNÇÕES

O líder de alto impacto ...

- Constrói um núcleo fundamentado em valores: cria uma capacidade organizacional que diz, nas palavras de James Collins e Jerry Porras (1994, 54), "(Isso) é quem somos; isso é o que representamos; isso é o que nos define"; a "posição" defendida pela organização.
- Gera ideias: um líder enérgico, que identifica novos contatos e parcerias e dá origem a conceitos, abordagens, processos e objetivos novos ou alternativos.
- Forma uma visão: transforma ideias e possibilidades em objetivo organizacional.
- Constrói um plano: cria e define o caminho ideal, que interliga a visão aos resultados.
- Constitui uma equipe: recruta, envolve e inspira pessoas para concretizar uma visão.
- Constrói uma estrutura com capacidade de resposta: cria uma estrutura consistente com a existência interconectada em que vivemos, de alta velocidade e extremamente complexa; uma estrutura permeável e flexível, altamente adaptável às condições mutáveis.
- Cria *accountability*: promove uma cultura e implementa sistemas que requerem de cada indivíduo sua parcela de contribuição dentro de um ambiente colaborativo.

- Produz resultados: concretiza a visão da maneira mais eficiente, holística e mensurável.

## ESTÁ FALTANDO O "COMO FAZER"

A partir das listas de checagem dos traços de caráter e das funções, os líderes e aspirantes a líder percebem como deve ser e o que deve fazer um líder de alto impacto. Porém, o que eles não aprendem com base nesses recursos, a meu ver, é *como* ser o que devem ser e *como* fazer o que devem fazer para se tornarem líderes de alto impacto. Eles conhecem o ponto de destino, mas não possuem os meios — o mecanismo — que os levem até lá. A "escola coletiva de liderança", apesar de fornecer objetivos e informações gerais de grande ajuda, não vai longe nem fundo o suficiente. O que vamos investigar neste livro são os meios — o "mecanismo" ou as diretrizes — para levar você ao ponto de destino de sua liderança.

Talvez no passado, o ritmo da nossa vida fosse mais lento e a vida suficientemente direcionada, de sorte que os líderes pudessem descobrir os meios por si próprios. Ou, talvez, a liderança de alto impacto fosse desnecessária. Talvez uma liderança simples — que contivesse somente alguns dos traços dos líderes de alto impacto e realizasse somente algumas das funções dos líderes de alto impacto — fosse suficiente naquele tempo, mais calmo e mais simples: época na qual os líderes participavam de três reuniões por dia, em vez de dez ou vinte. Quando se esperava que fossem lidos quatro relatórios por dia, em vez de vinte ou trinta. Quando eles tinham cinco telefonemas para responder por dia, em vez de trinta ou quarenta. Quando eles nunca recebiam uma correspondência chamada "e-mail", em vez de receber e tentar responder a duzentas delas por dia. Quando viajavam de avião para participar de uma reunião de negócios uma ou duas vezes por mês, em vez de duas ou três vezes por semana. Quando tinham tempo para pensar nas coisas, em vez de estar falando em seus celulares praticamente o tempo todo, desde o momento em que acordam, e nem sempre com apenas uma pessoa na linha, mas com várias ao mesmo tempo. Quando eles operavam em uma economia local, ou mesmo nacional, em vez de uma economia global. Porém uma liderança normal simplesmente não funciona mais nos dias de hoje.

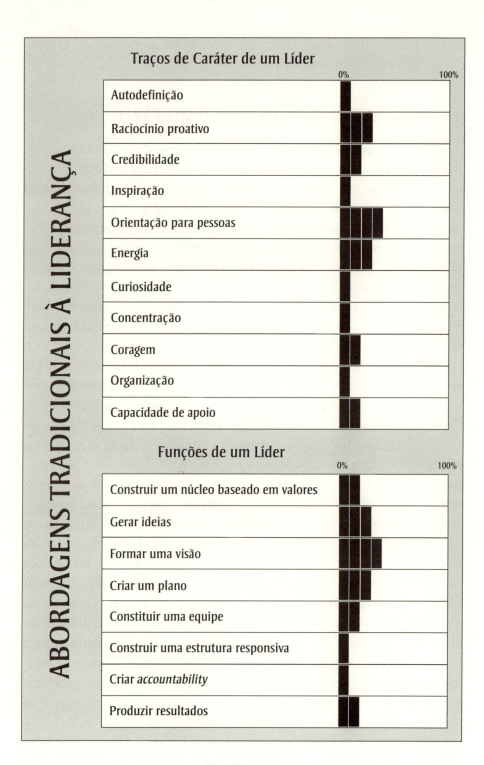

QUADRO Intro.1

Ao longo deste livro, utilizo uma ilustração chamada "Painel de Controle da Liderança" para dispor minhas visões sobre os vários aspectos da liderança como, por exemplo, a eficácia da liderança ou a realização efetiva dos traços de caráter incorporados pelos líderes e as funções desempenhadas por eles. O líder de alto impacto atinge quase 100% de eficácia na maioria ou em todos os traços e funções, enquanto o líder comum atinge muito menos de 100% de eficácia na maioria ou em todas as áreas. Em média, creio que o Painel de Controle da Liderança para os líderes atuais deva ser algo semelhante ao apresentado no quadro Intro.1.

Talvez alguns líderes sejam excepcionais em alguns traços ou ao executar algumas tarefas mas, segundo a minha experiência, muito poucos "derrubam todos os pinos do boliche". Na média, acredito que os líderes erram de pontaria na maioria dos pinos e atingem a eficácia em menos de 50% das áreas. Em minha opinião, há muito poucos líderes de alto impacto hoje em dia. Essa realidade diminui significativamente a probabilidade de nossa coletividade chegar a lugares extraordinários ou alcançar resultados extraordinários. Uma nova abordagem radical, um novo jeito radical de pensar e um novo conjunto radical de ferramentas são necessários para habilitar os líderes atuais a incorporar os traços e executar as funções de um líder extraordinariamente eficaz — o líder de alto impacto — em tempos de alta velocidade e complexidade.

## A EROSÃO DAS VANTAGENS DA POSIÇÃO DE LÍDER

A tecnologia opera de um modo mais sutil, porém igualmente poderoso, para minar a eficácia de um líder. Causa uma erosão nas vantagens históricas da posição de liderança. Até recentemente, muitos líderes conseguiam atingir resultados positivos no curto e no médio prazos, apesar de sua falta de preparo profissional, por causa de determinadas *vantagens posicionais* sobre as quais se apoiavam. Em particular, eles possuíam educação superior, mobilidade e acesso aos canais de comunicação. Podiam escolher como liderar, tendo por base sua própria percepção das condições existentes, e dificilmente seriam questionados por seus liderados porque estes possuíam um entendimento inferior sobre essas mesmas condições. Em outras palavras, as pessoas seguiam os líderes porque os percebiam mais próximos da realidade, ou da situação efetiva existente.

Hoje em dia, no entanto, a tecnologia funciona como um potente equalizador. Essas vantagens posicionais desapareceram. Os liderados têm igual conhecimento graças à Internet. Têm igual mobilidade devido à capacidade de trabalhar em qualquer local e para qualquer instituição. E têm igual acesso aos canais de comunicação via e-mail, blogs, salas de bate-papo, mensagens instantâneas, telefones celulares e publicação de conteúdo via Internet (*podcasting*). Atualmente, um líder deve estar mais próximo da realidade de fato ou daquilo que existe de verdade. Aqueles mais próximos do conhecimento do que é real — do que existe de verdade — vão liderar os que estão mais distantes. Por exemplo, no passado, somente o CEO teria acesso a um relatório de pesquisa de mercado bem elaborado e consistente que sugeria um iminente declínio na demanda internacional dos produtos da empresa. Mas o CEO poderia não ter acreditado no relatório e, portanto, ter optado por ignorá-lo, o que levaria a empresa a pressupor que a demanda permaneceria forte no futuro estimado. Os funcionários da empresa teriam provavelmente a percepção de que, com base nas ações e possíveis representações do CEO, a estimativa de demanda para os produtos era alta. Hoje, no entanto, é provável que o relatório de pesquisa ou seu conteúdo esteja disponível para o público em geral, inclusive para os funcionários da empresa, via Internet. A vantagem posicional do cargo de CEO desapareceu. Atualmente, o CEO deve liderar assumindo o pressuposto de que os funcionários detêm as mesmas informações que ele. Nesse caso, a fim de manter sua credibilidade, o CEO deve explicar por que acredita que o relatório de pesquisa está errado, ou se posicionar como líder e assumir que o relatório está correto.

Como é possível navegar nas águas da realidade atual? Por meio da prática e, por fim, da mestria na liderança pessoal. A liderança pessoal envolve a identificação, o acesso e o desenvolvimento das diretrizes — as energias pessoais internas — que levam o líder para mais perto daquilo que é real. Deixe-me compartilhar um pouco do que aconteceu em minha própria vida.

## A DESCOBERTA DE MINHA LIDERANÇA PESSOAL

Ao longo da minha carreira fui, e em alguns casos continuo sendo, CEO, treinador de executivos, banqueiro de investimentos, advogado, consultor de estratégias e investidor. Comecei como advogado em tribunais do Alasca e Califórnia, mas escapei rapidamente para o mundo dos negócios. Armado com um diploma de MBA da Universidade da Califórnia, em Berkeley, trabalhei pouco tempo como financiador comercial no grupo Citicorp antes de entrar na área de financiamento empresarial da Montgomery Securities, em San Francisco. Ao longo dos sete anos na empresa, fundei e dirigi o grupo de financiamento empresarial imobiliário, bem como codirigi o grupo de financiamento de serviços de tecnologia. Liderando ofertas públicas iniciais de ações (IPOs), outros financiamentos e fusões e aquisições, no total de aproximadamente US$ 3 bilhões, e atendendo empresas públicas e privadas em todos os Estados Unidos, trabalhei bem próximo a centenas de líderes norte-americanos de primeiro escalão.

Depois da Montgomery, no final da década de 90 e início da década de 2000, assumi diversos cargos executivos de liderança: vice-presidente executivo da E*Trade Group, uma empresa de negociação e comercialização online de ações públicas; presidente da Sirrom Capital Corporation, uma grande empresa de investimento público em centenas de pequenos negócios (já vendida); e cofundador e CEO da PRE Solutions, uma das maiores empresas mundiais de processadores eletrônicos para produtos pré-pagos de telecomunicações (já vendida). Em 2004, fui cofundador da Sensor Platforms; atualmente, uma empresa de capital de risco, fabricante de semicondutores a serviço da indústria de sensores. Ao longo do percurso, atuei, e continuo atuando, em vários conselhos de administração de empresas públicas, privadas e de organizações sem fins lucrativos. Atualmente, ofereço treinamento para executivos, consultoria estratégica e serviços de desenvolvimento de lideranças por todo o país. E ainda crio de vez em quando novas empresas no mercado. Durante essas experiências tive a oportunidade de conhecer e trabalhar com milhares de líderes em uma ampla e diversificada gama de empresas.

Por muitos anos, nessa minha jornada, a riqueza e o reconhecimento profissional foram abundantes. Mas o contentamento e a satisfação pessoal estavam sempre "entorpecidos". Eu gastava cada minuto do meu tempo livre pensando no futuro: "Quando eu tiver tanto de dinheiro, vou fazer tal coisa". "Quando eu tiver tal emprego, vou fazer tal coisa". "Quando meus filhos estiverem crescidos, vou para tal lugar". A vida sempre seria melhor em algum ponto do futuro.

Porém, logo que entrei na quinta década de vida, um divórcio, uma enorme mudança na carreira, a hipertensão e uma compreensão elementar de que eu não era exatamente feliz fizeram eclodir o "lado negro da minha alma". Percebi que havia vivido praticamente minha vida inteira no futuro. Ao longo de um processo lento, e por vezes doloroso, percebi que o contentamento e a satisfação, e ainda a capacidade de funcionar da maneira ideal neste mundo, não são encontrados no futuro nem no passado, mas somente no presente. Essa descoberta da presença, a primeira diretriz para se tornar um líder de alto impacto, abriu minha consciência para outras diretrizes fundamentais de transformação.

Em toda minha vida fui apaixonado pela arte da liderança. Desde a juventude, minha missão foi identificar as chaves da liderança eficaz. Li todos os livros importantes escritos nos últimos vinte anos sobre a liderança e reuni um imenso arquivo com artigos sobre praticamente cada um dos elementos que compõem a liderança. Como já disse, tive a sorte de liderar várias organizações, bem como a oportunidade única de trabalhar junto com milhares de líderes, em diversos setores da economia, e de aconselhá-los.

Minha paixão e minha missão eram motivadas por um desejo muito maior do que a mera curiosidade ou o simples esporte. Queria ser o melhor líder possível. Eu sabia que era bom, mas achava que podia ser um líder muito melhor. Mas toda vez que lia outra lista que elencava os traços de caráter e as funções de um líder eficaz, eu ficava frustrado. Qual a melhor maneira de definir a mim mesmo? Como gerar grandes ideias? Como faço para envolver uma equipe do modo mais convincente possível? Eu sei o que devo fazer, mas como fazê-lo? Como fazer da maneira ideal?

Comecei a acreditar profundamente que a maioria das coisas que foram escritas sobre a arte da liderança não chegava nem perto do âmago da questão. Os melhores livros sobre liderança venderam milhões de exemplares e centenas de milhares de pessoas foram expostas anualmente a programas sobre liderança mas, ainda assim, a liderança, na prática, nunca parecia avançar. Estava faltando o "como fazer" do desenvolvimento da liderança.

Logo depois de iniciada minha busca pessoal por viver a vida no presente momento, uma vida que, segundo eu esperava, incluísse o contentamento e a satisfação, percebi que o "eu" era o elo ausente no desenvolvimento da liderança. Ao omitir praticamente qualquer consideração sobre esse aspecto, os programas tradicionais de desenvolvimento de liderança já partem do enorme pressuposto de que nós, como líderes, somos virtuoses no controle de nossa própria vida. Esse pressuposto está errado. A imensa maioria dos líderes não é extremamente hábil a respeito de si mesmo. E não por coincidência, a imensa maioria dos líderes é composta apenas de líderes comuns.

Comecei a observar e analisar os líderes de alto impacto e os líderes comuns com quem eu estava trabalhando, assim como estudar aqueles com quem havia trabalhado anteriormente. Descobri que o sucesso e o fracasso sempre se resumiam às características pessoais. Quanto mais estudava, mais eu descobria que o sucesso e o fracasso como líder dependiam das mesmas escolhas e práticas pessoais — o modo de ser mais profundo — que eu estava aprendendo em minha própria busca pessoal. Tratava-se de um encaixe perfeito e de profundo impacto! As diretrizes, as energias pessoais, que estavam transformando radicalmente minha vida pessoal, eram também fatores críticos na formação de um líder de alto impacto.

À medida que estudava cada um dos traços de caráter e funções tradicionais de um líder, eu descobria que cada um deles estava habilitado ou capacitado por pelo menos uma diretriz central, uma energia pessoal, que, no geral, jamais foi mencionada anteriormente dentro do contexto da liderança. Ao longo do tempo, oito diretrizes centrais surgiram como dominantes. Juntas, fornecem o combustível para a liderança altamente eficaz, para a liderança de alto impacto.

## UMA NOVA DEFINIÇÃO DE LIDERANÇA

Ao longo de vários anos consegui refinar e chegar a uma nova definição de liderança que integra o "eu" e suas energias com os resultados externos:

> *A liderança é o processo de transformar as profundas energias pessoais — as diretrizes internas — em resultados interpessoais extraordinários. A pessoa que reconhece, acessa e desenvolve essas diretrizes observará, em primeiro lugar, um fortalecimento de poder e uma satisfação completa no nível pessoal e, em seguida, e somente então, uma pro-*

*funda eficácia como líder de pessoas no mundo atual, em toda sua alta velocidade, complexidade e interconexão.*

Acredito que os líderes atuais e os futuros líderes que abraçarem essa visão de liderança e desenvolverem essas diretrizes pessoais vão experimentar um profundo crescimento com relação à sua liderança.

## A FONTE DA LIDERANÇA: OITO DIRETRIZES PESSOAIS

Com essa definição e entendimento de liderança, embarcamos em uma jornada única e profundamente provocadora que é bastante distinta daquelas baseadas em outros trabalhos nessa área. *A Fonte da Liderança* escava profundamente, muito além dos clichês sobre liderança, com o objetivo de revelar pela primeira vez as oito diretrizes internas, ou energias pessoais, que lhe permitirão tornar-se um líder altamente eficaz — um líder de alto impacto — na mais excitante, embora a mais desafiadora, época de nossa história. Este livro demonstra de que modo essas diretrizes já existem dentro de cada um de nós e como podemos cooptar essas energias em nosso favor e ao nosso serviço. Podemos escolher acessar e desenvolver as oito diretrizes necessárias à formação do poder pessoal para, em seguida, e somente então, conquistarmos a liderança altamente eficaz, a liderança de alto impacto. Podemos optar por ser líderes alicerçados nessas oito energias pessoais. Podemos optar por ser líderes de alto impacto.

*A Fonte da Liderança* estabelece padrões para uma liderança altamente eficaz — descrita em livro após livro —, atingível para aqueles que seguem o caminho proposto. Também fará com que todos os outros livros sobre liderança sejam mais úteis porque lhe proporcionará os meios — "o mecanismo" ou as diretrizes — necessários para você alcançar esses padrões. Este livro vai mudar seu entendimento sobre o conceito de liderança.

O Capítulo 1 descreve a presença como a primeira diretriz do líder de alto impacto. Quando vive no momento presente, você passa a entender que tudo está interligado. A irrelevância deixa de existir. Tudo importa, não apenas em sua vida pessoal, mas também com relação ao seu papel de liderança. Você absorve cada partícula da vida porque está profundamente focado. Você pensa de modo mais claro e eficiente. Age com mais integridade e clareza. Está livre do peso dos pensamentos improdutivos, tanto do passado como do futuro. Você se preocupa menos. Sente menos medo.

A presença é a principal diretriz da liderança e oferece o alicerce para as outras sete diretrizes. Para usar uma analogia automobilística, a presença dá a partida no motor. Torna possível tudo mais que você queira fazer com o carro. Torna o progresso alcançável. Esse capítulo fornece poderosas ferramentas para se atingir o estado de presença, usando-a como uma base sólida para o desenvolvimento das outras sete diretrizes da liderança de alto impacto e para o aproveitamento de diversos benefícios que a presença traz à sua vida pessoal, bem como à sua vida como líder.

O Capítulo 2 descreve a mente aberta como a segunda diretriz do líder de alto impacto. Muitos de nós, senão a maioria, aprendemos por meio das experiências difíceis da vida a resistir a "o que é", à realidade. Se alguma vez experimentamos a sensação de dor em resposta a algo, evitamos as situações que possam infligir o mesmo tipo de dor. Em alguns casos, talvez essa seja uma forma de autopreservação ou proteção. Todavia, nos fechamos com frequência às oportunidades por causa de uma sensação de dor não relacionada a algo que experimentamos há muito tempo. Por exemplo, se nossos colegas de escola nos ridicularizavam quando falávamos diante da classe, trinta anos depois é possível que ainda evitemos falar em público. Geralmente, ficamos incapacitados pelo medo e pelas crenças inflexíveis que nos impedem de ver e experimentar coisas que estão fora da nossa existência rotineira.

Os medos e as crenças inflexíveis são incongruentes com um mundo dinâmico e em rápido processo de mudança. A resistência a "o que é" causa efetivamente mais dor, além de drenar nossas energias. Estar acessível a "o que é" traz uma sensação de libertação e nos enche de energia. Constantemente, buscamos ampliar a rede de possibilidades e não opor resistência a nada. Esse capítulo fornece ferramentas potentes para se obter uma mente aberta e descreve como a mente aberta permite diretamente ao líder formar um pensamento proativo e curioso, além de gerar ideias e formar uma visão.

O Capítulo 3 aborda a clareza como a terceira diretriz do líder de alto impacto — a clareza de pensamentos, emoções e comportamento. Todos nós, pelo menos em alguma ocasião, já pensamos, sentimos ou agimos com base em raiva, fúria, inveja, insegurança, culpa, ganância ou algum outro estímulo assentado no medo. O fato triste é que tantas pessoas e muitos de nós, líderes, fazemos isso com bastante frequência. Trabalhamos com afinco para manter uma saudável e transparente *persona* — a aparência que mostramos ao mundo — e para suprimir as características doentias de nossa "sombra" — as energias que emanam da personalidade e do comportamento que foram inconscientemente reprimidas, em geral, desde a infância. Porém permitimos que os aspectos de nossa sombra, como a raiva e a inveja, minem nossas melhores intenções e drenem nossa energia.

Quando opta pela clareza de pensamentos, emoções e comportamento, você opta por conhecer honestamente os aspectos de sua sombra e usar a luz da honestidade e da franqueza para controlá-los, de modo a evitar que minem seus relacionamentos, sua busca pela felicidade ou então sua eficácia como líder. Você opta por se energizar. Esse capítulo fornece ferramentas importantes e orientações para se alcançar a clareza, e descreve como a clareza nas emoções, no comportamento e nos relacionamentos auxilia diretamente você a ser autodefinido e orientado para pessoas, bem como a construir um núcleo alicerçado em valores centrais e a envolver uma equipe.

No Capítulo 4, discuto a intenção como a quarta diretriz do líder de alto impacto. A todo momento, cada um de nós pode escolher a ação ou a negligência, a intenção ou o enfraquecimento do poder. Enquanto muitos de nós dizemos ou pensamos constantemente "Eu espero", "Eu quero" e "Eu gostaria", poucos são os que acreditam sinceramente ser capazes de concretizar o resultado desejado. Logo, com frequência, jogamos nosso destino aos quatro ventos ou deixamos que os outros decidam por nós. No século passado, Napoleon Hill (1960) descobriu — e documentou no livro *Think and Grow Rich*, publicado originalmente em 1937 — que a prática ativa da intenção era o elemento decisivo no sucesso pessoal e profissional. Contudo, conheci raros líderes que a praticavam. Ao que tudo indica, poucos têm fé suficiente no poder da intenção. Esse capítulo fornece ferramentas específicas para o emprego da intenção para se influenciar as opiniões e comportamentos de outras pessoas, e para se alterar o curso dos acontecimentos e das condições. Você verá como a intenção está por trás da capacidade de um líder de alto impacto se concentrar e se organizar de verdade, bem como elaborar um plano e produzir resultados.

A responsabilidade pessoal está descrita no Capítulo 5 como a quinta diretriz do líder de alto impacto. Vivemos em uma época em que a responsabilidade pessoal tem sido substituída pela acusação e pelo litígio. Essas ações são uma forma de negação da realidade, baseada no medo, que acaba envenenando as relações interpessoais e de trabalho. A responsabilidade pessoal significa ter domínio total sobre "o que é", em distinção à mente aberta que, por sua vez, significa o desejo ilimitado de levar em consideração cada elemento que compõe "o que é". Esse capítulo fornece ferramentas importantes para se ter a posse de "o que é" em todas as linhas de frente e para se criar a energia que surge quando somos capazes de dizer: "Sou completamente responsável por cada elemento positivo e negativo existente em minha vida". Você verá que a responsabilidade pessoal é um fator crítico na capacidade de um líder de alto impacto ganhar credibilidade e ser corajoso, bem como elaborar um plano e criar *accountability*.

O Capítulo 6 define a intuição como a sexta diretriz do líder de alto impacto. Cada um de nós foi agraciado com uma poderosa fonte de inspiração — um saber, uma intuição —, que está enraizada nessa energia onisciente que une todas as coisas. No entanto, o medo faz muitas vezes com que a abandonemos rapidamente em prol de uma rota "mais segura", apoiada em "fatos" ou na opinião de outras pessoas. Ao fazermos isso, abdicamos do papel crucial que a intuição ativa desempenha na vida. Esse capítulo demonstra como aperfeiçoar nossas habilidades intuitivas, como aumentar nossa confiança nelas e como usá-las para construir nosso poder pessoal e profissional. Descreve como o uso liberal e habilidoso da intuição favorece diretamente a capacidade de um líder ser autodefinido e inspirador, assim como formar uma visão e construir uma estrutura organizacional que seja altamente adaptável às condições rapidamente mutáveis.

No Capítulo 7, a criatividade é examinada como a sétima diretriz do líder de alto impacto. É um elemento essencial da inovação, a comercialização da criatividade, da qual depende a sobrevivência e o sucesso final da empresa. Sem ela, as organizações ficam estagnadas, deterioram-se e morrem. Mas uma organização criativa e, principalmente, inovadora depende de um líder criativo. Felizmente, toda pessoa tem potencial para ser uma força criativa poderosa. Esse capítulo demonstra métodos para se ter acesso e atrair essa criatividade e, durante o processo, gerar uma energia potente. Esse capítulo descreve como a criatividade facilita a capacidade de um líder ser inspirador e cheio de energia, bem como gerar ideias e formar uma visão.

A oitava diretriz do líder de alto impacto, a comunicação interligada, é apresentada no Capítulo 8. No atual sistema adaptável e complexo em que vivemos, em que todos estão interligados e os relacionamentos são soberanos, a comunicação é essencial para a sobrevivência. Uma vez garantida a mera sobrevivência, quanto melhor for nossa comunicação, melhores serão nossos relacionamentos. Quanto melhores os nossos relacionamentos, melhor será nossa vida. A melhor comunicação é uma função da crescente conectividade em nossa comunicação. A "comunicação interligada" é muito mais que uma ferramenta de liderança ou uma prática mecânica. É uma energia — uma diretriz — intensa e potente, profundamente instalada no interior do líder de alto impacto. Em um caminho interligado, o líder de alto impacto está presente, consciente e em completa honestidade. Ele é claro e conciso, acentuadamente empático e em total alinhamento com "o que é". Todos ao redor do líder de alto impacto percebem a integridade e a totalidade de quem ele é e como se comunica; outros ganham força em sua presença. Esse capítulo explica o sistema de comunicação interligada a partir da expressão clara de uma mensagem repleta de propósito, emitida por um orador empático para um ouvinte empático, e fornece ferramentas para otimizar o processo. O capítulo explica como a comunicação clara está por trás da capacidade de um líder de alto impacto inspirar e apoiar, bem como constituir uma equipe e criar *accountability*.

O Capítulo 9 agrupa todas as oito diretrizes. Descreve um programa passo a passo de como usar *A Fonte da Liderança* para incorporar as características e executar as funções de um líder de alto impacto em nosso mundo cada vez mais dinâmico e complexo. Você vai receber um mapa específico que o ajudará a identificar as características e as funções do líder de alto impacto que precisa desenvolver; a identificar as diretrizes pessoais existentes por trás dessas características e funções; a ampliar essas diretrizes; e, finalmente, a se tornar mais eficaz como líder e também mais contente e satisfeito no nível pessoal, como nunca se sentiu antes.

À medida que desenvolve as oito diretrizes da liderança de alto impacto, você se verá em uma posição de profunda força. A cada escolha, você acumulará energia. Verá como sua mente fica clara e como se sente calmo, livre de preocupações e arrependimentos. Seu comportamento e suas emoções ficarão equilibrados e em sua plenitude. Você vai se sentir profundamente intuitivo, fortalecido pela responsabilidade integral, altamente criativo, investido pelo incrível poder da intenção e interligado, como um irmão ou irmã de alma, a cada pessoa presente em sua vida.

## O RESULTADO: LIDERANÇA DE ALTO IMPACTO

Tendo a presença como diretriz fundamental, cada uma das demais diretrizes internas maximiza ou otimiza um ou mais dos traços de caráter e das funções do líder de alto impacto. Um a um, capítulo após capítulo, você verá um caminho claro se desdobrar à sua frente, levando-o à capacitação e à satisfação em nível pessoal e, posteriormente, à profunda eficácia como líder de pessoas no mundo atual, com sua alta velocidade, alta complexidade e interconexão. Desenvolva suas diretrizes internas de presença, mente aberta, clareza, intenção, responsabilidade pessoal, intuição e comunicação interligada, e você passará a liderar com um maior impacto positivo, bem como descobrirá um contentamento pessoal maior do que jamais imaginou ser possível.

CAPÍTULO 1

# PRESENÇA

## A Primeira Diretriz do Líder de Alto Impacto

Com relação à presença, o mestre zen-budista, monge, poeta e pacifista Thich Nhat Hanh (2001, 19-20) escreve:

> Nossa verdadeira casa é o momento presente. Viver no momento presente é um milagre. Milagre não é andar sobre as águas. Milagre é andar sobre o planeta Terra neste momento presente, apreciando a paz e a beleza que estão disponíveis agora. Paz é tudo que está ao nosso redor — no mundo e na natureza — e dentro de nós — em nosso corpo e em nosso espírito. A partir do momento que aprendemos a entrar em contato com essa paz, somos curados e transformados. Não é uma questão de fé. É uma questão de prática. Só precisamos encontrar meios para conduzir nosso corpo e nossa mente de volta ao momento presente para que possamos entrar em contato com o que é estimulante, curativo e extraordinário.

Sim, mas como começamos a viver no presente? O que a presença realmente significa? Quais as mudanças que ela trará? E como a presença fará de nós líderes melhores?

# METADE DE UMA VIDA PASSADA NO FUTURO

Aos 10 anos de idade, eu costumava pensar: "Mal posso esperar fazer 14 anos, porque daí estarei na 8ª série e no 'topo da escada' do ensino fundamental. Terei todos os privilégios reservados aos alunos da 8ª série, como sair 15 minutos antes de terminar a última aula para ajudar na vigilância do trânsito".

Aos 15 anos pensava: "Mal posso esperar fazer 16 anos para poder tirar minha carteira de motorista. Serei independente. Vou poder sair com as garotas. Todos vão me ver como 'adulto'. Estarei no primeiro ano do ensino médio. Todos vão olhar para mim. Vou poder jogar na equipe principal da escola, não mais no time juvenil".

Aos 17 pensava: "Mal posso esperar até fazer 18 anos porque já terei terminado o ensino médio. Serei um adulto. Ninguém mais vai me dizer o que fazer. Serei totalmente independente".

Aos 20 pensava: "Mal posso esperar até finalmente terminar a faculdade. Daí entrarei no curso de Direito. O trabalho vai ser muito mais relevante".

Aos 24 pensava: "Mal posso esperar para terminar o curso de Direito. Já cansei de assistir às aulas. Só quero ganhar dinheiro para poder comprar coisas bacanas".

Aos 26 pensava: "Mal posso esperar até ser admitido no programa de MBA. Sim, sou advogado, mas por que escolhi essa profissão? Odeio ser advogado. Assim que terminar meu MBA, terei muito mais opções. Vou começar a fazer algo que realmente me inspire e me dê plena satisfação".

Aos 28 pensava: "Mal posso esperar para terminar esse MBA porque daí conseguirei um bom emprego como executivo. Vou ganhar rios de dinheiro e comprar um carro novo e uma casa".

Aos 30 pensava: "Mal posso esperar para me tornar sócio do banco de investimentos em que trabalho. Então poderei realmente relaxar e usufruir de todo esse trabalho árduo. Estou agora viajando 200 mil milhas por ano, só vejo meus filhos pequenos nos finais de semana e não me exercito o bastante. Quando eu for sócio, vou começar realmente a gostar desse trabalho, sobre o qual terei muito mais controle. Verei meus filhos mais vezes. Farei mais exercícios e ficarei em ótima forma física".

Aos 35 pensava: "Mal posso esperar para ganhar dinheiro suficiente para escapar dessa roda-viva. Finalmente, sou sócio, mas e daí? A demanda no trabalho continua igual. Continuo ainda na estrada e vejo minha família só dois dias por semana. Não tenho o condicionamento físico que gostaria. Quando eu tiver 5 milhões de dólares em ativos líquidos no banco, vou me aposentar e fazer algo que realmente me inspire e me dê satisfação pessoal. Serei capaz de bancar minha felicidade. Vou passar muito mais tempo com meus filhos. Darei um jeito no meu relacionamento com minha mulher, que está muito desgastado há vários anos, por motivos que não tive tempo para entender. Vou me exercitar mais e ficar em ótima forma física".

Aos 40 pensava: "Bem, saí finalmente do banco de investimentos há alguns anos e comecei a trabalhar no 'lado operacional' do negócio. Sou presidente de uma empresa que é negociada na Bolsa de Valores de Nova York. Estou prestes a vendê-la por uma quantia que vai me garantir quase o suficiente para me aposentar... ou o suficiente para que não precise mais ganhar alguma quantia exorbitante para me aposentar. Mal posso esperar para fechar a venda porque não vou precisar mais me deslocar toda semana da região de Wine Country, na Califórnia, para a sede de minha empresa, em Nashville, no Tennessee; e quero realmente passar mais tempo com meus filhos, que estão agora com 11 e 9 anos. Além disso, preciso tomar alguma atitude em relação ao meu casamento. Está em péssimo estado. Algum dia desses vou me divorciar e encontrar o tipo de relacionamento com o qual sempre sonhei; aí então tenho certeza de que ficarei finalmente contente".

## O MOMENTO PRESENTE

Certo dia, quando chegava aos meus 41 anos de idade, pensei: "Minha vida já chegou provavelmente na metade. Durante todos esses 41 anos, fantasiei um futuro no qual tudo seria 'perfeito'. Muitas das coisas que tenho hoje são coisas que desejei por vários anos. Tenho agora uma boa quantia de dinheiro no banco. Não trabalho mais para ninguém; são os outros que trabalham para mim. Tenho uma excelente reputação profissional. Sou o fundador e o CEO de uma empresa de capital de risco em início de operação em Atlanta, na Geórgia, e passo cinco dias da semana longe da minha família. É a velha e conhecida história. Dei algum passo real em direção ao meu contentamento?

Não... nenhum. Continuo dando passos em direção a algo mas, certamente, não em direção à satisfação pessoal, ao contentamento e à verdadeira felicidade. Meus filhos estão agora com 12 e 10 anos de idade e não passei com eles o tempo de que nós precisávamos. O relacionamento com minha esposa chegou ao fim. Simplesmente, não gostávamos mais um do outro. Não conseguimos encontrar qualquer afinidade que nos levasse a tentar uma terapia de casal. Tenho sido teimoso ou tolo, ou ambos, mas tenho de admitir que não estou mais próximo da felicidade do que estive algum dia. O contentamento não deve existir no futuro. E, certamente, não existe no passado. O contentamento tem de existir no momento presente".

Naquele instante começou uma jornada que mudou minha vida de maneira drástica e irreversível. Dei início a um estudo intelectual, emocional e experimental sobre a presença e a consciência.

Nos últimos sete anos aprendi a estar presente. Ao praticar a presença cheguei a novas e profundas compreensões. Passei a entender, e realmente sentir, que tudo é energia. Comecei a avaliar como essa energia me une a cada um dos seres humanos e a cada uma das coisas, formando uma grande e indivisível totalidade.

Vou falar de energia ao longo deste livro. Na verdade, este livro é sobre energia ou, mais especificamente, sobre as oito energias ou diretrizes que representam o combustível para todo líder de alto impacto. O que quero dizer com "energia"? *Energia* é a capacidade de produzir um efeito. Esse efeito pode ser positivo ou negativo e variar em sua extensão. Dado que tudo — cada partícula de matéria, cada condição física, cada unidade de tempo, cada parcela de espaço, cada pensamento, cada emoção — tem a capacidade de produzir um efeito, então tudo é energia. Como seres humanos, com o propósito de estarmos plenamente capacitados e satisfeitos, nós devemos reconhecer, apreciar e gerenciar cada elemento de nossas vidas como se ele fosse, em potencial, um fator agregador ou redutor na obtenção desse propósito. Como líderes, com a função de produzir um efeito positivo em nossas empresas, devemos agir da mesma maneira.

A partir desses novos entendimentos, alguns dos quais exigiram de mim um trabalho imenso e outros que pareciam surgir do nada à medida que eu me tornava mais presente, tudo em minha vida mudou para melhor e ficou mais positivo. Passei a ter mais consciência dos meus atos e pensamentos e seus respectivos efeitos. Fiquei mais consciente do fluxo de energias presente em cada situação. Por exemplo, me tornei mais sensível ao efeito dos pensamentos positivos e negativos que as pessoas nutriam sobre mim. Fiquei mais consciente em relação aos meus próprios pensamentos e emoções, e ao efeito que eles produziam em mim. Fiquei mais consciente de meu ambiente físico e do efeito que ele produzia sobre mim. Em resumo, comecei a entender o que afetava positivamente minha energia — encorajava minha capacidade, por ter um efeito positivo — e o que afetava negativamente minha energia — reduzia minha capacidade, por ter um efeito negativo.

Tomei consciência das ocasiões em que resistia às ideias, pessoas e situações, e passei a estar muito mais aberto a tudo o que acontecia à minha vida. É como voltar a ser criança de novo, sorvendo tudo que a vida tem a oferecer. Nenhum momento tem sido tedioso desde então.

Finalmente, consegui confrontar e resolver certos problemas pessoais graves que interferiam em minha capacidade de manter relacionamentos íntimos e saudáveis. Percebi que trancafiava uma raiva muito grande dentro de mim. À medida que descarregava essa raiva, eu descobria um estado de calma e clareza de comportamento e pensamentos, como nunca havia visualizado antes, e permanecia nesse estado.

Aprendi a direcionar minhas intenções — meus desejos específicos por resultados específicos — de um modo potente e eficaz. Aprendi que a prática da intenção, descrita no Capítulo 4, faz a semente da possibilidade amadurecer até chegar à probabilidade. Descobri coisas boas acontecendo comigo, que algumas pessoas chamariam de milagre, coincidência ou sorte, mas que entendo como uma resposta do universo à minha intenção e mente aberta. Comecei a assumir mais responsabilidade sobre tudo o que acontece em minha vida, parei de culpar os outros e descobri que tinha mais controle sobre minha vida do que jamais tivera. Descobri uma ferramenta poderosa dentro de mim, a intuição, que estava há muito tempo ignorada por causa do medo. Permiti que a semente da criatividade, existente dentro de toda e qualquer pessoa num mesmo grau, desabrochasse dentro de mim. Também aprendi um novo e poderoso sistema de comunicação: simples, interligado e caracterizado pela empatia.

Além disso, descobri que a diretriz da presença e as outras sete diretrizes pessoais, as quais vamos examinar mais profundamente nos próximos capítulos, fizeram de mim um líder melhor, mais do que eu imaginava ser possível. Descobri também que as diretrizes desempenham um papel fundamental à medida que eu — e todos nós — busco desenvolver e incorporar os traços de um líder de alto impacto e dominar as funções desempenhadas por ele.

## A MAIORIA DAS PESSOAS NÃO ESTÁ PRESENTE NA MAIOR PARTE DO TEMPO

Todos os dias nutrimos uma enorme quantidade de pensamentos. Se, em média, você tivesse um pensamento a cada cinco segundos durante as 16 horas do dia em que fica acordado, chegaria a ter aproximadamente 12 mil pensamentos por dia. Talvez tenha mais, talvez tenha menos, mas são muitos, certamente. Creio, com base naquilo que é dito, que, em muitas pessoas, a grande maioria desses pensamentos é negativa, motivada por emoções assentadas no medo, tais como preocupação, stress e raiva. Apenas ouça e observe por um dia a quantidade de crítica, condenação, pessimismo e fofoca que cerca você.

Já que não sou um cientista, parece-me intuitivo que esses pensamentos negativos não produzam nada de positivo. Suspeito que seja o elemento que mais contribui para os problemas mentais e emocionais ligados à saúde que parecem cada vez mais difundidos no dia a dia, tais como depressão, ansiedade, stress e vícios; para os problemas físicos, tais como doenças cardíacas, hipertensão, baixa imunidade e obesidade; e até mesmo para os fenômenos sociais negativos, como o alto índice de divórcios, de crimes violentos e de discriminação. Mesmo sem acreditar que só os pensamentos positivos possam curar todos esses problemas, acredito seriamente que o pensamento negativo, na melhor das hipóteses, não faz com que as condições melhorem e, na pior, só as exacerba.

Mas, como fazer para impedir que surjam esses pensamentos negativos? Ficando no presente. A negatividade não existe no momento presente. Ela somente existe quando pensamos num acontecimento ou situação do passado, ou quando antecipamos um acontecimento ou situação do futuro. No presente, não há passado nem futuro. Há somente o agora. Sem um passado ou um futuro, não há negatividade. Por exemplo, talvez eu me preocupe com o fato de um funcionário, demitido por mim, poder processar minha empresa e a mim por demissão sem justa causa. Isso talvez me leve a nutrir pensamentos negativos sobre essa pessoa e me preocupar com o tempo e os recursos necessários para a defesa, caso a ação seja encaminhada à justiça. Ao me deslocar para o momento presente — apreciar um pôr do sol (se for o caso e se for possível vê-lo do lugar onde estou) ou as ótimas qualidades de um funcionário com quem estou me relacionando no momento presente —, removo imediatamente de mim qualquer negatividade.

## O QUE SIGNIFICA ESTAR PRESENTE?

Todos já passamos pela experiência de estar completa e totalmente presentes. Pense naqueles momentos em que você se encontrava tão sobrecarregado por algum acontecimento que todos os pensamentos fugiram de sua mente. Sua mente estava repleta devido à experiência daquilo que estava ocorrendo. Você não tinha sequer espaço para pensar. Todos os pensamentos desapareceram. Você simplesmente absorveu tudo que acontecia naquele momento.

Talvez tenha sido o momento em que seu filho nasceu. Talvez tenha sido o momento em que ele deu os primeiros passos. Talvez tenha sido o momento em que ele andou pela primeira vez de bicicleta sem ajuda. Pode ter sido o momento em que você estava parado na base, vendo a bola de beisebol se aproximar de você a 130 quilômetros por hora. Pode ter sido o momento em que percebeu uma oportunidade de "matar o jogo" numa partida de voleibol. Pode ter sido o momento em que você encaçapou uma bola numa partida de golfe. Talvez tenha sido o momento em que você admirou o Grand Canyon pela primeira vez ou que permaneceu no sopé do monte Denali, no Alasca, sorvendo a visão de uma subida vertical de mais de 6.000 metros de altura. Talvez tenha sido aquele pôr do sol cuja beleza desafia qualquer descrição. Pode ter sido seu primeiro beijo. Ou pode ter sido quando você fez amor.

*Presença* é a completa percepção consciente do momento presente. É não ter pensamentos voltados para o passado ou o futuro. Na verdade, em seu sentido mais puro, é não ter pensamento algum. Significa, simplesmente, experimentar o que existe no aqui e agora.

Pode não ter sido um momento repleto de alegrias. É possível que tenha sido quando alguém apontou uma arma na sua cabeça durante um assalto a uma loja de conveniências, ou ao ver morrer um ente querido. Mesmo em momentos de medo ou de dor, a presença tem um imenso valor. Mesmo em momentos de medo, a presença ajuda a nos proteger. Em momentos de dor, a presença nos ajuda a perceber a origem de nossa dor e, talvez, a aprender com ela. Acredito que todos nós concordamos, por exemplo, que a dor que sentimos pela morte de um ente querido contribui para aumentar o grau de estima pelos entes queridos ainda vivos.

A *presença* é a completa percepção consciente do momento presente. É não ter pensamentos voltados para o passado ou o futuro. Na verdade, em seu sentido mais puro, é não ter pensamento algum. Significa, simplesmente, experimentar o que existe no aqui e agora.

O problema que encontramos com o "estar presente" não tem a ver com o fato de não conseguirmos experimentá-lo. Todos já passamos por essa experiência em um ou outro momento de nossas vidas. O problema é que muitos de nós não o experimentamos de modo suficiente. E por não o experimentar de modo suficiente, não estamos vivendo o suficiente.

## PRESENÇA É NOSSO ESTADO NATURAL

Nascemos para viver no presente. Observemos atentamente nossos filhos. No início, vivem completamente no presente. Toda sua existência nos primeiros anos de vida consiste em absorver o presente. Eles veem, ouvem, tocam e experimentam o gosto de tudo que alcançam. São como esponjas. Só querem saber de uma única coisa — experimentar o presente.

O que acontece com eles à medida que crescem? Bem, felizmente e infelizmente, eles aprendem conosco, seus pais. Eles nos observam em todos os momentos possíveis. Observam também as outras pessoas, mas principalmente nos observam, pois sabem que, genética e contextualmente, somos nós as pessoas mais importantes em suas vidas.

A parte feliz é que nós os ensinamos a sobreviver neste mundo. Nós os ensinamos a comer, encontrar abrigo, comunicar-se, ganhar dinheiro e permanecer saudáveis. Por outro lado, a parte infeliz é que, além de todos os comportamentos ligados à sobrevivência, também ensinamos comportamentos destrutivos. A maioria dos comportamentos destrutivos está incorporada à incapacidade de estarmos presentes, ou emana dela. Nossos filhos nos veem preocupados. E aprendem a se preocupar. Veem nossos ressentimentos. E aprendem a se ressentir. Veem nossa raiva. E aprendem a se enraivecer. Veem nossa vergonha. E aprendem a se envergonhar. Veem nosso arrependimento. E aprendem a se arrepender.

Portanto, na época em que temos apenas alguns anos de vida, muitos de nós já começamos a nos afastar do momento presente, do aqui e agora, para lugares mais distantes — no futuro ou no passado. A descida do presente é uma ladeira escorregadia e inclinada. Antes que possamos perceber, e muitos nunca se dão conta de fato, já estamos vivendo praticamente fora do presente. As ocasiões em que experimentamos o presente são verdadeiramente notáveis por sua raridade, para dizer o mínimo.

## PREENCHENDO O VAZIO COM O AQUI E AGORA

Já que a vida fora do momento presente nada é e nada há na vida além do momento presente, em determinado ponto, aqueles de nós que vivemos praticamente fora do presente começamos a sentir um profundo vazio interior. No início, estamos inspirados a descobrir a razão desse vazio, esse vácuo que parece sempre nos impedir de experimentar o verdadeiro contentamento. Infelizmente, a grande maioria não se dedica a essa busca. Apenas assumimos que nosso estado atual é o melhor possível que se pode esperar. De modo fatalista, aceitamos que a verdadeira felicidade é algo extremamente raro, até mesmo impossível. Aceitamos o stress, o medo, a preocupação, a raiva, o ressentimento, a insegurança e o arrependimento como partes integrantes da vida. Optamos por meramente sobreviver — ficar vivos, em vez de viver.

Para aqueles que se inspiram nessa busca, e não aceitam o vazio e a ausência do contentamento, cheguei à conclusão de que existe um único caminho. Trata-se de uma jornada rica e paradoxal que pode ser vivida unicamente por cada pessoa. Embora a rota escolhida seja a mesma para todos nós. É aprender a estar presente, aprender a viver no "aqui e agora", em vez de "lá e em algum outro momento". Certa vez participei de um seminário conduzido pelo dr. Wayne Dyer, que se refere ao momento presente como *now-here* ("aqui-agora") e a todo o resto como *no-where* ("lugar nenhum"). Mesmas letras, mas com uma diferença gritante.

Como fazemos para operar uma mudança aparentemente monumental? Como revertemos uma vida inteira vivida em algum lugar distinto daquele que é o único possível para ser vivido? Como mudamos uma vida inteira de hábitos tão enraizados em nós como o simples ato de comer? Como mudar?

Eu e muitos outros descobrimos na prática da meditação a melhor abordagem. Na verdade, para a maioria das pessoas, o estar presente não é possível sem a prática da meditação. Não creio ser possível "intelectualizar" nosso ser para viver uma vida presente. Simplesmente, não acredito que a mente seja assim tão poderosa. Acredito que temos de começar a vivê-la, ao contrário de pensá-la, e a meditação é a melhor maneira que encontrei de fazer isso. Mas também acho que é bastante útil entender mais completamente os nossos pensamentos e emoções para que possamos usá-los para propósitos mais úteis e de um modo mais eficiente.

## PENSAMENTOS E EMOÇÕES COMO AMIGOS OU INIMIGOS

Você não é seus pensamentos. Você não é suas emoções, que são meramente pensamentos amplificados que você sente em seu corpo. Você não é sua mente. A mente e seus próprios pensamentos e emoções são seres distintos e separados. São produtos do seu ego, não o seu *verdadeiro* "eu", o qual é esse você que vive apenas no momento presente, cheio de alegria, honestidade, amor, doação, carinho e coragem, e que existe por baixo de todas as defesas, cicatrizes e medos desenvolvidos ao longo do tempo.

Como seres separados, os pensamentos e as emoções possuem "instintos de sobrevivência" poderosos. A mente, para justificar a existência deles, tem um profundo interesse em convencer você de que cada pensamento e emoção tem valor e deve ser experimentado. Sua mente usará uma de suas mais potentes ferramentas, a lógica, para convencê-lo disso. Sua mente lhe dirá, por exemplo, que você precisa se preocupar com a possibilidade de ter ou não dinheiro suficiente no banco para sua aposentadoria, de passar fome algum dia e não ser capaz de comprar uma casa, de perder todo o seu dinheiro no mercado de ações. E a mente vai produzir todo tipo de argumento lógico para provar que esses pensamentos são justificados.

Nossa mente e seus pensamentos e emoções nos afastam de nós mesmos. Tudo bem, mas precisamos saber se nos afastamos de nós mesmos para viver uma aventura de risco com um amigo ou com um inimigo. Um amigo vai ajudar a aumentar nossa felicidade, eficácia ou chances de sobrevivência; enquanto o inimigo fará exatamente o oposto. A mente, seus pensamentos e correspondentes emoções podem ser tanto um como o outro. Viver uma aventura com um amigo é ótimo, mas não há nada a ganhar e muito a perder ao se arriscar com um inimigo. Como conseguimos distinguir o amigo do inimigo? Vamos observar em que ponto exato na linha do tempo os pensamentos estão focados, ou seja, se são pensamentos do passado, do futuro ou do presente.

## PARA QUE SERVEM OS PENSAMENTOS SOBRE O PASSADO?

O passado serve apenas a um único propósito útil: ensinar-nos a viver melhor no presente. Qualquer pensamento que não sirva a esse propósito não é necessário. Na verdade, é prejudicial porque nos afasta do aqui e agora. (As emoções, aqueles pensamentos amplificados que sentimos em nossos corpos, precisam ser tratadas de maneira diferente e vamos discuti-las nos Capítulo 3.)

Acho muito útil classificar os pensamentos do passado em uma dessas categorias: amoroso, prático ou inútil. As duas primeiras contêm amigos e a terceira contém inimigos.

---

> O passado serve apenas a um único propósito útil: ensinar-nos a viver melhor no presente. Qualquer pensamento que não sirva a esse propósito não é necessário.

---

Os pensamentos amorosos fazem com que nos sintamos bem. Ao analisar os pensamentos amorosos do passado, mergulho neles porque sei que posso aprender algo de valor por meio deles; posso aprender algo que me ajudará a viver melhor no presente. Ao pensar na alegria que senti quando estava no segundo ano do ensino médio e vi meu time de futebol ganhar o campeonato da liga estudantil, tento identificar as diversas coisas que se combinaram para fazer com que aquele fosse um momento de alegria. Volto no tempo e vejo o trabalho de equipe, o compromisso de marcar gols, o trabalho árduo, o companheirismo e o amor entre meus colegas de time. Depois penso nas áreas da minha vida atual que poderiam se beneficiar com um melhor trabalho de equipe, um comprometimento mais forte, um trabalho mais árduo, mais companheirismo e mais amor.

Quando penso na alegria que senti ao ver meus filhos nascerem, nas noites em que os embalei nos braços para que sua mãe pudesse se recuperar das cesarianas, penso em como meu coração se fechou para eles nas mais variadas maneiras desde aqueles momentos. Reflito sobre o modo pelo qual reajo aos seus comportamentos típicos de adolescentes, em vez de aceitar a essência do que eles são.

Os pensamentos práticos nos ensinam a tomar melhores decisões no presente. Quando reflito sobre os erros que cometi em uma apresentação, faço-o com a intenção de corrigi-los em apresentações futuras. Quando me recordo do caminho que fiz para chegar à casa de um amigo, é para me ajudar a chegar lá na próxima vez em que eu for visitá-lo.

Os pensamentos inúteis são aqueles que não se encaixam nas outras duas categorias. Devem ser sempre abandonados o mais rápido possível, em favor do momento presente. Se penso em como reagi mal à objeção de um cliente em potencial e como perdi uma venda em função disso, eu devo, em princípio, obter algum benefício prático a partir de meus erros. Porém, se continuo passando e repassando essa experiência, meus pensamentos se tornam inúteis — e prejudiciais. Estou simplesmente me castigando. Para interromper e afastar os pensamentos inúteis, preciso me concentrar em algo no presente. Pode ser em minha respiração. Pode ser em um objeto. Pode ser em um som. Pode ser em meu amor por alguém. Pode ser em qualquer coisa que afaste minha mente daquele pensamento inútil.

## PENSAMENTOS SOBRE O PASSADO PODEM SER OPRESSIVOS

Marshall Goldsmith, renomado treinador de executivos, conta uma história maravilhosa sobre como os pensamentos sobre o passado devem — e não devem — ser administrados. A história se passa mais ou menos assim (Goldsmith 2004, 103):

Dois monges budistas encontram uma jovem extremamente agitada nas margens de um rio avolumado pelas chuvas. Vestida com um adorável vestido de noiva, ela explicou-lhes, entre lágrimas, que precisava atravessar o rio para chegar ao seu casamento, mas não queria estragar seu lindo vestido. Os monges se entreolharam, lembrando-se de seus votos de nunca tocar em uma mulher. De repente, um dos monges pegou a mulher no colo, atravessou o rio com ela e deixa-a seca e a salvo na outra margem. Em sinal de gratidão, a jovem lhe fez uma reverência. O monge curvou-se em resposta, depois atravessou de volta o rio, ao encontro do colega.

"O quê... por quê... como você pôde fazer isso?!", disparou, confuso, o outro monge. "Nunca devemos tocar... você sabe..." Enquanto ele repreendia e discursava por todo o caminho de volta ao mosteiro, o primeiro monge não dava atenção às críticas, aproveitando o calor do sol, o canto dos pássaros e as lindas flores. Cansado de sua longa caminhada, recolheu-se cedo naquela noite e dormia profundamente quando seu colega o sacudiu, aos gritos: "Você quebrou seus votos. Devia ter deixado que outra pessoa a ajudasse. Você é um péssimo monge! Você tocou em uma mulher".

O primeiro monge se esforçou para abrir os olhos, bocejou e perguntou: "Que mulher?"

"Aquela que você carregou através do rio, é claro!"

"É engraçado", disse sorrindo, "eu a deixei no outro lado do rio, mas você a carregou por todo o caminho de volta para casa!"

## PARA QUE SERVEM OS PENSAMENTOS SOBRE O FUTURO?

Da mesma maneira, os pensamentos sobre o futuro servem a um único propósito: fazer com que o futuro seja melhor do que o presente. Qualquer pensamento que não sirva a esse propósito não é necessário. Na verdade, é prejudicial porque nos afasta do aqui e agora.

Quando você se pegar pensando sobre o futuro, pergunte rapidamente se esses pensamentos estão relacionados com as preocupações ou com os planos. Se forem de preocupação, eles são inimigos. Tente convertê-los em um plano. Se os pensamentos forem sobre algo que você possa controlar, formule um plano para criar um futuro melhor do que o presente ou um futuro melhor do que aquele que você esperava ter sem esse determinado plano. Se eles forem sobre algo que você não possa controlar, converta-os em uma intenção ou uma prece para obter um bom resultado. Ao articular uma intenção ou prece, você retorna ao momento presente.

Se eu estou preocupado, por exemplo, com a minha capacidade de financiar o início das atividades de uma das minhas empresas, eu me sento rapidamente e elaboro um plano de ação e um cronograma para executá-lo. Se me vejo preocupado com a perda de vidas no Iraque e a possibilidade de um novo recrutamento de soldados, com meus filhos sendo convocados, faço aquilo que é possível para mim, tal como escrever para meu deputado ou senador. Porém, antes de ficar estressado demais, lembro calmamente a mim mesmo que o modo mais poderoso pelo qual posso exercer influência sobre a situação é fazendo uma prece ou intenção e expressando-a para o Universo. Uma vez feito isso, não há mais razão para gastar energia com esse assunto. Às vezes, o retorno ao presente pode ser difícil. Nessas ocasiões, eu redireciono muito conscientemente meus pensamentos para os elementos do presente. Eu me concentro nas pessoas e objetos ao meu redor e me proponho a fazer alguma coisa, qualquer coisa, no presente.

## PARA QUE SERVEM OS PENSAMENTOS SOBRE O PRESENTE?

Minha primeira orientação para lidar com os pensamentos sobre o presente se resume à seguinte questão: trata-se de um pensamento prático, necessário para minha sobrevivência ou para meu funcionamento ideal? Se a resposta for sim, então esse pensamento é útil e um amigo. Veja alguns exemplos: Devo pegar as vias expressas ou as ruas vicinais a essa hora do dia? Como responder às críticas da diretoria executiva sobre as contratações que decidi fazer? Como devo organizar minha apresentação de vendas?

Se não se tratar de um pensamento prático, necessário à minha sobrevivência ou ao meu bom funcionamento, volto-me para minha segunda orientação: esse pensamento se baseia no amor ou no medo?

Se tiver como base o amor, então o pensamento é bom e necessário à minha sobrevivência e ao bom funcionamento da minha vida. Se tiver como base o medo, então o pensamento é prejudicial e desnecessário. Preciso redirecionar meus pensamentos para o momento presente.

Por exemplo, se meu pensamento ao cruzar com um jovem tatuado e cheio de *piercings* em um shopping lotado de gente for "Este garoto é muito feio, parece membro de uma gangue e é provavelmente muito perigoso", então ele está claramente apoiado no medo. Trata-se de um julgamento negativo, baseado principalmente na ausência de fé. Preciso me livrar desse pensamento.

Se eu vejo um lindo bosque e penso que "Estas árvores devem ser plátanos — são bastante sólidas e com uma bela folhagem", esse pensamento tem por base a fé. Trata-se de um reconhecimento a um dom da vida.

Às vezes isso é difícil, pois vivemos em um mundo cinza, com muito pouco preto e branco que nos ajudem a determinar se um pensamento é amistoso ou belicoso. Se eu visse o mesmo jovem tatuado se escondendo por trás de uma árvore em um estacionamento escuro no meio da noite, provavelmente pensaria que "É melhor tomar cuidado e sair logo de perto dele. Tem havido muitos assaltos tarde da noite nesta parte da cidade e pode ser que ele queira me machucar". Nesse caso, parece ser, e é, um pensamento ou julgamento baseado no medo, mas pode também ser caracterizado como um pensamento necessário à minha sobrevivência e ao meu bom funcionamento. Ele reflete meu amor por mim mesmo e a necessidade de eu me proteger, em vez de um julgamento maldoso sobre um ser humano. O resultado desse processo racional é um "discernimento" necessário, e não um julgamento.

## A PODEROSA FERRAMENTA DA MEDITAÇÃO

Como mencionei antes, acredito que, para a imensa maioria das pessoas, a prática da meditação é necessária para começar a viver no momento presente. A *meditação* é o ato de aquietar e esvaziar a mente. Por milhares de anos tem sido praticada por seguidores das religiões e culturas orientais. Também tem sido praticada há séculos por contempladores cristãos e, desde o século passado, é dominada com maestria por figuras notáveis como o monge trapista Thomas Merton. A técnica já existia sob diversos nomes em diferentes tradições religiosas. Consiste em uma variedade de técnicas focadas no abandono das coisas que mantêm nossa mente ocupada e que roubam nossa paz: coisas que causam stress em nosso interior; coisas como medos e preocupações com o futuro; o desejo por coisas que não temos; e lembranças que nos aborrecem e nos causam problemas atualmente.

Na meditação, distancio-me daquilo que não é real. Sei que o passado e o futuro não são reais. A meditação me coloca no aqui e agora. Sei que meus pensamentos e emoções não são meu "eu", portanto não são reais. A meditação me afasta dos meus pensamentos e emoções. A meditação me coloca no centro, no meu verdadeiro "eu", no meio da energia universal: a energia — isto é, a capacidade de produzir um efeito — que existe no interior de cada partícula de matéria, de cada condição física, de cada unidade de tempo, de cada pedacinho de espaço, de cada pensamento, de cada emoção. Algumas pessoas se referem a essa energia como "Deus"; outras, como "Alá"; outras, como "energia vital"; e ainda outras, como "poder superior". Não importa. Quando medito, ajo harmoniosamente e em completa união com a única realidade que existe — o momento presente.

Muitas pessoas me dizem: "Eu não preciso meditar. Faço minha corrida diária e isso me mantém calmo". Sou corredor de longa distância desde o início da adolescência e sei que a corrida, apesar de produzir um grande alívio sobre as tensões, não esvazia a mente. A corrida ajuda a clarear, mas não a eliminar os pensamentos. Outros dizem: "Eu não sofro de tanto stress assim. Na verdade, não preciso meditar". Muito embora a redução do stress seja um resultado da meditação, não é esse o seu objetivo principal. O principal propósito da meditação é distanciar você de seus pensamentos e favorecer a vivência do momento presente. Quanto mais conseguir viver no momento presente, mais você terá consciência do momento presente e passará a pensar e agir com essa consciência. Provavelmente, sentirá menos medo, sofrerá de menos emoções negativas e terá menos experiências pessoais negativas. Provavelmente, amará mais e terá mais fé e mais experiências positivas.

## A MEDITAÇÃO ESTÁ EM ALTA

Quando a meditação se tornou mais difundida entre os ocidentais, no início do século XX, era geralmente tratada pela corrente dominante do pensamento como um hábito "marginal", "alternativo" ou até mesmo como uma "esquisitice". Contudo, mais recentemente, parece estar sendo absorvida pela cultura dominante. Tenho encontrado um número crescente de executivos tradicionais que estão experimentando a meditação como um meio de se preparar para lidar melhor com os desafios enfrentados no dia a dia.

Em 2003, a revista *Business Week* fez uma reportagem sobre a notável e crescente onda de meditação no cenário corporativo, segundo estudos dos National Institutes of Health, da Universidade de Massachusetts e do Mind/Body Medical Institute da Universidade de Harvard, os quais demonstravam que a meditação amplia as qualidades que as empresas mais necessitam em seus profissionais do conhecimento: maior atividade cerebral, intuição aprimorada, melhor concentração e alívio de diversos tipos de dores e desconfortos que assolam a maioria dos funcionários (Der Hovanesian 2003).

De acordo com o mesmo artigo, a meditação conta com alguns discípulos do alto escalão das empresas, incluindo o rei dos fundos mútuos William H. Gross, da Pacific Investment Management Company (em Newport Beach, Califórnia), que frequentemente faz meditação yogue antes de começar um dia de negociações em sua empresa, que administra aproximadamente US$ 400 bilhões em recursos. As empresas de tecnologia, como a Apple Computer, Yahoo! e Google também estão se juntando à lista de seguidores. Bem como empresas tradicionais como a McKinsey & Company e o Deutsche Bank (Der Hovanesian 2003).

## BENEFÍCIOS DA MEDITAÇÃO

Os maiores benefícios da meditação surgem após várias semanas ou meses de prática constante. Obtive os melhores resultados meditando duas vezes por dia, mas meditar uma vez por dia já traz enormes benefícios. Ela produzirá uma mudança incomensurável em sua vida. A constância no tempo e no espaço é muito importante. Você encontrará muito mais facilidade de se sentir imerso na meditação quando puder meditar na mesma hora e lugar todos os dias. No entanto, se isso não for possível, simplesmente faça onde e quando puder.

O principal benefício da meditação é você aprender a estar presente. Uma vez que esteja presente ou, no mínimo, presente a maior parte do tempo, um estilo de vida completamente novo se revelará para você — uma vida repleta de compreensão, positividade, contentamento, leveza, alta energia, integridade, coragem e criatividade.

Os poderosos benefícios físicos e emocionais da meditação incluem:

- Redução da pressão sanguínea (Schneider, Alexander e Wallace 1992; Simon, Oparil e Kimball 1974; Wallace 1970).
- Redução dos níveis de colesterol (Cooper e Aygen 1979).
- Retardamento do processo de envelhecimento (Orme-Johnson 1987; Wallace *et al.* 1982).
- Redução das dores (Mills e Farrow 1981).
- Redução do stress e da ansiedade (Wallace 1970; Wallace e Benson 1972).
- Maior capacidade intelectual (Cranson *et al.* 1991).
- Melhor performance acadêmica (Muehlman *et al.* 1988).
- Maior criatividade (Travis 1979).
- Maior capacidade de memória (Berrettini 1976).
- Melhor performance profissional (Frew 1974).
- Maior satisfação profissional (Frew 1974).
- Redução do vício de álcool, cigarro e drogas (Alexander, Robinson e Rainforth 1994; Benson e Wallace 1970).
- Maior índice de reabilitação criminal (Bleick e Abrams 1987).

## TIPOS DE MEDITAÇÃO

Há muitas e diferentes técnicas de meditação e, teoricamente, nenhuma é melhor do que a outra, pelo menos quanto ao aspecto objetivo. O importante é encontrar a técnica que funcione para você. Há muitos anos pratiquei a Meditação Transcendental (MT) e foi uma técnica muito eficaz para mim. A MT é uma técnica baseada em mantras, criada pelo yogue Maharishi Mahesh, na Índia, em 1955. A meditação baseada em mantras abrange a repetição de uma frase ou palavra como um meio de "ancorar" a atenção e a atividade da pessoa no momento presente. A MT ganhou notoriedade em 1960 quando os Beatles começaram a praticá-la com o yogue Maharishi.

Pratiquei também técnicas de meditação baseadas na respiração, uma das quais descrevo no exercício a seguir; descobri que são igualmente eficazes. O ponto em comum é que tanto as técnicas baseadas na respiração como nos mantras focam a atenção da pessoa em algo que não requer o pensamento. Elas libertam a mente. Silenciam a mente. Se é o mantra ou a observação do ritmo da respiração que leva você ao estado meditativo, é irrelevante. Como um líder com a mente não tumultuada por pensamentos e o corpo livre de emoções, sua percepção consciente e sua eficácia fluirão sem esforço. Sua capacidade de desenvolver as outras sete diretrizes da liderança encontrará uma enorme facilidade. Você estará mais receptivo do que imaginou ser possível algum dia. Vai experimentar cada vez mais pensamentos e comportamentos livres das distorções causadas pelo medo e pelas aflições de seu passado. Começará a usar o extraordinário poder da intenção para mudar os acontecimentos e as condições em sua vida. Vai assumir completa responsabilidade pelos acontecimentos e condições presentes em sua vida, fazendo com que, consequentemente, você se sinta fortalecido. Vai usar o profundo poder da intuição para tomar as melhores decisões de sua vida. Será mais criativo do que jamais imaginou. E vai se comunicar de um modo mais interligado e eficaz do que antes. Por sua vez, essas sete diretrizes vão diretamente incentivar os traços e as funções tradicionais presentes no líder de alto impacto.

## EXERCÍCIO:
## UMA TÉCNICA SIMPLES DE MEDITAÇÃO

Há muitos livros, vídeos, CDs e *websites* que explicam as técnicas de meditação. Assim que começar a praticá-la, você vai provavelmente mergulhar em um estudo mais profundo que enriquecerá sua experiência em vários níveis. Para os iniciantes, vou esboçar uma técnica simples, mas poderosa; provavelmente, a única que você vai precisar em toda a sua vida.

### PASSO 1: ESCOLHA UM LUGAR E UM HORÁRIO

Escolha um local que seja silencioso e livre de interferências. Quando comecei a praticar meditação, eu colocava um aviso na porta do meu quarto para informar minha família de que estava meditando e não queria ser perturbado. Escolha um horário, pelo menos no início, com maiores chances de você ter uma experiência bem-sucedida. Para mim, descobri que bem no início da manhã era o melhor horário, antes de comer e enquanto o mundo ainda estava inerte e minha mente relativamente relaxada. No final da tarde ou começo da noite, antes do jantar, também é um bom horário. No final da tarde, ou no começo da noite, é bem diferente porque a mente está em um estado totalmente diverso depois de um dia de atividades mas, mesmo assim, a meditação é extremamente compensadora. Meditar tarde da noite não é geralmente uma boa ideia, pois, apesar de diluir o stress, tende a ser também revigorante. O efeito será semelhante àquele sentido depois de se tirar uma soneca. Vai demorar um pouco até seu corpo estar pronto para dormir.

## PASSO 2: ESCOLHA A MELHOR POSIÇÃO DO CORPO

Sente-se em uma cadeira ou no chão, sobre um assento ou almofada de meditação. Sente-se ereto e tente não se inclinar para trás, contra o encosto da cadeira; inclinar-se para trás tende a induzir o sono. A postura ereta, com o queixo levemente encolhido, é a marca de excelência da meditação. Apesar de ser difícil manter uma postura ereta no início, você rapidamente "entrará na postura meditativa" e perceberá que é uma posição bastante confortável e com grandes benefícios para sua experiência.

Se você estiver sentado em uma cadeira, acomode os pés descalços firmemente no chão. Se estiver em um assento ou almofada de meditação, cruze as pernas ou dobre-as, para o lado ou embaixo de você (com os dedos apontados para trás), e também mantenha a coluna ereta. Há muitas posições de mãos. Tente posições diferentes até encontrar uma que funcione. Normalmente, descanso as costas ou a lateral das mãos na parte inferior das coxas, em uma das posições clássicas, unindo as pontas do indicador e do polegar da mesma mão. Outras vezes, abro as mãos, sem unir os indicadores e polegares. Descobri que há momentos em que prefiro ficar mais compenetrado em meu interior (então uno indicadores e polegares) e outros em que me sinto compelido a me abrir para a vida (então não uno indicadores e polegares). Simplesmente, siga o que faz você se sentir bem. Por fim, feche os olhos.

## PASSO 3: CONCENTRE-SE NA RESPIRAÇÃO

Feche a boca e comece a respirar pelo nariz. À medida que a respiração flui, experimente-a em sua totalidade. Sinta a frieza do ar, conforme ele entra pelas narinas e começa a encher os pulmões. Sinta o oxigênio expandir o peito. Sinta sua essência. Sinta sua natureza essencial — a respiração é a energia vital de seu corpo. À medida que expira, sinta o peito se contrair. Sinta o calor da respiração, à medida que o ar sai pelas narinas. Continue assim durante toda a meditação. Você perceberá que cada respiração traz uma experiência diferente; às vezes, de maneira leve e, outras, mais dramática.

## PASSO 4: OBSERVE OS PENSAMENTOS E DEIXE-OS IR EMBORA

Quando os pensamentos entrarem em sua mente, não resista a eles. Deixe-os vir e ir. Apenas observe-os a distância, de um modo desapegado e objetivo. Não se identifique com eles. Eles não são você. São coisas interessantes e dignas de uma breve e leve observação, mas sem julgamento ou qualquer pensamento adicional. Em seguida, deixe o pensamento ir embora e traga suavemente seu foco de volta, concentrando-se na respiração. Mais uma vez, a suavidade é fundamental. Os pensamentos não são maus e você não é uma pessoa má por experimentá-los. Eles são um mero desvio em relação àquilo que é real — o que está aqui e agora — e não deveriam ter qualquer poder sobre você. Portanto, continue retornando para sua respiração; perceberá então, quase como um passe de mágica, que seus pensamentos começam a perder a força.

## PASSO 5: EXPERIMENTE O SILÊNCIO

Inicialmente, os intervalos entre os pensamentos são breves. Você vai experimentar uma alternância, constante e suave, entre a observação dos pensamentos e a concentração no ritmo da respiração. Se isso for tudo que sua meditação conseguir alcançar, ela pode ser considerada um enorme sucesso. E não há como uma pessoa não alcançar no mínimo esse sucesso com a prática da meditação. Na verdade, é provável que você vivencie essa experiência logo em sua primeira meditação.

Contudo, há um estado mais profundo que você provavelmente alcançará com a prática. É um lugar de tamanha quietude, silêncio e paz, que é difícil ser descrito em palavras. É necessário experimentá-lo. Você fica completamente desperto e alerta, mas seu corpo desfruta de uma profunda e extraordinária sensação de repouso e seus pensamentos cessam. Você está presente em todos os sentidos. A mente, o corpo e o espírito estão presentes no aqui e agora.

A experiência meditativa é muito diferente do sono. É melhor do que o sono em pelo menos dois aspectos. Primeiro, seu corpo descansa de modo muito mais eficaz quando não está sendo guiado por uma mente adormecida, que sonha e se agita. Em segundo lugar, e mais importante, sua mente fica sem pensamentos, portanto cessa sua atividade no presente.

## PASSO 6: VOLTE À TONA SUAVEMENTE

Depois de 20 minutos, use os dois minutos seguintes para voltar à tona, gentilmente. Abra os olhos, olhe ao redor, comece a movimentar o corpo e anote mentalmente como está se sentindo. No começo da prática de meditação, você vai consultar o relógio várias vezes, mas não se preocupe. À medida que progredir, desenvolverá a noção exata da passagem dos 20 minutos.

## EXERCÍCIO:
## FOQUE SUA ATENÇÃO

Embora a meditação seja de longe o melhor método para você se deslocar para o momento presente e atingir a atenção plena, há outras coisas que podem ser feitas para se manter presente. Por exemplo, estar plenamente consciente daquilo que acontece ao seu redor. Se eu percebo que durante o dia minha mente está muito confusa por causa dos pensamentos, mas a meditação não me é conveniente, concentro-me exclusivamente naquilo que estou fazendo e no que está na minha vizinhança imediata. Se estiver andando por uma rua, talvez me concentre na calçada, dando total atenção ao local onde darei o próximo passo. Talvez me concentre na sensação do meu pé ao tocar o chão a cada passo. Talvez observe cada carro que passa, absorvendo o máximo possível de detalhes nos poucos segundos que ele leva para se aproximar e se afastar de mim. Se estiver sentado em algum lugar, fecho os olhos e ouço atentamente cada som ao meu redor. Busco encontrar um único foco de atenção. À medida que os pensamentos entram em minha mente, retorno suavemente ao meu único foco de atenção. Quanto mais fizer isso, melhor você conseguirá fazê-lo e menos vezes os pensamentos serão capazes de controlar sua mente.

## EXERCÍCIO:
## GRATIDÃO COTIDIANA

Compre um diário e reserve alguns momentos para escrever todas as coisas pelas quais você é grato. As manifestações de gratidão podem ser realizadas somente no estado presente. Persista, mas desde que se sinta confortável. Este é um exercício incrivelmente poderoso. Além de posicionar você no tempo presente, vai livrá-lo de preocupações, stress, depressão e tristeza.

## A PRESENÇA REVELA UM NOVO MUNDO DE DISCERNIMENTO E COMPREENSÃO

Quando começar a viver no presente e tiver removido as distrações relacionadas ao passado e ao futuro, você estará mais receptivo à vida e ao mundo, como jamais esteve. Sua vida vai mudar e apenas para melhor. Você vai entender — na verdade, sentir — as verdades que transformarão sua vida pessoal e profissional, enquanto líder.

Muitas das epifanias que tive a oportunidade de vivenciar, na medida em que ficava mais presente, giravam em torno de questões básicas da nossa existência ou daquilo que é conhecido como a "nova ciência". Quando estudante, fui educado segundo a cartilha da "velha ciência", ou os pontos de vista de Isaac Newton e René Descartes, que predominaram desde o final do século XVII até o início do século XX. Esses pontos de vista ensinavam que a compreensão da vida como um todo seria possível por meio do estudo de suas partes. Eles defendiam a ideia de que os eventos acontecem porque alguma coisa causou sua ocorrência. Para tudo há uma causa e um efeito. Toda causa e todo efeito são identificáveis. E tudo acontece de acordo com leis físicas fixas. Eles defendiam que o universo é ordenado e previsível, seguindo leis naturais e funcionando como uma máquina complicada, porém bem lubrificada.

No século XX, entretanto, o pensamento científico foi virado de ponta-cabeça. Cientistas como Max Planck, Albert Einstein, Werner Heisenberg, Niels Bohr, John Bell e David Bohm estudaram a vida em seu nível nuclear e sugeriram que as leis causais da física não representavam a verdade. Eles sugeriram que a causa e o efeito não são mecânicos e previsíveis, e as leis da física não orquestram nossa vida. Ao longo do século XX e até hoje, o trabalho dos maiores físicos tem sido estudar o todo. Ele se fundamenta na hipótese de que cada elemento, em sua existência, é parte de um todo muito maior e que, como partes desse todo maior, esses elementos estão relacionados e interligados. Nenhum elemento existe independentemente de outro. O trabalho dos físicos atuais, a "nova ciência", gira em torno de como essa unidade funciona. Alguns princípios fundamentais da nova ciência são descritos por Joseph Jaworski (1996), no livro *Synchronicity*; Gary Zukav (1979), em *The Dancing Wu Li Masters*; e Margaret Wheatley (1999), em *Leadership and the New Science*.\* Vamos examinar alguns desses princípios a seguir.

## TUDO É ENERGIA

Como discutido anteriormente neste capítulo, energia é a capacidade de produzir um efeito. O efeito pode ser positivo ou negativo e variar em sua extensão. Dado que tudo — cada partícula de matéria, cada condição física, cada unidade de tempo, cada parcela de espaço, cada pensamento, cada emoção, cada palavra, cada visão, cada cor, cada som — tem a capacidade de produzir um efeito, então tudo é energia. Sabemos que Einstein e seus seguidores provaram tudo isso no século XX, apesar de muitos de nós talvez não termos apreciado completamente seu significado em nossas vidas e no mundo que nos cerca. Menos provável ainda que tenhamos descoberto meios de incorporar concretamente esse conhecimento à nossa vida cotidiana. O que poderia significar "tudo é energia" para você, em sua vida?

Quando você percebe a si mesmo como um *corpo de energia* — ou seja, como um complexo sistema de energia —, que existe em um

---

\* *Liderança e a Nova Ciência*, publicado pela Editora Cultrix, São Paulo, 1996.

campo infinito de outros sistemas de energia, descobrirá provavelmente que não consegue mais viver sua vida da mesma maneira que vivia antes. As regras são diferentes. As recompensas são diferentes. As consequências são diferentes.

Vamos observar, por exemplo, o efeito que a raiva exerce nas outras pessoas. A raiva é uma energia e, como energia, causa um impacto sobre a energia daqueles contra os quais é direcionada. Se você, como líder, tende a sentir raiva em determinadas ocasiões, não pode mais assumir que sua raiva não terá consequências negativas. Não pode dizer simplesmente que sente muito ou assumir que a passagem do tempo vai curar qualquer dano que você causou. Você precisa ter consciência de que seu acesso de raiva é irrevogável e, muito provavelmente, terá efeitos negativos. Ao contrário, atos de caridade, gentileza e amor têm um efeito energético positivo e permanente, mesmo que ninguém tenha consciência disso. Como líder, você transforma em resultados organizacionais as suas próprias energias pessoais ou diretrizes internas (as oito discutidas neste livro), bem como outras energias que estão dentro de seu alcance — ideias, pessoas, capitais, patrimônios materiais, patrimônios intangíveis. Por exemplo, você transforma sua clareza de pensamento e de comportamento em capacidade de ser autodefinido e orientado para as pessoas; de construir um núcleo baseado em valores em sua empresa; e envolver sua equipe na busca dos objetivos corporativos. Também você transforma sua receptividade em capacidade de ser intensamente curioso e ter raciocínio proativo, e gerar ideias e criar uma visão para sua organização.

## ESSA ENERGIA INTERLIGA TUDO E TODOS EM UM ÚNICO TODO

Você pode imaginar a energia como uma vibração que existe dentro de tudo — de todas as pessoas e de todas as coisas tangíveis e intangíveis; portanto, ela reúne todas as coisas e pessoas em um sistema único e total. Em nossa existência estamos intrinsecamente interligados uns aos outros e a tudo. Nada está separado e nada é independente.

Joseph Jaworski (1996, 80-81), especialista em liderança moderna, descreve a fascinante conversa que teve com o famoso físico dr. David Bohm, em Londres, em 1980. Ao descrever as implicações dos conceitos de totalidade e de unidade, Bohm disse:

Você mesmo é, na realidade, o todo da humanidade. Essa é a ideia de ordem implicada — que tudo está envolvido em tudo. Todo o passado está envolto dentro de cada um de nós de uma maneira muito sutil. Se você penetrar profundamente no íntimo de seu ser, estará penetrando na própria essência da humanidade. Ao fazer isso, será levado à profunda consciência geradora, que é comum à humanidade como um todo e que tem a humanidade como um todo envolta dentro de si. A capacidade individual de ser sensível a isso se torna a chave para a transformação da humanidade. Todos nós estamos interligados. Se isso pudesse ser ensinado e se as pessoas pudessem entendê-lo, teríamos um nível diferente de consciência.

Hoje em dia, as pessoas criam barreiras entre si por causa de seu pensamento fragmentário. Cada pessoa funciona separadamente. Quando essas barreiras forem dissolvidas, surgirá então uma única mente, na qual todos os indivíduos formarão uma só unidade, mas cada um deles também manterá sua própria percepção consciente individual. Essa única mente ainda existirá mesmo que os indivíduos se separem e, quando se reunirem, ela permanecerá como se eles nunca tivessem se separado. Na realidade, trata-se de uma inteligência individual que funciona com pessoas que se movem em relação às demais. Sugestões que passam de uma pessoa para outra estão sendo assimiladas com a mesma percepção consciente, assim como assimilamos sugestões ao andar de bicicleta e esquiar. Portanto, essas pessoas são todas realmente uma só. A separação que existe entre elas não é um bloqueio. Estão todas cooperando.

Essencialmente, vivemos em um *sistema adaptável complexo*. É *complexo* na medida em que tudo se reúne num todo inseparável. É *adaptável* na medida em que tudo, na luta pela sobrevivência e prosperidade, se ajusta de modo dinâmico às constantes mudanças do meio ambiente. E tudo isso ocorre dentro de um *sistema* interconectado e interdependente.

Mesmo antes do surgimento da nova ciência, a humanidade já conhecia essa verdade. Cada uma das principais crenças, incluindo cristianismo, islamismo, budismo e hinduísmo, assume como pressuposto a existência de um mundo interconectado e interdependente. É irrelevante se alguém segue uma religião em particular ou outra. Posso aperfeiçoar minha experiência de vida, acreditando nas doutrinas específicas de uma determinada religião ou em nenhuma delas. Porém, não consigo aperfeiçoar minha experiência de vida sem entender o princípio da unidade e sem acreditar do fundo do meu coração que fazemos parte do mesmo todo e que estamos interligados a todas as pessoas, animais, plantas e elementos que existem.

O verdadeiro reconhecimento da unidade representou para mim uma mudança de vida. Reconhecer que tudo — cada pensamento, condição, acontecimento, observação e ação — está interligado, formando um único todo, teve para mim um valor e um significado que eu nunca havia considerado. Tudo é relevante. Tudo parece possível. Como líder, comecei a sentir um profundo fortalecimento. Passei a acreditar que eu poderia produzir o impacto que desejasse porque as conexões entre mim e o sucesso já existiam, portanto minha única tarefa era identificar e gerenciar essas conexões. A partir do momento que você percebe essa relação, acredito que não haja outra saída senão ser uma pessoa melhor, viver uma vida melhor e tornar-se um líder melhor. Você será alguém mais produtivo e satisfeito. Em resumo, quem compreender essa realidade fará escolhas que enriquecem a vida em vez de destruí-la.

Um dos grandes estudiosos e professores de energia, dr. David Hawkins, escreveu:

> Neste universo interconectado, toda melhoria que fazemos em nosso mundo particular melhora o mundo como um todo e para todos. Todos nós flutuamos no nível coletivo da consciência da humanidade de modo que qualquer contribuição que adicionamos acaba retornando para nós. Todos nós contribuímos para nossa felicidade comum ao nos esforçar para auxiliar a vida. Tudo o que fazemos em favor da vida também beneficia automaticamente a todos nós porque estamos inclusos naquilo que consiste a vida. Nós *somos* a vida. É um fato científico que "o que é bom para você é bom para mim". (Hawkins 1995, p. 128)

Como líder, você compreende que nada em seu ambiente é irrelevante. Qualquer elemento existente em seu ambiente pode ter potencial para afetar significativamente sua capacidade de liderança. Todo elemento está interligado a outro elemento e quanto mais conexões (e mais valiosas) você puder identificar, maior o valor que será capaz de criar por meio de sua liderança.

## A ENERGIA NÃO PODE SER CRIADA NEM DESTRUÍDA

A energia somente pode ser transformada de uma forma para outra. Já que os pensamentos e atos são energia, todo pensamento e todo ato transformam a energia em algo positivo ou negativo. Seu poder de transformação é surpreendente. Digamos que você tenha um pensamento a cada 5 segundos, ou 12 mil pensamentos por dia, e a maioria, ou mesmo grande parte da minoria, deles seja negativa. Já que quase todos os atos são um produto dos pensamentos, seria razoável assumir que a maioria, ou grande parte da minoria, dos atos também seja negativa. Pense apenas como cada um de nossos mundos, e nosso mundo coletivo, mudaria para melhor se esses índices fossem revertidos em favor de pensamentos e atos positivos.

Como líder, você é extremamente sensível ao poder de cada um de seus pensamentos e ações. Uma vez que pode afetar a vida de muitas pessoas, você deve ser cuidadoso e usar esse poder de transformação da maneira mais positiva e produtiva — em termos de valores — possível.

## O OBJETO OBSERVADO É AFETADO PELO ATO DA OBSERVAÇÃO

Quando observamos algo, o ato da observação altera aquilo que observamos. Os esportes que envolvem público são um grande exemplo disso. Todo atleta lhe dirá que a multidão é uma energia e que a energia tem um impacto significativo em seu desempenho. Como líder, ao observarmos um de nossos gerentes seniores em seu trabalho, o ato de observar causa um efeito sobre o desempenho dele — de preferência, um efeito positivo, mas um efeito, de qualquer modo. Partindo do princípio de que tudo é energia, isso não deveria ser uma surpresa. Mais uma vez, as implicações desse fato são profundas. Toda vez que focamos alguma coisa, nossas expectativas, intenções, medos, dúvidas, inveja e qualquer outro pensamento e emoção afetam aquilo que é foco de nossa atenção. Quando conseguimos internalizar completamente o conceito de que o objeto observado é afetado pelo ato da observação, quando acreditamos totalmente nisso, não há como observar de novo alguma coisa de maneira inconsciente. Saberemos que somos parcialmente responsáveis por aquilo que observamos. Saberemos que podemos mudar aquilo que observamos.

Esse princípio impõe a você uma imensa responsabilidade, pois, como líder, sua atenção tem o poder de transformar pessoas, acontecimentos e resultados.

## PARA CADA AÇÃO HÁ UMA REAÇÃO OPOSTA E DE IGUAL INTENSIDADE

Essa afirmativa é, na verdade, um resquício da velha ciência. É a Terceira Lei do Movimento de Isaac Newton. Essa é uma das regras de Newton que sobreviveu ao escrutínio da nova ciência. Essencialmente, ela diz que você recebe do mundo aquilo que dá a ele — o que hoje é geralmente chamado de "karma". Toda ação que ainda não resultou em uma reação representa apenas a primeira parte de um processo que ainda não foi completado. É um desequilíbrio energético que aguarda pelo equilíbrio. O evento que leva ao equilíbrio talvez não ocorra próximo, no tempo ou no espaço, ao primeiro evento. De fato, alguns sistemas de crença dizem que esse evento talvez ocorra em outra vida. Mas ocorrerá. É uma lei da natureza.

Por exemplo, se você demitiu um funcionário só por maldade, pela simples razão de não gostar da personalidade dele, e depois inventou uma justificativa legalmente defensável, tal como um desempenho inadequado, você fez algo errado e, como reação, o mundo fará uma retaliação. Intencionalmente, você direcionou uma carga de energia negativa contra alguém, na forma de uma demissão injusta, portanto deve esperar o momento, que poderá demorar anos, no qual será tratado de modo injusto por alguém que geralmente não tem qualquer relação com a pessoa que você maltratou. Em contrapartida, se você faz uma grande contribuição pessoal de tempo ou dinheiro para uma causa filantrópica, tendo sido anunciada publicamente ou não, fique sabendo que, em algum momento, você receberá um efeito positivo igual ao que causou sobre a causa filantrópica. Talvez o efeito traga uma satisfação pessoal e imediata. Ou talvez venha na forma de uma futura doação de alguém para uma nova causa que você defende. Embora Isaac Newton fale de uma reação "igual" e oposta, prefiro pessoalmente achar que as reações são grandes múltiplos de uma ação: "Faça algo de bom e receberá de volta algo dez vezes melhor. Faça algo de ruim e receberá de volta algo dez vezes pior".

Como líder, você é altamente sensível ao fato de que ninguém, inclusive você mesmo, recebe um salvo-conduto em relação a essa lei. Na empresa em que é líder, você tem o poder de produzir efeitos em grande escala. Exerce esse poder sabendo que grandes efeitos retornarão para você e sua equipe, portanto deseja que eles sejam positivos.

## GRANDE SENSIBILIDADE A PEQUENAS MUDANÇAS

Os resultados complexos e imprevisíveis ocorrem em sistemas que são sensíveis a pequenas mudanças. Conhecido como "efeito borboleta", esse princípio preconiza, por exemplo, que o bater das asas de uma borboleta no Brasil causa minúsculas alterações atmosféricas que, após um período de tempo, poderiam causar um tornado no Texas (Wheatley 1999). A insignificância é algo que não existe. Todo movimento de energia tem significância.

Se compreendermos isso sinceramente, seria possível voltarmos a ser inconscientes? Seríamos capazes de jogar pela janela do carro até mesmo um minúsculo papel de chiclete? Seríamos capazes de dizer algo maldoso ou condescendente a alguém? Seríamos capazes de dirigir novamente um carro em velocidade alta e negligente? Ao entender que os resultados complexos e imprevisíveis podem ser positivos ou negativos, dependendo da natureza da causa, será que nos inspiraríamos a ter pensamentos de amor e fé, e a agir com amor e fé?

Como líder, você percebe que os menores pensamentos que tem e as ações que realiza, bem como aqueles de sua equipe, têm o potencial de produzir efeitos imensos. Você assume o fardo dessa responsabilidade e a grandeza dessa oportunidade.

## A ORDEM SEMPRE EMERGE DO CAOS, AINDA QUE DE MODO IMPREVISÍVEL

A nova ciência descobriu que a partir de nossa existência aparentemente caótica sempre surge uma ordem (Wheatley 1999). Infelizmente, ao menos no momento atual, não dá para se prever o tipo de ordem. Sabemos apenas que o resultado será alguma ordem. Os cientistas têm usado computadores para modelar quase todo comportamento randômico que possamos imaginar — padrões climáticos, resultados do mercado de ações, epidemias — e os resultados são extraordinários. Os padrões definidos, que refletem uma ordem inerente, são muito claros.

Como um líder que sabe que a ordem resultará do caos aparente, você tem mais confiança. Permite que as situações e as empresas tenham mais tempo para operar, muitas vezes num caos aparente, porque sabe que uma ordem vai surgir. Você estrutura menos e libera mais. Gerencia menos, em termos micro, e confere mais poder aos outros. Dirige menos e provoca mais.

## AINDA VIVEMOS SEGUNDO A CIÊNCIA ANTIGA... COM GRANDE RISCO

Apesar de essa nova ciência ter começado a evoluir há mais de um século, os princípios exerceram pouco impacto sobre a percepção de nós mesmos, da nossa sociedade ou do mundo ao nosso redor. Nas últimas centenas de anos, e ainda hoje, a maior parte das pessoas aderiu à visão mecânica de Newton. Elas ainda acreditam que a ciência e o método científico compreendem a realidade física totalmente, e usam esse entendimento para prever e guiar o futuro. Essa crença permanece incorporada às nossas instituições sociais. A maioria das escolas, negócios, estruturas políticas e organizações ainda opera como se o universo fosse previsível; ainda crê que a ambiguidade é reflexo da falta de informação ou da ausência de uma boa teoria; crê que existem verdades absolutas; que as respostas são binárias; que a existência do universo é hierárquica; que os sistemas desenvolvidos pelo homem devem ser também hierárquicos; que o universo é composto por partes físicas separadas e isoladas; e que, de algum modo, nós existimos além do mundo físico e tudo no mundo físico é para ser conquistado e usado. Olhe ao redor. Olhe com atenção. Você verá que estamos vivendo como se os fundamentos da velha ciência ainda governassem o mundo atual.

Vivemos sob a orientação da velha ciência, no entanto por nossa escolha e grande risco. Quando nossas crenças, práticas, instituições, estruturas e organizações estão diametralmente opostas às leis da natureza, é sinal de que algo dará muito errado. Basicamente, alguma coisa vai ceder. Alguma coisa vai se romper.

As pessoas mais perceptivas e bem informadas, aquelas pessoas presentes que compreendem a natureza da vida, vão florescer e prosperar porque enxergam nossa existência como ela é. Elas não estão em conflito com a natureza. Compreendem a energia e sabem como usá-la. Compreendem a unidade e a interligação de tudo que existe. Compreendem o fenômeno da causa e efeito, não do mesmo modo preciso da velha ciência, mas de uma maneira geral e mais poderosa que nos leva a ter consciência de todos os pensamentos e atos. Compreendem e apreciam a natureza caótica de nossa existência e confiam no surgimento de uma ordem.

## O LÍDER DE ALTO IMPACTO FORTALECIDO PELA PRESENÇA — E O LÍDER COMUM, ENFRAQUECIDO

Para os líderes norte-americanos não existe melhor exemplo dos benefícios do fato de estar presente e compreender a nova ciência, e as graves consequências de não estar presente e ignorá-la, do que a explosão econômica que está ocorrendo atualmente na China. No momento em que escrevo este livro, diversos industriais norte-americanos estão indo à falência por causa da concorrência das empresas chinesas ou das norte-americanas que aceitaram as oportunidades oferecidas pela indústria chinesa. Em contrapartida, aqueles industriais chineses e aquelas empresas norte-americanas que fazem negócios na China estão tendo um enorme sucesso.

Por que alguns perdem e outros prosperam? É muito simples: o líder comum de uma empresa fabricante de móveis, que sobreviveu à expansão na década de 90, via a China como um mercado separado do dele. Teve medo das barreiras linguísticas e culturais. Ele se preocupava com a situação política da China. Acreditava que os chineses não seriam capazes de produzir bens com suficiente qualidade. Teve medo. Não confiou. Distanciou-se. Falhou ao reconhecer que os chineses fazem parte de nós, e nós fazemos parte deles, porque somos parte de um único e indivisível todo; estamos intrinsecamente ligados pela mesma energia, pela mesma força vital.

Hoje, o líder comum está carregando a pesada dívida que contraiu para financiar o novo e moderno parque industrial nos Estados Unidos. Simplesmente não teve capacidade de produzir bens a um custo que permitisse extrair sua margem de lucro. Não conseguiu aumentar seus preços porque houve uma grande quantidade de concorrentes que teve presença, visão de futuro e intuição para transferir suas fábricas para fora do país, e que foi capaz de tabelar seus produtos a preços abaixo dos custos de produção. O líder comum tomou a única estrada disponível para si. Declarou a falência.

O líder de alto impacto, por outro lado, reconheceu que os Estados Unidos e a China, e todos os outros países envolvidos nessa questão, estão intrinsecamente ligados entre si e a todas as coisas em nossa vida. Esse líder foi capaz de perceber que nada está separado e nada é independente. Como estudioso do universo, muitos anos antes ele começou a perceber que uma mudança de energias em nosso complexo e adaptável sistema estava por vir. Reconheceu que as diferenças de idioma, cultura e política, além da separação geográfica, nada mais eram do que barreiras impostas pela mente humana e totalmente superáveis. Observou uma mudança importante na situação política da China: o país estava lentamente abraçando o regime capitalista e sua prosperidade econômica. Visitou o país com frequência e compreendeu o poder de quase um bilhão de pessoas, altamente energéticas, repletas de recursos e inteligentes, em sua busca para produzir alguma coisa. Percebeu que as necessidades de compensação e expectativas dos chineses estavam, literalmente, muitas gerações atrás das necessidades dos trabalhadores norte-americanos. Observou os líderes do país construírem a infraestrutura necessária para dar suporte à produção.

Na primeira oportunidade, o líder de alto impacto iniciou um diálogo com seus irmãos e irmãs chineses — sim, irmãos e irmãs — e começou a buscar meios para que ambos pudessem se beneficiar da relação mútua. Descobriu que eles precisavam de emprego, treinamento, educação e mercado para os bens que produziam. Conseguiu atender a essas necessidades. Precisava de um custo mais baixo, um meio de produção de bens de alta qualidade para que pudesse manter ou aumentar sua margem de lucros e agregar mais valor aos seus acionistas. Descobriu que os chineses poderiam atender às suas necessidades. E como disse Bogart em *Casablanca*, esse foi o "início de uma linda amizade".

## O PAINEL DE CONTROLE DA LIDERANÇA

Na Introdução, apresentei o Painel de Controle da Liderança como uma ferramenta para demonstrar a eficácia da liderança ou a realização prática dos traços incorporados e das funções desempenhadas pelos líderes. O líder de alto impacto atinge aproximadamente 100% de eficácia na maioria ou em todos os traços e funções, enquanto o líder comum atinge significativamente menos do que 100% de eficácia na maioria ou em todas as áreas. Como você deve se lembrar, eu acredito que os líderes atingem em média menos de 50% de eficácia nos itens do Painel de Controle da Liderança.

Por definição, os líderes eficazes são eficazes porque as pessoas os seguem. As pessoas os seguem porque acreditam que eles possuem os traços característicos de um líder e são capazes de desempenhar as funções de um líder. Como vimos na Introdução, historicamente, os líderes possuíam certas vantagens sobre os seus seguidores, tais como conhecimento, mobilidade e comunicação superiores. Essas vantagens os posicionavam mais perto — segundo a percepção de seus seguidores — daquilo que é real. E as pessoas seguiam seus líderes — no curto e médio prazos — especialmente porque os viam mais próximos da realidade. Essencialmente, os líderes eram capazes de "tirar a venda dos olhos" de seus seguidores. Contudo, hoje em dia, essas vantagens posicionais deixaram de existir. Todos os indivíduos estão em patamares muito semelhantes em termos de conhecimento, mobilidade e comunicação. Para ser eficaz, um líder deve estar mais próximo da realidade do que aqueles que o seguem. Caso contrário, o líder perderá a credibilidade e não terá nenhum seguidor.

Se as históricas vantagens do cargo de líder tivessem praticamente desaparecido e se, como líderes eficazes, nós tivéssemos de estar mais perto da realidade do que aqueles que lideramos, como faríamos para chegar ao nosso objetivo? Estando presentes. Fixando-nos no momento presente — a única realidade que existe — e estando conscientes de todas as dimensões dessa realidade. A presença é a nova vantagem posicional do líder de hoje e de amanhã. Se, como líder, faltar-lhe presença e posicionamento firmado na realidade verdadeira, então você não será eficaz e alguém com presença e posicionamento lhe tomará a dianteira e assumirá a liderança.

A presença fornece a você a clareza mental para definir a si mesmo de modo preciso e completo; assim, aqueles que o seguem terão confiança de que você agirá com consistência e integridade. A presença lhe dá a capacidade de ter um raciocínio proativo de maneira eficaz e eficiente porque você não se espelha em medos e sabe como criar um amanhã melhor que o hoje. A presença lhe dá credibilidade porque, ao entender a interligação de cada pessoa dentro de um todo único e indivisível, só lhe restará agir com integridade total. E, mais uma vez, estará mais perto da verdadeira realidade — que está no momento presente — do que aqueles que você lidera. A presença permite que você seja uma verdadeira fonte de inspiração para as outras pessoas, pois está incorporado — e, portanto, pode levar os outros a se incorporarem — à energia que interliga todos nós. A presença não lhe deixa outra escolha senão a de se orientar pelas pessoas porque você é capaz de compreender que todos fazemos parte um do outro, dentro de um todo indivisível.

A presença abastece-o com energia abundante porque você consegue identificar facilmente as fontes de energia, das quais é possível captá-la, e os escoadouros de energia que deve evitar. A presença faz de você uma pessoa mais curiosa porque passa a entender que tudo é relevante e nada pode ser ignorado em uma existência interconectada. A presença habilita você a ser extremamente corajoso porque conseguiu minimizar o medo, uma mera criação da mente, e está intimamente sintonizado com sua intuição, uma fonte de dados de alta qualidade. A presença significa que sua mente está muito mais focada e analítica, e suas ações muito mais organizadas, pois agora você se tornou mestre no controle de seus pensamentos e na eliminação das preocupações com o futuro e dos arrependimentos do passado.

A presença ajuda a construir um núcleo baseado em valores porque você está totalmente consciente das necessidades dos membros de sua equipe, não expressas abertamente pela maioria deles, e dos valores que atenderão a essas necessidades e que unirão os membros da equipe a você, entre eles e à missão da empresa. A presença faz de você uma fonte de novas ideias e um mestre formulador de visões porque sua mente está relaxada e aberta ao novo, portanto mais fértil do que nunca. A presença lhe permite elaborar um plano, pois você é capaz de enxergar com absoluta clareza — sem medos, arrependimentos e emoções — qual o melhor caminho para, de onde você está hoje, chegar aonde quer.

A presença favorece o envolvimento de uma equipe porque, com base na realidade, você sabe o tipo de pessoa necessária à equipe, como inspirá-la e assegurar seu comprometimento, como se comunicar com ela e como recompensá-la. A presença mostra como construir uma estrutura responsiva que melhor atenda aos objetivos corporativos e às pessoas que constituem essa estrutura em um ambiente no qual a mudança é a única coisa constante. A presença permite gerar um alto grau de *accountability*, pois você criou um ambiente inspirador, com completa responsabilidade pessoal, livre de culpa e rejeição. Portanto, no final e como consequência de tudo que foi dito, a presença favorece a produção de resultados.

Acredito que a presença seja a energia pessoal — a diretriz interna fundamental — que facilita todos os traços e funções de um líder. Na verdade, acredito ser a única diretriz que permeia todos os traços e funções. E mais, que permeia cada uma das demais diretrizes internas discutidas no restante deste livro. Desse modo, trata-se do primeiro e mais importante passo em direção à liderança de alto impacto.

Mas, ao mesmo tempo, a presença sozinha não é suficiente. Ela é amorfa demais para habilitar completamente os traços e funções específicos de um líder. A presença consegue auxiliar você durante uma parte do caminho, mas não por todo ele. No Painel de Controle da Liderança, no Quadro 1.1, assumimos o pressuposto de que a presença é responsável por 50% do caminho para se tornar um líder de alto impacto. Na verdade, esse pressuposto é totalmente arbitrário. Por exemplo, a presença talvez seja, para certa pessoa, um fator de imensa importância em sua capacidade de se autodefinir, mas de pouca importância para outra. Quero dizer o seguinte: com base em minha experiência, a presença ou percepção consciente é um componente crítico dos traços e funções tradicionalmente descritos do líder de alto impacto. E já que a presença, segundo acredito, leva você para mais perto da liderança de alto impacto do que a maioria dos líderes, por que não a otimizar? Ir até um ponto do caminho não faz sentido. Se planejamos conquistar alguma coisa, vamos trilhar o caminho todo. Percorrer o caminho todo requer as outras sete diretrizes ou energias, mais específicas, discutidas nos próximos sete capítulos.

## PRESENÇA

### Traços de Caráter de um Líder

| | 0%          100% |
|---|---|
| Autodefinição | |
| Raciocínio proativo | |
| Credibilidade | |
| Inspiração | |
| Orientação para pessoas | |
| Energia | |
| Curiosidade | |
| Concentração | |
| Coragem | |
| Organização | |
| Capacidade de apoio | |

### Funções de um Líder

| | 0%          100% |
|---|---|
| Construir um núcleo baseado em valores | |
| Gerar ideias | |
| Formar uma visão | |
| Criar um plano | |
| Constituir uma equipe | |
| Construir uma estrutura responsiva | |
| Criar *accountability* | |
| Produzir resultados | |

QUADRO 1.1

CAPÍTULO 2

# MENTE ABERTA

## A Segunda Diretriz do Líder de Alto Impacto

*Mente aberta* é a franca disposição para considerar cada elemento de "o que é". À medida que se move rumo ao estado de presença, você consegue dar um passo importante em direção ao acesso e desenvolvimento da diretriz da mente aberta. No estado de pura presença, não há nada além da mente aberta. Há somente expansividade e receptividade. Não há resistência. Não há limites, restrições ou contenções. Neste capítulo, você verá que a mente aberta é seu estado natural e aprenderá a intensificar essa diretriz para se tornar um líder de alto impacto curioso, com um raciocínio proativo e capacidade de gerar uma riqueza de ideias e formar poderosas visões para sua empresa.

*Mente aberta é a franca disposição para considerar cada elemento de "o que é".*

## NASCEMOS ABERTOS, DEPOIS NOS FECHAMOS

Você vem ao mundo com a mente aberta para absolutamente tudo. Quer absorver todas as coisas. Ouve tudo. Experimenta tudo que consegue colocar na boca. Cheira tudo. Toca tudo e de todas as maneiras imagináveis. Vê tudo. E, à medida que se desenvolve nos primeiros anos de vida, sua mente não encontra fronteiras. Por que isso? Por que aquilo? Por que não aquilo? E se isso? E se aquilo?

No entanto, logo depois do nascimento, a sociedade começou a construir uma caixa ao seu redor. Você começou a se fechar. Seus parentes, irmãos, babás, professores, amigos e estranhos, todos ajudaram nessa construção. Talvez um de seus pais tenha dito: "Não é bonito tossir sem cobrir a boca". O outro disse: "Os cachorros são fedidos e sujos!" Sua irmã disse: "Fique longe do meu quarto". Talvez seu irmão tenha dito: "Só os meninos jogam futebol". Sua babá deve ter dito: "Fale mais baixo"; e sua professora: "Existem respostas certas e respostas erradas. As respostas certas são boas. As respostas erradas são ruins. As respostas certas levam você ao sucesso e as respostas ruins levam-no ao fracasso". Um amigo deve ter dito: "Você vai ficar ridículo com cabelo curto". Talvez um estranho tenha olhado feio quando você gritou bem alto ao andar pela rua.

É provável que você também tenha cooperado inocentemente para a construção da caixa. Talvez, ao cair da bicicleta, você pensou: "Preciso andar mais devagar e com mais cuidado". Talvez, ao arremessar uma bola, ela tenha escorregado de sua mão e caído no chão, e então você disse: "Jogar é muito difícil. Não consigo nem arremessar uma bola". Talvez você tenha visto todos os seus amigos usando calças com cinto e pensou: "Preciso usar calças com cinto para ser aceito pelos meus amigos".

Em poucos anos, a caixa está totalmente pronta. E, no caso de uma pessoa comum, desde então e a cada dia, as paredes e o teto se aproximam cada vez mais. Quando chega à idade adulta, se você for uma pessoa comum, a caixa estará bem justa ao seu corpo. E depois disso, todo dia, as chances são de ficar cada vez mais apertada. Você se torna cada vez mais apegado às suas crenças, hábitos, reações e comportamentos. Certo dia, caso seja uma pessoa comum, você acorda e descobre que tudo, ou quase tudo, que vem a seguir é verdadeiro para você:

VOCÊ QUER ESTAR CERTO. Você ouviu seus professores dizendo em alto e bom som que existem jeitos "certos" e jeitos "errados". Existem respostas "certas" e respostas "erradas". Se você fizer as coisas do jeito certo, será bem-sucedido; mas, se as fizer do jeito errado, vai fracassar.

VOCÊ NÃO QUER FRACASSAR. O sucesso é bom e o fracasso é ruim. Você vai sofrer se fracassar. Portanto, deve ter medo de assumir riscos "irracionais".

VOCÊ GOSTA DE REGRAS. Observe nossa sociedade. Há leis em cima de leis, regulamentações em cima de regulamentações. Você faz a mesma coisa no trabalho e em casa. Como você saberia agir sem regras?

VOCÊ GOSTA DE ORDEM. Você talvez incorpore rotinas e tradições. Talvez tenha medo do caos. Talvez tenha medo do inesperado, do irracional e do aleatório.

VOCÊ DISCRIMINA E JULGA. Se você anseia tanto por estar certo e ama as regras e a ordem, é provável que discrimine e julgue as pessoas excessivamente. Talvez você classifique tudo e todos em categorias positivas e negativas. Sua necessidade de estar certo faz com que você classifique a maior parte das coisas que estão fora de você ou são diferentes de você em categorias negativas. Em seguida, você será condescendente porque não pode fugir do medo que sente de, no final das contas, não estar certo. Você pensa que, se declarar inúmeras e sucessivas vezes que os outros estão errados, isso fará com que você esteja certo.

VOCÊ BUSCA O MELHOR. Na maior parte do tempo, você busca e depois fica amarrado ao "melhor" de tudo. Você se apega irracionalmente às melhores práticas, produtos, serviços, ideias e estratégias.

VOCÊ ACEITA A ADEQUAÇÃO. Durante o resto do tempo, você aceita aquilo que funciona de modo adequado para você. Se não estiver quebrado, você não o conserta.

VOCÊ SE ENVERGONHA POR SONHAR ACORDADO E NUTRIR FANTASIAS. Talvez você sinta que deixar sua mente vagar é perda de tempo. Você sente que tem de ser ativo e estar em movimento para ser produtivo e ter valor. Você sente vergonha de suas fantasias e sonhos.

VOCÊ É REALISTA E LÓGICO. Talvez esse seja o único jeito de fazer com que as coisas tenham sentido. E você acha que precisa fazer as coisas terem sentido para conseguir sobreviver.

VOCÊ LIMITA SUA INTERAÇÃO HUMANA. As outras pessoas são diferentes. Talvez sejam más. Talvez sejam perigosas. É possível que você diga: "Não vou falar muito com elas. Vou construir cercas. Se encontrar companheiros que pensem como eu, então formaremos um clube, faremos regras e excluiremos quem não pensar como nós".

## RESISTÊNCIA À MENTE ABERTA

Se algumas ou todas as características acima lhe parecem familiares, você está provavelmente resistindo a ter uma mente aberta. A resistência é basicamente a ausência de receptividade. Se for como a maioria das pessoas, você resiste. Resiste às ideias que não são suas. Resiste ao desconhecido. Resiste a assumir riscos. Resiste a funcionar na ausência de ordem. Resiste a quebrar regras. Resiste à interação humana e a qualquer coisa que possa confundi-lo. Provavelmente, você resiste até mesmo aos sonhos.

Contudo, quando resiste a alguma coisa, você acaba dando energia para aquilo ao qual está opondo resistência. Você o alimenta e mantém vivo. Aquilo ao qual você resiste, persiste. Além disso, é claro que você perde uma boa parte de sua própria e valiosa energia no processo. Fica mais fraco e sente mais dor.

Em um líder, a resistência compromete seriamente sua capacidade de incorporar os traços de caráter e desempenhar as funções próprias do líder de alto impacto. Especificamente, a ausência de mente aberta torna muito difícil seguir em frente com um raciocínio proativo e curioso, ou gerar ideias e desenvolver um plano para o futuro. O futuro é amplo demais e desconhecido, portanto a pessoa se recolhe — e usa seu tempo — naquilo que lhe é familiar. O familiar, claro, é aquilo que já foi experimentado.

# EXERCÍCIO:
## FORÇA *VERSUS* RESISTÊNCIA

Em vários dos meus seminários fazemos um exercício que demonstra o efeito negativo da resistência de uma maneira tão vívida que os participantes frequentemente me contam, anos depois, que nunca se esqueceram dessa experiência e a usam diariamente em suas vidas. Como líder, sempre que me sinto inclinado a resistir a uma nova ideia, acontecimento ou condição, penso nesse exercício e percebo que minha resistência se dissipa rapidamente. O exercício pede um parceiro, portanto você terá de recrutar um amigo ou membro da família. Assuma o papel do Resistente e peça a seu parceiro que assuma o papel da Força.

## PASSO 1: PREPARADOS PARA A CONFRONTAÇÃO

Fiquem em pé, um diante do outro, distantes cerca de um passo, mas posicionados de modo que o ombro direito de seu parceiro, a Força, fique diretamente na frente do seu ombro direito. Plante os pés com firmeza e não se mexa durante o exercício. Entrelace sua mão direita com a mão direita da Força e segurem as mãos dadas poucos centímetros acima de seus ombros.

## PASSO 2: RESISTIR

Depois de contarem até três, a Força começa a empurrar contra sua mão o máximo que puder e você, o Resistente, deve usar toda sua força para impedir e parar a mão da Força. Você vai sentir a tensão que tomará conta da sala. A Força e a Resistência, seu parceiro e você, estão travando uma batalha. O resultado mais provável é que você, a Resistência, seja empurrado e perca o equilíbrio e o centro de apoio, caindo então de mau jeito para trás ou para o lado.

## PASSO 3: DEIXAR FLUIR

Depois de alguns momentos de descanso, preparem-se para fazer o exercício de novo. Dessa vez, entretanto, não ofereça qualquer tipo de resistência. Ao contarem até três, permita que sua mão vá aonde a

Força a levar. Você verá que a mão vai direto para cima de seu ombro, ao mesmo tempo que você continua firmemente plantado no chão. Esse passo deve durar só um segundo.

O que você sentiu? Percebeu a diferença entre os dois passos? Por exemplo, no Passo 2, percebeu que a Resistência gasta e perde uma enorme quantidade de energia durante um período longo de tempo no ato de resistir? No Passo 3, você perdeu alguma energia ou deixou a força atravessar seu corpo? E, com relação ao controle? Quando você se sentiu mais no controle — ao resistir ou ao não resistir?

## ESCAPAR DE DENTRO DA CAIXA

A mente aberta foi definida, no início do capítulo, como a franca disposição de considerar cada elemento de "o que é". Pensando assim, a mente aberta é uma função da escolha, da intenção e da prática. Simplesmente, você tem de escolher "escapar de dentro da caixa", utilizar uma intenção e realizar uma ação.

Há muitas formas de escapar de dentro da caixa, reduzir a resistência e construir a diretriz da mente aberta, que nutrirá o que você é e o que faz como líder. O objetivo é exercitar a válvula de "entrada" do seu cérebro. Para a maioria das pessoas, a válvula de entrada está basicamente fechada. Para um líder, essa é uma condição fatal. Sua empresa espera que você consiga gerar ou, no mínimo, identificar as melhores ideias, formular uma visão ótima para a organização, elaborar um plano para realizar essa visão e, para executar o plano, construir uma estrutura corporativa flexível e com capacidade de resposta. Para ser bem-sucedido, você deve ser capaz de identificar o maior número de conexões e visualizar o maior número de alternativas possíveis. Deve estar extremamente aberto. Assim, os exercícios a seguir serão de grande ajuda para você.

De todos os exercícios elaborados para fortalecer a mente e deixá-la mais aberta, acredito que a meditação (descrita no Capítulo 1) seja a mais poderosa. No final das contas, estamos buscando mudar uma condição de resistência, de mente fechada e teimosa, ou mesmo de inconsciência do enorme apego a ideias e crenças. O primeiro passo no processo de mudança é tomar consciência da condição atual e da necessidade de mudança. A melhor técnica para desenvolver a percepção consciente, ou consciência, é a prática da meditação. Ela faz com que sua mente e pensamentos saiam da frente, e lhe permite vivenciar e compreender o que é real.

Alguns dos meus exercícios favoritos para aumentar o nível de percepção consciente e desenvolver uma mente mais aberta estão descritos a seguir:

## EXERCÍCIO:
## O EMBARALHAMENTO

Este é um exercício simples, mas muito poderoso, para auxiliar na abertura de sua mente, podendo ser praticado em qualquer lugar e momento. Comece, em sua cabeça, mudando a percepção de tudo o que o cerca. Ao se sentar na poltrona de um avião e ler o aviso exposto no banco da frente, que diz: "Permaneça com o cinto de segurança enquanto estiver sentado", pense em prender o cinto enquanto estiver em pé. Depois pense em não prender o cinto enquanto estiver sentado. E depois pense em ficar com a cabeça na poltrona e prender o cinto nessa posição. Deu para entender a ideia? Ao dirigir por uma autoestrada, imagine que você está dirigindo de ré. Imagine todos os carros andando de ré. Imagine-os de ponta-cabeça. Imagine-os voando. Imagine a autoestrada voando em direção ao céu. Imagine a autoestrada mergulhando para dentro da terra. Imagine as pessoas dirigindo do lado de fora de seus veículos. Mais uma vez, deu para você captar a ideia. Quem precisa de uma dose de LSD do dr. Timothy Leary quando a expansão da mente pode ser obtida a qualquer tempo, sem custo algum, sem efeitos colaterais e sem risco de uma *overdose?*

## EXERCÍCIO:
## QUEBRA DE PADRÕES E TROCA DE CRENÇAS

Pense em tudo que você faz normalmente e então faça tudo de um modo diferente. Se o despertador sempre acorda você às 6 da manhã, tente não ligar o alarme e acordar naturalmente. Se você sempre come cereais no café da manhã, em vez disso coma ovos ou pule essa refeição. Se sempre faz o mesmo caminho para ir trabalhar, tente outro caminho, mesmo que demore mais para chegar. Se sempre chega ao trabalho em determinada hora, chegue num horário diferente. Se sempre estaciona o carro numa determinada vaga, estacione na vaga ao lado ou no outro lado do estacionamento. Ou tome um táxi. Ou ande. Se você não é vegetariano, tente ser. Se é vegetariano, coma um pedaço de carne. Faça jejum durante alguns dias. Se tem o hábito de correr para se exercitar, em vez disso tente andar de bicicleta, caminhar ou fazer yoga. Se raramente lê, leia. Se sempre assiste televisão, não assista. Se raramente assiste televisão, então assista muito por alguns dias. Durma numa cama diferente.

Em seguida, troque suas crenças. Se, politicamente, você é liberal, tente pensar como conservador por um dia e ver tudo através de olhos conservadores. Se é conservador, tente ser liberal. Se acredita no desarmamento, passe um dia inteiro defendendo a não restrição de armas de fogo. Se é católico praticante, viva um dia como ateu. Seja budista. Se for judeu, tente pensar e se comportar como católico por um dia.

Seguir padrões de comportamento e aderir a crenças é o mesmo que correr em uma pista de corrida estreita e íngreme. Quando está nela, você fica cego a tudo o que acontece fora dela. Quanto mais tempo ficar nela, mais cego você se torna, ou seja, menos consciência tem daquilo que acontece no ambiente fora da pista. Quebrar padrões e experimentar diferentes crenças ajuda-o a remover a venda de seus olhos e se tornar mais consciente da realidade — aquilo que realmente existe — ao seu redor. Repetindo, os líderes de hoje devem estar mais perto daquilo que é real do que os seus liderados, ou não conseguirão liderar de modo eficaz por muito tempo.

## EXERCÍCIO:
## TIRE UMAS "FÉRIAS SENSORIAIS"

O que a grande maioria de nós faz durante as férias escolares de verão? Quebramos nossas rotinas escolares e cruzamos várias das nossas fronteiras normais. Talvez você tenha bebido demais, experimentado algumas novas substâncias, mostrado o peito ou as nádegas para membros do sexo oposto ou até mesmo tenha feito sexo com pessoas que mal conhecia. Na verdade, nunca fiz essas coisas. Infelizmente, tive de trabalhar muito para conseguir me formar. Mas ouvi muitas histórias sobre férias de verão. E acho que todos nós precisamos de uma pausa em nossas rotinas sensoriais de um modo bem parecido.

Saboreie novas coisas. Saia para comer comida nepalesa se nunca fez isso antes. Ouça um novo estilo de música. Se você for amante de música clássica, saia e compre um CD de Busta Rhymes e ouça-o repetidas vezes. Cheire novas coisas. Cheire tudo o que puder durante um dia inteiro. Cheire cada flor, cada árvore, cada livro, cada lata de lixo e cada pessoa que permitir que você o faça. Sinta novas coisas. Se você odeia a sensação da falta do banho diário, acampe por uma semana e não se lave. Faça uma massagem. Fique de ponta-cabeça. Veja coisas novas. Compre uma lente de aumento e comece a olhar as coisas próximas a você ainda mais de perto. Compre um par de binóculos e comece a olhar de perto as coisas que estão distantes.

## EXERCÍCIO:
## DESOBEDEÇA A UMA REGRA

Não é para você ser preso e jogado numa cela, nem assumir riscos físicos ou financeiros irracionais, mas quebre algumas regras. Pule a cerca de um loteamento fechado e dê uma caminhada. Entre descalço num restaurante e peça uma mesa. Chegue atrasado ao trabalho. As pessoas vão certamente se aproximar de você e dizer que está quebrando as regras, mas tudo bem. Agradeça-lhes, educadamente. Se começarem a ficar realmente irritadas ou a ameaçá-lo, é melhor você se afastar. Essas pessoas simplesmente não compreendem que você está vivendo um processo de libertação de sua mente e alma. Uma coisa que frequentemente acontece durante esse exercício é você se ver justificando a regra que deseja quebrar. Você "pensa demais" no exercício. Não faça isso. Apenas quebre a regra e veja como se sente.

## EXERCÍCIO:
## PRÁTICAS ESPONTÂNEAS E ALEATÓRIAS

Faça coisas completamente sem sentido, depois analise-as e pondere se têm algum propósito. Talvez você encontre um ou nenhum propósito, mas elas servem para fazer você abrir sua mente. Levante cedo sem razão alguma, saia de casa, ande até a esquina e volte. Por que fazer isso? Talvez você veja algo diferente, que nunca viu antes, e isso lhe dê uma nova ideia ou levante alguma questão. Talvez encontre um velho conhecido. Talvez conheça alguém novo. Talvez surja um sinal de que você está perdendo o rumo e controle sobre algum trabalho que esteja fazendo e precise seguir um rumo diferente. Compre um livro sobre pesca, mesmo que não tenha qualquer interesse no assunto. Abra em uma página aleatoriamente e estude o que está escrito nela. Por quê? Quem sabe? Mas posso garantir que sua mente se abrirá e algum benefício vai resultar desse processo cognitivo.

## EXERCÍCIO:
## SEJA ESQUISITO

Uma grande parte da caixa que nos cerca é composta por padrões pertencentes a outras pessoas. Percebemos o que elas vão aceitar ou rejeitar de nossos atos e agimos de acordo. Mas esse "de acordo" significa geralmente o que elas vão aceitar. Que tal mudar, em alguma ocasião, esse "de acordo" por algo que as surpreenda, que as deixe desconfortáveis, algo que vão rejeitar ou criticar? Como fazer isso? É simples: observe o exemplo de uma criancinha de um ano e meio. Grite de alegria quando estiver andando por uma calçada movimentada. Faça caretas para os estranhos. Fale alto na biblioteca. Peça o que quer em voz alta. Atire os alimentos. Esfregue-os no seu rosto. Grite de dor quando se machucar. Chore. Bata palmas. Sente-se no chão e observe um inseto.

## EXERCÍCIO:
## FRACASSAR

Procure maneiras de experimentar o fracasso. Somente por meio do fracasso é possível crescer, mas não nos permitimos fracassar o suficiente. Estamos impedindo nosso crescimento. Como líder ou aspirante a líder, você provavelmente não fracassa com muita frequência. Que tal tentar algo novo? Corra uma maratona. Faça um teste para atuar numa produção teatral local. Escolha a categoria de desafio mais difícil que puder imaginar. Compre uma tela em branco e tintas e tente pintar uma obra de arte. E comece a se sentir confortável fora da esfera do sucesso.

# AS "FRONTEIRAS" DA MENTE ABERTA

Muitas pessoas perguntam: "Como posso liderar se tenho a mente tão aberta? Não vou ficar flutuando por todos os lugares? Não vão me faltar convicção e definição? Se a liderança significa produzir um efeito e alcançar objetivos, como posso fazer isso se ficar me dispersando?" Essas são ótimas perguntas.

A resposta é a seguinte: você pode liderar, e liderar muito bem, com a mente aberta a tudo. Você não vai ficar flutuando por todos os lugares, sem definição ou convicção. A abertura que defendo está dentro e ao redor dos traços e funções da liderança. Em outras palavras, há limites para a abertura dentro do contexto de liderança. O líder que tem domínio sobre a mente aberta deve também — com firmeza, convicção e pés solidamente no chão — desempenhar as funções tradicionais da liderança, descritas na Introdução: criar um núcleo baseado em valores, gerar ideias, formar uma visão, elaborar um plano, constituir uma equipe, construir uma estrutura com capacidade de resposta, criar *accountability* e produzir resultados. E por ter a mente aberta, esse líder consegue criar um núcleo melhor de valores, gerar mais e melhores ideias, formar uma visão melhor e mais valiosa, elaborar um plano mais eficiente, constituir uma equipe mais talentosa, construir uma estrutura com maior capacidade de resposta, criar uma *accountability* mais forte e produzir melhores resultados.

> O líder que tem domínio sobre a mente aberta deve também — com firmeza, convicção e pés solidamente no chão — desempenhar as funções tradicionais da liderança: criar um núcleo baseado em valores, gerar ideias, formar uma visão, elaborar um plano, contratar e envolver uma equipe, construir uma estrutura com capacidade de resposta, criar *accountability* e produzir resultados.

## O LÍDER DE ALTO IMPACTO FORTALECIDO PELA MENTE ABERTA: TOM ANDERSON E CHRIS DEWOLFE

Uma mente aberta foi o combustível que produziu um dos mais bem-sucedidos sites atuais na Internet. Se você tivesse perguntado aos "entendidos" como fazer para lançar um site na rede social, eles teriam dito para construir um conteúdo com uma procura comprovada por outros sites e empregar uma estrutura que funcionasse bem em outros sites ou, no mínimo, uma estrutura que tivesse sido validada por meio de uma pesquisa de mercado. Em outras palavras, siga aquilo que você conhece, aquilo que é seguro, aquilo que está definido.

E se os fundadores do MySpace.com, que hoje é o site mais popular entre a multidão de jovens entre 16 e 24 anos, tivessem agido desse modo teriam produzido um site pequeno e satisfatório, com um fluxo de acesso pequeno e satisfatório, bem como uma receita de anúncios pequena e satisfatória. Mas, em vez disso, Tom Anderson e Chris DeWolfe simplesmente se abriram para o universo. Ignoraram as fronteiras do que é conhecido, seguro e definido. Perguntaram-se por que comunidades de qualquer tipo cresciam e prosperavam, e descobriram a resposta, agora óbvia, que as comunidades crescem do jeito que elas desejam crescer. E quanto mais controle os participantes têm de sua comunidade, mais atraídos ficam por ela e mais tempo passam dentro dela.

E assim eles lançaram o MySpace.com no final de 2003, deixando a cargo dos membros da comunidade construir o conteúdo que bem quisessem. A empresa apenas forneceu as ferramentas necessárias para que os membros pudessem criar perfis e participar integralmente da comunidade, a infraestrutura necessária para produzir o conteúdo que melhor servisse aos membros da comunidade. Em menos de dois anos a empresa possuía mais de 20 milhões de usuários registrados e estava atraindo mais receitas de anúncios do que os outros sites, com exceção de um número muito restrito de sites da Internet. Em julho de 2005, a News Corporation, empresa de Rupert Murdoch, comprou a controladora do grupo por US$ 580 milhões. Em setembro de 2006, menos de 36 meses depois de seu lançamento, o site contava com 100 milhões de usuários registrados e estava em segundo lugar no ranking dos sites mais populares, com um bilhão de acessos por dia, atrás somente do Yahoo! Tudo porque esses garotos tinham a mente aberta, não estavam apegados à ideia de como as coisas "deveriam" ser e não tentaram forçar nada contra a vontade de ninguém (Sellers 2006).

## O PAINEL DE CONTROLE DA LIDERANÇA

Como um líder com mente aberta, sua visão das possibilidades não está obscurecida. Você é capaz de caçar e devorar todas as informações disponíveis. Pode soar como algo exaustivo, mas, na verdade, é muito revigorante. Descobrir e compreender as informações e conexões que estão ao seu redor vira um vício. As ideias fluem de sua mente porque você consegue enxergar as conexões — possibilidades — que estão ocultas para os outros. As visões fluem de você. As outras pessoas vão segui-lo porque você enxerga mais do que elas. Você está mais perto da realidade e elas percebem isso.

O Quadro 2.1 — Painel de Controle da Liderança — demonstra graficamente como a mente aberta representa um recurso fundamental de energia que o capacita como líder, com o intuito de exemplificar os traços de caráter e o desempenho das funções de um líder de alto impacto, como descrito na Introdução. O painel mostra que a mente aberta, nutrida pela diretriz da presença, permite a você:

TER RACIOCÍNIO PROATIVO. A mente fechada, com medo do desconhecido, reside naturalmente no passado, que é bastante conhecido. A mente aberta pondera naturalmente sobre o futuro e as possibilidades. Com a mente aberta, você passará a visualizar possibilidades mais audaciosas e excitantes para si mesmo e para sua empresa.

SER CURIOSO. Repetindo: livre do medo, que é o condutor da mente fechada, você buscará o novo e o desconhecido.

GERAR IDEIAS. Você será um líder atento, que identifica novas associações e conexões e também dá origem a novas maneiras de pensar e agir.

FORMAR UMA VISÃO. Livre das limitações impostas pelo medo, com ideias fluindo em sua mente e com pensamento proativo, você será altamente eficaz ao formular objetivos organizacionais otimizados, alcançáveis e com valor agregado.

A diretriz da mente aberta alimenta, ainda que em menor extensão, sua capacidade de:

TER CREDIBILIDADE. A mente aberta aumenta a confiança dos membros de sua equipe com relação a suas capacidades e caráter, pois eles percebem a coerência entre sua falta de medo de um futuro desconhecido e seu papel como aquele que vai liderá-los em direção a um futuro melhor.

SER INSPIRADOR. A mente aberta contribui para sua capacidade de identificar o objetivo comum de sua empresa e depois articular sua visão, de modo que os membros de sua equipe vejam a si mesmos como parte integrante dessa visão.

ORIENTAR-SE PARA AS PESSOAS. Em minha experiência, uma mente aberta conduz a um coração franco e, finalmente, a um amor genuíno pelas pessoas.

TER ENERGIA. A partir do momento em que você se livra do medo do desconhecido, a abertura de mente e as possibilidades que ela revela são revigorantes.

CONSTITUIR UMA EQUIPE. As pessoas migram em direção aos indivíduos destemidos, aqueles que têm ideias excitantes e muita energia. A mente aberta fortalece sua capacidade de recrutar, envolver e inspirar pessoas para realizarem a visão que você criou para sua empresa.

CONSTRUIR UMA ESTRUTURA RESPONSIVA. A mente aberta permite que você visualize e crie uma estrutura permeável e flexível, que é altamente adaptável às mudanças rápidas.

## MENTE ABERTA

### Traços de Caráter de um Líder

| | 0% — 100% |
|---|---|
| Autodefinição | |
| Raciocínio proativo | |
| Credibilidade | |
| Inspiração | |
| Orientação para pessoas | |
| Energia | |
| Curiosidade | |
| Concentração | |
| Coragem | |
| Organização | |
| Capacidade de apoio | |

### Funções de um Líder

| | 0% — 100% |
|---|---|
| Construir um núcleo baseado em valores | |
| Gerar ideias | |
| Formar uma visão | |
| Criar um plano | |
| Constituir uma equipe | |
| Construir uma estrutura responsiva | |
| Criar *accountability* | |
| Produzir resultados | |

QUADRO 2.1

CAPÍTULO 3

# CLAREZA

## A Terceira Diretriz do Líder de Alto Impacto

*Clareza* é um alto nível de nitidez, ou transparência, nos pensamentos, comportamentos e ações de uma pessoa. Ao considerar alguns dos traços e funções críticos, necessários à liderança de alto impacto — aspectos tais como ser autodefinido e orientado para pessoas, criar um núcleo corporativo baseado em valores humanos e envolver as pessoas para executar um plano organizacional —, você provavelmente verá como é importante que um líder apresente um alto nível de clareza em seus pensamentos, emoções e comportamentos. O líder que pensa positivamente será mais eficaz do que o líder que se afunda em preocupações, desconfianças ou pensamentos críticos ou negativos. O líder emocionalmente estável será mais eficaz do que aquele que luta com a inveja, raiva, impaciência ou vergonha. O líder firme em seu comportamento será mais eficaz do que aquele que mente, trapaceia, tem vícios destrutivos ou abusa de seu pessoal por meio da ira, condescendência ou crítica.

> *Clareza* é um alto nível de nitidez, ou transparência, nos pensamentos, comportamentos e ações de uma pessoa.

Se a liderança significa principalmente transformar as energias pessoais em resultados interpessoais, então a clareza de pensamento, emoção e comportamento pode ser considerada como uma facilitadora nesse processo: quanto mais saudável for o pensamento, a emoção e o comportamento do líder, mais eficaz será a transformação e melhores serão os resultados.

Infelizmente, na minha experiência, a clareza de pensamento, emoção e comportamento é uma qualidade muito ausente nos líderes. Não que eles sejam menos saudáveis do que aqueles que não são líderes, porém sua falta de saúde afeta mais vidas em virtude de sua posição de liderança. Os líderes podem ter cursado faculdade de administração, ter experiência de mercado ou conhecer mais áreas específicas do que qualquer outra pessoa, mas nunca assistiram a um curso chamado "Como Esvaziar sua Bagagem Emocional e Comportamental para Poder Trabalhar Eficazmente com Pessoas e Envolvê-las Integralmente na Busca da Missão Organizacional". Pressupõe-se que você, como líder, deva controlar com maestria o conteúdo desse curso. Geralmente, trata-se de um processo doloroso, mas a energia que é liberada durante esse processo e a melhoria imediata na sua eficácia como líder não dá margem a dúvidas quanto ao seu valor. Eu também poderia argumentar que você tem a responsabilidade fiduciária de atingir a clareza pelo simples fato de pessoas o estarem seguindo. Isso é algo que permite distorções em seus pensamentos, emoções e comportamentos, que afetam negativamente sua própria vida. Mas é outra coisa, e completamente errada, permitir que isso afete negativamente a vida daqueles que o seguem e da empresa cujo comando lhe foi confiado. Por exemplo, a raiva, a condescendência e o tratamento silencioso usados, intencionalmente ou não, por alguns líderes são formas de abuso e arruínam tudo mais que um líder deveria tentar conquistar.

Quanto mais presente estiver, mais consciência você terá de como seus pensamentos, emoções e comportamentos estão distorcidos. No mais puro estado de presença não há distorção. Você é transparente em seu pensamento, emoção e comportamento. Contudo, poucas pessoas estão puramente presentes todo o tempo, ou mesmo na maior parte do tempo. Mas, à medida que começa a entender e andar nessa direção, você se torna mais consciente de onde a distorção se localiza. A percepção consciente, obviamente, é o primeiro e mais difícil passo no sentido de resolver um problema. Nesse caso, a percepção consciente da distorção é o primeiro passo para se alcançar a clareza. Neste capítulo, você passará a perceber a clareza como uma poderosa diretriz que vai nutrir sua capacidade de ser um líder de alto impacto, autodefinido e orientado para as pessoas, com capacidade de construir um núcleo corporativo baseado em valores e de envolver uma equipe nessa missão.

## A *PERSONA* E A SOMBRA

Neste capítulo, usarei os conceitos de *persona* e de sombra como uma moldura para me referir à clareza de pensamento, emoção e comportamento. Estudiosos atribuem a Carl Jung, o famoso psiquiatra suíço, o fato de ser um dos primeiros a falar da *persona* e da sombra, as duas partes de nossa personalidade, dentro de um contexto científico (Zweig e Abrams 1991, XVI-XXV). A *persona,* palavra de origem latina que significa "máscara", é a aparência que você mostra ao mundo: a face que usa, seus papéis sociais, como você se expressa. Sua *persona* está em constante transformação. Conscientemente, você muda sua *persona* para se adaptar a uma situação.

A *sombra* é formada por elementos existentes dentro de você mesmo, mas que você não quer que os outros vejam e dos quais, frequentemente, nem tem consciência. Nela estão incluídos as tendências e os desejos, dos quais você não gosta ou outra pessoa não gosta em você, normalmente na primeira infância. Também inclui partes suas que você rejeita, consciente ou inconscientemente, por serem incompatíveis com sua *persona* e, em geral, contrárias aos padrões sociais existentes.

Os aspectos reprimidos de sua sombra podem ser negativos ou positivos. Por exemplo, posso ter sido um bailarino talentoso quando criança, mas reprimi essa qualidade por ter sido ridicularizado pelos outros meninos, que consideravam a dança uma atividade restrita às meninas. Aquelas qualidades, bem como meu medo de expressá-las, foram depositadas em minha sombra. Ironicamente, a sombra, que sempre associamos e sentimos como algo negativo quando a reconhecemos, também pode ser vista como um dom.

A sombra contém, no mínimo, dois dons se você escavá-la o suficiente. Em primeiro lugar, você encontrará aqueles aspectos positivos — como, por exemplo, criatividade, sexualidade, assertividade — que foram enterrados em sua sombra há muitos anos. Como muitas pessoas dizem: "Eu não sou nem um pouco criativo — eu nunca poderia ser um artista?" Eu disse isso durante grande parte da minha vida, mas, certo dia, decidi que talvez eu fosse realmente criativo e pudesse ser um artista; todas essas qualidades estavam enterradas em minha sombra. De fato, descobri-as e me tornei um pintor de sucesso.

Em segundo lugar, você descobrirá aqueles aspectos negativos que minam sua satisfação pessoal, seus relacionamentos e sua eficácia como líder. Uma vez identificados — e identificá-los é o passo mais difícil de todos —, você poderá trabalhar com eles de modo que não mais prejudiquem sua vida.

Vamos agora dar uma olhada em três pessoas diferentes — Ellen, Bill e David — e constatar como suas sombras prejudicam suas vidas e sua eficácia como líderes.

## O MÉDICO OU O MONSTRO?

Ellen tinha um currículo que humilhava todos os que, porventura, cruzassem seu caminho: títulos de graduação e pós-graduação nas melhores universidades norte-americanas e todas as honras acadêmicas que uma pessoa era capaz de conquistar. Trabalhou vários anos como braço direito de um dos maiores industriais do mundo, participando de reuniões com chefes de Estado e negociando operações com as principais empresas mundiais. Passou a liderar empresas de grande importância. Sua *persona* era tranquila, calorosa, gentil, humilde e curiosa. No entanto, sua sombra, depois de vários meses, emergia em todas as situações profissionais em que estivesse envolvida. Ela era extremamente controladora, abusiva com aqueles que interferissem em seu controle, condescendente e desonesta com quase todo mundo. Conseguia esconder muito bem esses aspectos dos membros da diretoria, aqueles com poder de demiti-la, mas ninguém que trabalhasse com ela no dia a dia, durante qualquer período de tempo, gostava dela e, assim que ela aparecia, a maioria procurava escapar pela saída mais próxima.

Bill era um executivo habilidoso que administrava uma das maiores empresas varejistas do país. Munido de um MBA de uma das principais escolas de administração, com 25 anos de experiência de mercado, uma personalidade calorosa e uma extraordinária autoconfiança, ele executava muito bem um trabalho bastante difícil. Sua *persona* era sincera, altamente confiável, ética; um homem com valores familiares. Mas, escondido em sua sombra, estava um viciado em sexo. Casado com a mesma mulher por 25 anos e com 5 filhos, ele não conseguia evitar se envolver em relacionamentos, desde os rápidos, de uma única noite, até casos longos com suas funcionárias. Com o tempo, todos — sócios, funcionários, clientes — passaram a conhecer seus hábitos, com exceção da esposa. Sua capacidade de liderança decaía de modo significativo, à medida que sua profunda falta de integridade se tornava evidente.

Você já conhece alguma coisa sobre a terceira pessoa, David — sou eu. Durante anos, eu parecia ser bem-sucedido sob quase todos os aspectos. Eu tinha um diploma de Direito e um MBA de uma das mais importantes universidades, além de uma trajetória profissional de sucesso como advogado, depois como banqueiro de investimentos e, em seguida, como executivo de empresas. Tinha uma esposa e dois filhos, com os quais parecia muito feliz. Ganhei muito dinheiro, possuía uma bela casa no California Wine Country, diversos carros bons e um portfólio de investimento muito rentável. Minha *persona* era a de um profissional muito trabalhador e agradável, mas firme, ético e inteligente. Minha sombra, no entanto, era insuportavelmente insegura. Na realidade, eu trabalhava como um louco porque tinha pavor de fracassar. Era impaciente com as pessoas que eu sentia não estarem trabalhando tão arduamente quanto eu. Resistia às mudanças. Era duramente crítico com os outros. Sentia uma raiva que estava ativa logo abaixo da superfície e, ocasionalmente, explodia em crises de ira. Eu não amava minha mulher e abusava emocionalmente dela quando a criticava e controlava. Como líder, eu sofria porque as pessoas não sabiam com clareza quem exatamente eu era e o que eu representava. Eu pregava a necessidade de um núcleo corporativo baseado em valores, que incluía o respeito pela vida dos funcionários fora do ambiente de trabalho, porém eu próprio era infeliz e negligenciava minha vida pessoal. Eu também me alienava ou era um enigma para um número suficiente de pessoas, o que impedia um envolvimento pleno com minha equipe.

Você reconhece algum desses comportamentos em você mesmo ou nos líderes que conhece ou conheceu no passado? Você percebe outros comportamentos que são igualmente prejudiciais? Se a resposta for sim, estou certo de que sua capacidade (ou deles) de liderar está seriamente comprometida. Já que é tão importante reconhecer e compreender a sombra, vamos dar uma olhada mais de perto nesse fenômeno psicologicamente esquivo.

## A SACOLA ENORME QUE VOCÊ ARRASTA ATRÁS DE SI

Em um livro maravilhoso, intitulado A *Little Book on the Human Shadow,* o renomado poeta Robert Bly (1988, 17-25) descreveu metaforicamente a sombra como uma enorme sacola que você arrasta atrás de si. Você veio ao mundo com uma personalidade de 360°. Você era uma bola de energia, completa e, certamente, transbordante. Pouco a pouco, pequeno incidente após pequeno incidente, você começou a remover partes de sua personalidade e jogá-las dentro da sacola: "Não grite tão alto". "Não brigue com seu irmão". "É feio não emprestar as coisas para os outros". "Não faça tantas perguntas". "Não é da sua conta". Se você for homem: "Só meninas dançam balé". Se for mulher: "Jogar futebol não é para mocinhas". E isso continuou por todo o período do ensino médio e com toda a paranoia social daquela época. Pais, professores, amigos e estranhos, todos ajudaram você a remover partes de si mesmo e jogá-las dentro da sacola que levava nas costas. E você, claro, ajudou seus amigos, filhos e alunos a encherem as próprias sacolas enormes.

Assim, você chegou à casa dos 20 anos como uma pessoa muito "agradável", com uma fina e suave camada do seu "eu" visível aos outros, mesmo para os entes queridos, e uma enorme sacola repleta de todas as suas partes que as pessoas influentes em sua vida não queriam que você demonstrasse. Quanto maior a sacola, mais energia ela contém e menos energia positiva sobrou em sua *persona*. Se você for homem, deve ter depositado seu lado feminino — sua intuição, sensibilidade, capacidade de cuidar dos outros — dentro da sacola. Se for mulher, deve ter depositado seu lado masculino — sua agressividade, raiva, apetite por riscos — dentro da sacola. Talvez você tenha jogado sua sexualidade, criatividade e capacidade de expressão lá dentro também. Portanto, há uma imensa carga de energia presa dentro dessa sacola e você está sendo seriamente prejudicado se não consegue ter acesso a ela. Sua energia é consumida de duas maneiras. Em primeiro lugar, você gasta energia para reprimir o que está em sua sombra. Em segundo, você gasta energia para manter uma *persona* que não está alinhada com sua sombra.

Porém é muito pior do que meramente consumir energia. As energias presas dentro dessa enorme sacola — sua sombra — tornam-se hostis à medida que o tempo passa. Não gostam do fato de serem rejeitadas. Elas infeccionam e supuram nos momentos mais inoportunos. Minam sua *persona*. Você já percebeu isso inúmeras vezes em si mesmo e nos outros, mas talvez não tenha entendido o que via e qual efeito causava em você. Pense, por exemplo, naquela pessoa, geralmente serena e de boa índole, talvez você mesmo, que começa de repente a ter acessos de raiva. Todos nós já presenciamos uma cena dessas e ficamos chocados. As energias presas na sacola dessa pessoa, talvez vergonha ou inveja, estavam escondidas há tanto tempo que explodiram, literalmente.

## COMO IDENTIFICAR OS ASPECTOS DA SOMBRA

Como fazer para acessar sua sombra? Como entrar nessa enorme sacola que você carrega nas costas? Como começar a identificar o que realmente existe nas profundezas do seu ser — que você evita demonstrar para as outras pessoas — e fazer as pazes com isso? Como chegar a um acordo, de modo que os aspectos negativos não atrapalhem sua capacidade de se relacionar com os outros e viver uma vida de profundo contentamento, e de modo que os aspectos positivos sejam trazidos à tona para que você possa melhorar sua vida? Em resumo, como obter clareza de pensamento, emoção e comportamento?

A prática da presença é, como foi discutida no Capítulo 1, a melhor maneira de começar. Quanto mais presente você estiver, mais consciência terá de si mesmo. A sombra representa um imenso desequilíbrio dentro de você. No fundo, existe uma tensão entre o real e o irreal, entre a verdade e a desonestidade, entre o oculto e o exposto.

No livro *Your Golden Shadow,* William A. Miller (1989, 51-62) oferece algumas excelentes sugestões para identificar os aspectos de sua sombra. Dentre elas, está a seguinte:

## PEÇA *FEEDBACK* AOS OUTROS

Quando estamos cegos para alguma coisa, em geral somente outra pessoa é capaz de iluminar o objeto para que possamos vê-lo. Por mais ameaçador e doloroso que isso pareça, não há melhor método para identificar os aspectos de sua sombra do que você pedir a opinião de alguém que o conheça e possa falar de modo aberto e honesto, sem medo de que isso repercuta no relacionamento pessoal de vocês. Pode ser o cônjuge, um amigo, um colega de trabalho, o gerente ou o terapeuta. Se tiver alguma dúvida sobre a validade do *feedback*, pergunte a outra pessoa. Se receber o mesmo tipo de resposta, é provável que você tenha identificado um ou mais aspectos. Um sinal forte de que esbarrou em algo importante é a sensação de que cada fibra do seu corpo quer argumentar e provar que a observação dessas pessoas está totalmente errada.

## EXERCÍCIO:
## A AVALIAÇÃO MAIS ÁRDUA DA SUA VIDA

A falta de clareza em seus pensamentos, emoções e comportamentos prejudica seriamente sua capacidade, como líder, de ser autodefinido e orientado para as pessoas, de construir um núcleo corporativo baseado em valores e envolver uma equipe na realização de sua missão organizacional. Portanto, é fundamental identificar onde há falta de clareza ou, no "dizer da sombra", onde os aspectos sombrios estão prejudicando o seu comportamento.

Neste exercício, você buscará a clareza sobre seu comportamento. Mais especificamente, vai pedir a alguém que o ajude a identificar aspectos que façam parte de sua sombra. Encontre uma pessoa que o conheça bem — cônjuge, amigo, colega de trabalho, gerente, terapeuta — e lhe peça para preencher a planilha ao lado.

Se você mesmo respondesse as perguntas, esse já seria um exercício muito difícil, mas ter outra pessoa respondendo é bem mais difícil —, contudo extremamente benéfico também. Para aproveitar melhor o benefício que esse exercício produz, faça e honre a promessa de manter a mente aberta às respostas dadas pela pessoa escolhida. Não discuta com ela nem se defenda ou tome alguma atitude em sinal de retaliação. Se for capaz de manter a mente aberta, esse será o exercício que mais modificará sua vida.

# MEU COMPORTAMENTO

Seu Nome: ─────────────────────────────────────────

**Instruções:** Favor marcar um X na coluna correspondente que indica a frequência com que a pessoa mencionada acima exibe cada um dos comportamentos listados a seguir:

|  | Nunca | Às vezes | Sempre |
|---|---|---|---|
| Fica com raiva dos outros |  |  |  |
| Ignora os outros |  |  |  |
| Faz comentários negativos |  |  |  |
| Eleva a voz com os outros |  |  |  |
| Tem pensamentos negativos |  |  |  |
| Faz fofoca |  |  |  |
| Critica os outros |  |  |  |
| Teme que os outros estejam contra si |  |  |  |
| Tenta controlar os outros |  |  |  |
| Enxerga o pior nas pessoas |  |  |  |
| Procura vingar-se |  |  |  |
| É briguento com os outros |  |  |  |
| Fala em vingança |  |  |  |
| Age com excesso de competitividade |  |  |  |
| É impaciente |  |  |  |
| É condescendente |  |  |  |
| É temperamental |  |  |  |
| Faz ameaças |  |  |  |
| Age com agressividade passiva |  |  |  |
| Fala com excessivo sarcasmo |  |  |  |
| Evita assumir riscos |  |  |  |
| Não coopera com os outros |  |  |  |
| Abusa fisicamente dos outros |  |  |  |
| Age como vítima |  |  |  |

|  | Nunca | Às vezes | Sempre |
|---|---|---|---|
| Reage negativamente às críticas |  |  |  |
| Sempre chega atrasado |  |  |  |
| Falta empatia pelos outros |  |  |  |
| Não honra os compromissos |  |  |  |
| Age de modo possessivo e ciumento |  |  |  |
| Fica de mau humor ou amuado |  |  |  |
| Precisa de constante apoio dos outros |  |  |  |
| Recusa-se a aprovar os outros |  |  |  |
| Tem um vício |  |  |  |
| Tem preguiça |  |  |  |
| Costuma procrastinar |  |  |  |
| Costuma se colocar em situação embaraçosa |  |  |  |
| Parece sentir vergonha |  |  |  |
| Costuma colocar os outros em situação embaraçosa |  |  |  |
| Parece se sentir inadequado |  |  |  |

**PONTUAÇÃO:** Acredito que o resultado ideal é uma planilha que mostra vários comportamentos marcados como "Nunca" e alguns marcados como "Às vezes". Afinal, somos todos humanos. Não creio ter encontrado uma única pessoa que tenha a resposta "Nunca" marcada em toda a planilha. Qualquer comportamento cuja resposta seja "Sempre" indica ausência de clareza no comportamento ou aspectos da sombra que estão afetando negativamente o comportamento, portanto precisam ser tratados. Se muitos comportamentos tiverem como resposta "Às vezes", geralmente isso também indica ausência de clareza e aspectos prejudiciais da sombra.

Se você não gostar das respostas que lhe foram dadas, considere isso como um ótimo presente. O seu desgosto é uma clara mensagem de que você tem uma faxina pela frente. A maioria das pessoas nunca enfrenta diretamente seus próprios comportamentos e vive a vida imersa em um descontentamento silencioso — ou, às vezes, raivoso. Repetindo: a percepção consciente de um problema ou questão é o primeiro e mais difícil passo no processo de mudança. Nesse caso, a percepção consciente de uma distorção é o primeiro passo para se obter a clareza.

## EMOÇÃO OU REAÇÃO EXCESSIVA AO COMPORTAMENTO DOS OUTROS

Todos nós percebemos os comportamentos que nos desagradam nas outras pessoas. Porém, há alguns que realmente nos tiram do sério. Quando isso acontece, é porque identificamos uma parte de nossa sombra. Sim, aqueles aspectos que detestamos nos outros estão enterrados dentro de nós mesmos.

Na minha juventude, eu ficava louco da vida com motoristas que dirigiam sem paciência pelas ruas. Do jeito como grudavam na traseira do carro da frente, como dirigiam em alta velocidade e costuravam os outros no trânsito; esse tipo de atitude fazia com que meu sangue fervesse. Sempre que eu tinha chance, fazia de tudo para condenar esse tipo de comportamento. Eu levantava o dedo médio para eles, num gesto obsceno, enquanto os insultava com os piores palavrões.

Quando me tornei mais presente, senti que estava finalmente preparado para escavar mais profunda e honestamente a minha sombra. Dentre os múltiplos aspectos que descobri, percebi que eu era extremamente impaciente no trânsito. Fui multado inúmeras vezes. Eu colava na traseira do carro da frente quando ele andava devagar demais, mas, na verdade, ele já estava no limite de velocidade permitido. Eu achava que todos os motoristas eram menos hábeis do que eu e seus compromissos menos importantes que os meus. As pessoas próximas de mim me falavam disso há tempos, mas eu defendia meu comportamento com fervor. Os aspectos da sombra contêm fortes instintos de sobrevivência e esse, em particular, não queria morrer. Contudo, uma vez extraído da sombra e exposto à luz do dia — o que aconteceu quando admiti meu comportamento para mim mesmo e conversei sobre ele com outras pessoas —, foi impressionante a rapidez com que sua energia se dissipou. Fico feliz em dizer que, depois de muitos anos convivendo com uma sombra "raivosa na estrada", sou hoje um motorista muito calmo e civilizado. Não levo uma multa há anos. A prova real disso é que aqueles motoristas que costumavam me irritar profundamente não mais provocam nenhuma carga emocional em mim.

Um exercício maravilhoso, porém difícil, sugerido por Miller (1989) é fazer uma lista com aqueles aspectos das outras pessoas que o irritam. Não os que o aborrecem moderadamente, mas aqueles que realmente tiram você do sério. Dedique um tempo a eles e faça uma busca honesta por esses aspectos dentro de você. É quase certo que eles estão em seu interior, em sua sombra. Você tem um lado arrogante? Se não encontrar esse aspecto dentro de você, volte para o exercício anterior — A Avaliação mais Árdua da Sua Vida — e peça ajuda a outras pessoas que possam conhecê-lo melhor do que você mesmo.

## EXAMINE SUAS "ESCORREGADELAS"

Procure escorregadelas na sua fala, no seu comportamento e em situações nas quais seu comportamento foi mal interpretado. Certa vez ouvi um encanador — que eu conhecia razoavelmente bem e que sempre me pareceu muito bom, gentil e atencioso — responder ao seu novo assistente com uma veemência inesperada. Quando o assistente perguntou se eles iam folgar o resto do dia para comemorar o Dia de Martin Luther King Jr., o encanador respondeu que, ao contrário, "fariam hora extra" naquele dia. Ao ver o assistente se sentar em silêncio, sem saber o que dizer, o encanador mais que depressa mudou de assunto. Notei que seu rosto estava vermelho. Suspeito que em sua sombra houvesse algum sinal de racismo, mas nunca ninguém havia detectado isso em sua *persona*.

Durante muitos anos, minha raiva ficou depositada em minha sombra. De vez em quando ainda dou "escorregadelas comportamentais" e então explodo, grito e digo coisas maldosas. As pessoas diriam que esse meu comportamento "é absolutamente fora do normal". Bem, é uma característica muito presente na minha sombra, muito embora minha *persona* realize um excelente trabalho, escondendo-a na maior parte do tempo.

## SONHOS, DEVANEIOS E FANTASIAS

Todos nós temos sonhos, devaneios e fantasias. Fazemos isso com frequência. Preste atenção nos personagens do mesmo sexo que você que aparecem em seus sonhos ou devaneios, aos quais você reage com medo, inimizade ou aversão. Eles devem estar mostrando os aspectos de sua sombra.

Certo cliente meu contou-me que tinha sonhos frequentes com um ator hollywoodiano, nos quais esse ator tratava as mulheres de maneira degradante. Depois, ao fazer terapia, esse cliente descobriu que, na verdade, ele próprio vinha a tempos humilhando as mulheres, de maneira sutil, mas às vezes pouco sutil, tanto na vida pessoal como profissional. É provável que seu comportamento fosse resultante da raiva que sentia por ter sido abandonado pela mãe quando criança.

## TRABALHAR OS ASPECTOS DA SOMBRA

Toda pessoa tem uma *persona* e uma sombra. Sua saúde emocional é decorrente do grau de conhecimento que ela tem sobre os aspectos de sua sombra, da capacidade de compreender até que ponto esses aspectos afetam sua *persona* e da capacidade de suavizar essas características negativas, enquanto explora as positivas. Quanto mais consciente você estiver dos aspectos de sua sombra, menos eles serão dominantes. No entanto, a sombra é parte integrante de nossa natureza e nunca poderá ser simplesmente eliminada.

A pessoa mais saudável possui uma sombra moderada e tem muita familiaridade com ela e entende como ela opera. Uma pessoa nada saudável tem uma sombra enorme e está totalmente inconsciente de sua existência. A maioria de nós está num ponto entre esses dois extremos. A maioria de nós tem consciência de alguns elementos de sua sombra, não tem qualquer consciência de outros e conseguiu construir apenas algumas das diversas pontes entre a *persona* e a sombra, necessárias para atingirmos o verdadeiro contentamento e uma vida harmoniosa. Sherry, por exemplo, a diretora-executiva de operações de uma empresa de pequeno porte, tem alguns aspectos significativos em sua sombra, que desenvolveu durante uma "educação militar" na juventude. Como seus pais eram extremamente rígidos, ela desenvolveu comportamentos obsessivo-compulsivos que não eram tão graves, mas que afetavam negativamente seus relacionamentos pessoais e profissionais. Em especial, ela apresentava uma tendência a controlar excessivamente seus filhos e os membros de sua equipe. Ao longo do tempo, com aconselhamento terapêutico, ela tornou-se mais consciente de suas tendências comportamentais e foi capaz de aprender modos mais saudáveis de agir. Contudo, a raiva ocasional que sentia de seus pais e que lhe causava vergonha, era a mesma que sentia ocasionalmente de seus filhos e membros da equipe. Infelizmente, ela ainda não consegue enxergar claramente esse problema e, como resultado, tem dificuldade no relacionamento com seus pais e em envolver sua equipe com eficácia.

A identificação dos aspectos da sombra é uma tarefa bastante difícil. Como mencionei antes, os aspectos têm fortes instintos de sobrevivência. Eles se sentem ameaçados pela luz. Lutam para permanecer na escuridão. Mas, assim que são identificados, que uma luz é jogada diretamente sobre eles, começam a diminuir. Às vezes, a percepção consciente, por si só, é capaz de eliminar os efeitos negativos dos aspectos da sombra. Por exemplo, se eu identificar a arrogância como um aspecto característico, só o fato de percebê-la no nível da consciência talvez me permita administrar com eficácia o efeito que a sombra exerce sobre mim e meus relacionamentos.

No entanto, na maioria dos casos, é necessário um trabalho muito maior. Os aspectos da sombra simplesmente não se submetem a qualquer tipo de controle. Com bastante esforço, podemos, às vezes e depois de certo de tempo, reduzir e dispersar a força desse aspecto teimoso com eficácia e sem ajuda externa. Muitos de nós, por outro lado, necessitam de assistência para resolver esses problemas. A necessidade de ajuda não é sinal de fraqueza nem motivo de embaraço. Ao contrário, é sinal de força porque reconhecemos e aceitamos "o que é". É comum buscarmos rapidamente a ajuda de terceiros quando se trata de nossa educação, treinamento, conserto de encanamento, poda de jardim, tratamento de males físicos e aperfeiçoamento de nossa tacada de golfe, mas, por algum motivo desconhecido, estamos condicionados a pensar que somos fracos ou instáveis se buscarmos ajuda para resolver nossos problemas emocionais ou comportamentais. O mais irônico é que se realmente buscássemos a assistência da qual precisamos para resolver nossos problemas emocionais e comportamentais, teríamos menos doenças físicas, aprenderíamos melhor e funcionaríamos com uma enorme eficácia em todas as áreas da nossa vida. E, provavelmente, teríamos também uma tacada de golfe melhor!

Com efeito, o fato de procurar ajuda coloca você em posição de dianteira no treinamento e desenvolvimento da liderança. Recentemente, a revista *Business Week* fez uma reportagem sobre a crescente tendência, na administração corporativa, de tratamento dos traumas infantis dos líderes, num esforço de reduzir a disfunção dentro das organizações (Conlin, 2004). Os cenários infantis mais comuns e a reencenação deles nas organizações incluem:

- As conquistas da criança nunca eram boas o suficiente e, hoje, o líder é um perfeccionista, em busca da aprovação alheia e teme ser uma fraude.
- Os pais inflavam a importância da criança e, hoje, o líder é confiante em demasia, acredita que nunca age de modo errado e que está acima de todas as regras.
- A criança foi forçada a assumir responsabilidades adultas cedo demais e, hoje, o líder se responsabiliza em excesso pelos outros e é um *workaholic*.
- A criança teve pais dominadores e, hoje, o líder é medroso, fica paralisado diante dos chefes, no entanto trata seus subordinados como crianças.
- Os problemas e os sentimentos negativos da criança eram negados pela família e, hoje, o líder permite que os problemas degenerem-se em crises e expressa sua agressividade por meio do sarcasmo e do humor.

A principal abordagem usada atualmente pelos terapeutas envolve repetir inúmeras vezes a experiência do paciente relacionada a seus sentimentos reprimidos, até que seus efeitos destrutivos sejam bastante diluídos. Essa abordagem terapêutica lança uma luz, por assim dizer, sobre os pensamentos, emoções e comportamentos negativos que estão contidos na sombra. O paciente se empenha em identificar os acontecimentos ou condições que os causaram, vivenciando de novo esses acontecimentos ou condições repetidamente, até que a energia negativa criada por eles seja descarregada. O paciente também se empenha em compreender como esse acontecimento ou condição afeta sua vida atual.

## EXPOR A SOMBRA À LUZ DO DIA

O trabalho com a sombra se concentra principalmente nas emoções, em virtude de elas serem a primeira diretriz do comportamento. Entende-se "emoções" como os pensamentos amplificados que você sente em seu corpo. O teste inicial para identificar qual tipo de emoção você está sentindo é muito simples: você está feliz ou infeliz? Se estiver feliz, sentirá coisas tais como êxtase, entusiasmo, empatia, compaixão, alegria, generosidade, capacidade de perdoar, paciência, tolerância, compreensão, gentileza, respeito e honra. Você simplesmente está presente e aproveita a emoção. Aproveita o amor.

Se estiver infeliz, então terá certo trabalho pela frente. A primeira coisa a considerar é que a emoção que está fazendo você se sentir infeliz não passa de um produto criado por sua mente. A mente está separada de você. A mente não quer estar errada. Portanto, a mente, visando à própria sobrevivência, vai lutar desesperadamente para convencê-lo de que a emoção é justificável. Lembre-se, porém, de que a emoção não é real. É uma criação da sua mente. Ela nasceu do medo. Ela prospera na escuridão.

Infelizmente, as emoções são normalmente feixes de energia com grande poder e o simples reconhecimento de que são criações da mente não é suficiente para você se livrar delas. Na verdade, as emoções que o tornam infeliz informam que estão enterradas dentro de você algumas "minas terrestres" emocionais que precisam ser desativadas. Sua mente é incapaz de desarmá-las porque seu corpo já está envolvido nessas emoções. Você já as sente em seus ossos. Talvez você esteja ansioso. Ou seu coração tenha disparado. Talvez tenha febre ou calafrios. Talvez comece a tremer. Talvez sinta uma pontada na boca do estômago ou sinta o estômago perfurado. Talvez você tenha racionalizado o dia todo como é possível que uma emoção tão dolorosa não tenha uma justificativa lógica e, ainda assim, a dor não vai embora. Só há uma maneira de processar com sucesso a emoção: senti-la em seu nível mais profundo. Expô-la à luz do momento presente. Qualquer outra atitude só negará o momento presente.

## EXERCÍCIO:
## GERENCIAMENTO EMOCIONAL

Beverly Engel, psicoterapeuta reconhecida internacionalmente e autora de vários e influentes *best-sellers* de autoajuda, sugere o seguinte exercício como uma ferramenta de gerenciamento emocional quando uma emoção negativa muito forte surge em você (Engel, 2005, 72-154):

## PASSO 1: IDENTIFIQUE A EMOÇÃO

Você está sentindo alguma das emoções básicas que deixam as pessoas infelizes — angústia/tristeza, raiva, medo ou culpa/vergonha? Qual delas? Engel oferece uma eficiente abordagem para identificar de modo preciso a raiz da emoção que você está sentindo. Um indicador fundamental é saber como seu corpo se sente. Se você perceber que está franzindo a sobrancelha, com os ombros caídos, falando em voz baixa e monótona, com um peso no peito, sentindo-se cansado ou vazio, ou sentindo vontade de chorar ou se esconder na cama, então você está provavelmente sentindo tristeza ou angústia. Se você sentir enrijecimento, calor, aumento dos batimentos cardíacos ou da pressão sanguínea, ou que os punhos estão cerrados, então você está provavelmente sentindo raiva.

Se você estiver transpirando, nervoso, sobressaltado ou inquieto, com tremedeira ou calafrios, com a respiração acelerada, os músculos tensionados, sensação de asfixia, diarreia, vômito, sensação de peso no estômago ou resfriado, então você está provavelmente sentindo medo. A culpa/vergonha, por uma série de razões explicadas por Engel, é frequentemente uma emoção difícil de ser identificada. Em geral, os indivíduos que sentem vergonha querem se esconder dos outros; a emoção, em si, parece querer se esconder. Alguns indicadores incluem a sensação de pavor, um intenso desejo de se esconder ou cobrir o rosto, uma dor na boca do estômago, rubor, nervosismo e náuseas. E para complicar ainda mais, esses sentimentos de vergonha muitas vezes transpõem a emoção e se transformam em tristeza, raiva ou medo.

## PASSO 2: IDENTIFIQUE A MENSAGEM

Cada emoção tem uma mensagem para você. A tristeza lhe diz que você viveu uma perda ou que uma expectativa não se realizou. A raiva pode lhe dizer que um padrão ou regra importante em sua vida foi violado por outra pessoa ou por você mesmo. Também pode lhe dizer que sua tristeza borbulhou até virar raiva. O medo pode lhe informar sobre um sentimento de impotência para lidar com determinada situação ou sobre a necessidade de se preparar para enfrentar um sério desafio. A culpa/vergonha pode estar lhe dizendo que você violou seus próprios padrões.

## PASSO 3: SINTA A EMOÇÃO, MAS NÃO A JULGUE

Neste passo, que para mim é o mais difícil, você experimenta a emoção, mas sem julgá-la como algo ruim. Você simplesmente observa e sente. A prática da presença, bem como as técnicas e conceitos discutidos no Capítulo 1, vão ajudá-lo a exercer esse controle rapidamente.

## PASSO 4: PERGUNTE: "É APROPRIADO SENTIR ESSA EMOÇÃO?"

Talvez sua emoção no momento presente tenha sido disparada por um acontecimento do passado. Por exemplo, se minha mulher me dissesse numa voz audível para os outros, durante um evento social: "David, não coma com a boca aberta", eu talvez ficasse com raiva dela por ter me envergonhado na frente de todos. Se minha raiva não se dissipar, é sinal de que o comentário dela me fez sentir algo que eu sentia quando criança. Talvez isso me fez sentir a mesma vergonha que tinha sentido aos 6 anos de idade quando meu pai me dava uma bronca diante dos outros por achar que eu estava sendo mal educado. Nesse momento, preciso encontrar um lugar tranquilo e sentir aquela emoção que sentira quando criança. Assim que minha raiva e vergonha relacionada ao trauma do passado se dissipar, descubro que a raiva que senti por causa do comentário de minha mulher foi descarregada. Posso explicar a ela, gentilmente e em particular, que seu comentário me magoou e por que me magoou, e então lhe pedir para, no futuro, tentar não dizer mais esse tipo de coisa nessas ocasiões. Desse modo, a raiva não desempenha papel algum em nossa interação.

## PASSO 5: AGIR PARA REMEDIAR A SITUAÇÃO

Apesar de você provavelmente querer culpar alguém por sua tristeza, raiva, medo ou vergonha, a realidade é que você é responsável por suas emoções e a melhor coisa a fazer é perguntar-se como mudar sua percepção da situação. Você está reagindo exageradamente? Suas expectativas são altas demais? Esse sentimento específico, nessa determinada situação ou acontecimento, foi disparado por algo de menor importância, mas que agiu como "sal numa ferida aberta?" Essa emoção é apropriada neste exato momento? Preciso comunicar minhas necessidades e sentimentos? Preciso me comportar de maneira diferente a fim de alcançar resultados diferentes?

Tenho usado esse exercício inúmeras vezes e o considero muito útil para ampliar minha própria clareza emocional e, finalmente, comportamental. Ele lança uma luz sobre o elemento da minha sombra que precisa ser tratado no momento. Sem essa luz, esse elemento trabalha contra mim. Prejudica meus relacionamentos, afeta minha capacidade de tomar decisões e contribui para meu descontentamento. Com essa luz, tenho mais controle sobre minha vida, sinto-me mais seguro e com menos medo. Consigo manter relacionamentos mais saudáveis e fazer melhores escolhas.

Esse poderoso exercício vai ajudar você a administrar os aspectos de sua sombra, trazê-los para a luz e dissipar seu poder, de modo que eles não distorçam seus pensamentos, emoções e comportamentos. Com um trabalho honesto e às vezes doloroso, você se tornará mais definido e mais orientado para as pessoas. Além disso, muito mais do que antes, você também será capaz de construir um núcleo corporativo baseado em valores organizacionais e envolver sua equipe com mais eficácia. Dito de modo simples: as pessoas vão entendê-lo melhor, confiar mais em você, gostar mais de você e respeitá-lo mais.

## A SOMBRA DO LÍDER

Parker J. Palmer, escritor, professor e ativista, fez uma palestra em 1990, no Annual Celebration Dinner do Indiana Office for Campus Ministries, intitulada "Leading from Within: Reflections on Spirituality and Leadership" ["Liderar a partir de nosso Interior: Reflexões sobre a Espiritualidade e a Liderança"]. Ele descreveu cinco sombras típicas de um líder:

A SOMBRA DA PROFUNDA INSEGURANÇA. Bridget, chefe de um grande departamento de recursos humanos, depende dos títulos, hierarquias, controle, inacessibilidade e aparências para definir a si mesma e seu valor. Difícil de se detectar em pessoas extrovertidas, a extroversão existe muitas vezes nos líderes precisamente porque eles têm insegurança a respeito de si mesmos.

A SOMBRA DA HOSTILIDADE. Jerry, diretor de um grupo nacional de vendas e marketing, acha que o universo é hostil. Tudo é uma batalha. Tudo deve ser conquistado ou ele corre o risco de perder tudo.

O problema com esse tipo de sombra é que ela se torna uma profecia que se autorrealiza. Cria um ambiente no qual as pessoas que trabalham na empresa de Jerry devem comungar do mesmo credo e agir de acordo com ele, caso queiram sobreviver na organização.

A SOMBRA DO ATEÍSMO FUNCIONAL. Trata-se de um título bastante obscuro para uma sombra, mas ele descreve um líder que acredita que tudo — sucesso, fracasso, funções rotineiras, grandes iniciativas — depende dele. "Sei que ajo como se acreditasse na existência de um ser superior, mas não acredito realmente nisso. Sou eu o responsável por tudo."

A SOMBRA DO TEMOR AO CAOS NATURAL DA VIDA. O líder precisa controlar tudo, muito embora nada possa ser controlado de fato.

A SOMBRA DA MORTALIDADE. John, diretor do ramo imobiliário de um grande grupo financeiro, não entende que a morte é algo natural e que é a partir da morte e da decomposição que a vida e uma nova criação surgem. Portanto, ele protege aquilo que ainda está vivo como se o fato de permitir a morte equivalesse ao fracasso. Ele se apega demais às coisas — programas, objetivos, estratégias, táticas, métodos —, muito além de sua vida útil.

## LANÇAR LUZ SOBRE A MINHA PRÓPRIA SOMBRA

Não estou bem certo do que aconteceu com Ellen e Bill, as pessoas descritas no início deste capítulo. Eu os conheci, mas perdi contato com eles. E David, como confessei antes, sou eu. Ou o eu que existiu há muitos anos. Na época do meu divórcio, depois de alguns anos de meditação e cada vez mais sintonizado com o profundo descontentamento que existia em mim, atingi um ponto em que estava pronto para deixar de ignorar minha dor e de compensá-la com meus medos. Cheguei ao ponto em que algo menor que o verdadeiro contentamento era insuficiente para mim, e eu estava pronto para enfrentar, pelo tempo que fosse necessário, qualquer dor transformacional a fim de alcançar esse objetivo.

Fiz uma lista de todas as minhas emoções e comportamentos negativos que haviam se tornado corriqueiros em minha vida. Alguns deles eram evidentes em minha *persona*; outros estavam certamente escondidos em minha sombra. Alguns foram apontados por pessoas muito próximas a mim e outros, por pessoas mais distantes. A lista incluía os seguintes itens: vergonha de minha natureza básica; julgamento e crítica com relação aos outros; autocrítica; vício em trabalho; incapacidade de ter intimidade e expressar meus sentimentos mais profundos; ausência de empatia pelos outros; impaciência; raiva; empenho em controlar os outros; e medo do abandono.

Peguei a lista — minha extensa lista — e liguei para um terapeuta que me haviam recomendado. Disse-lhe que precisava de sua ajuda para tratar esses aspectos da sombra. Comecei com sessões duas vezes por semana, que duraram intermitentemente por vários anos e mudaram minha vida para melhor, de modo dramático e permanente. Nos anos subsequentes, trabalhei com vários outros terapeutas renomados e, com a ajuda deles, fui capaz de superar uma série de obstáculos e, finalmente, conseguir viver essa vida de contentamento, paz, integridade e amor que se esquivava de mim. À medida que novas questões surgiam — pensamentos, emoções e comportamentos, com os quais eu não me sentia confortável ou que causavam problemas em meus relacionamentos —, eu retornava à terapia para trabalhar essas dificuldades e reconquistar o estado de clareza. Espero continuar fazendo isso pelo resto de minha vida. Percebendo quanto isso faz eu me sentir vivo e a quantidade de benefícios que traz para minha vida, espero continuar me comportando desse modo.

À medida que a luz começou a revelar minha sombra e eu comecei a compreender, num nível mais profundo, por que os aspectos da minha sombra existiam e como me afetavam, minha capacidade de liderança começou a melhorar. As características de liderança que estavam enfraquecidas por causa de meus medos tornaram-se mais fortes — mais fortes do que eu poderia imaginar. Minha paciência, receptividade, criatividade, amor e interesse sincero pelas pessoas, bem como minha coragem e propensão a assumir riscos, aumentaram drasticamente.

Em retrospecto, percebi que a mudança mais importante se deu em minha capacidade de autodefinição. Antes de tratar dos problemas causados por minha sombra e adquirir um maior grau de clareza, minha capacidade de me definir — conhecer meus valores, crenças, propósitos mais elevados e visão do futuro, e expressá-los claramente — e de me envolver de verdade com as pessoas estava seriamente comprometida. As pessoas que, naquela época, trabalhavam nas minhas equipes diziam que eu era um enigma: eu pregava a importância de uma vida equilibrada, mas era um *workaholic* e nunca ficava em casa com minha família. Em certas ocasiões, eu ficava bravo e era extremamente crítico em relação aos outros. Além disso, era incrivelmente impaciente quando reforçava a importância da natureza de longo prazo daquilo que estávamos construindo. Algumas dessas pessoas se questionavam se eu estava comprometido de fato com a visão que eu os motivava a buscar comigo, ou se eu estava mais comprometido em ganhar muito dinheiro para mim mesmo. Finalmente, algumas pessoas sentiram minha dificuldade de me comunicar com elas.

Elas estavam certas: eu era um enigma. Era um enigma para mim mesmo. Tinha muito medo de identificar com precisão aquilo que eu defendia e, em seguida, mapear o território. Medo do fracasso, do que as pessoas podiam pensar de mim e o que deveria ser sacrificado ao me comprometer com tudo e com todos. Sempre procurei a posição ou rota mais aceitável e segura, em vez daquela que mais refletisse minhas crenças e valores mais profundos.

Nas diversas posições de liderança que assumi desde que desenvolvi minha clareza emocional e comportamental, minha capacidade de definir a mim mesmo auxiliou a melhorar minha capacidade de constituir uma equipe. Agora me preocupo mais com as pessoas do que jamais me preocupei antes. E elas percebem isso. Confiam mais em mim e desejam se envolver mais no esforço corporativo que eu liderar.

## O LÍDER DE ALTO IMPACTO FORTALECIDO PELA CLAREZA: RAMONA

Os líderes de alto impacto que conheci eram muito afortunados por terem sido criados num ambiente altamente positivo e incentivador, que não encorajava o fortalecimento da sombra; ou por terem sido indivíduos muito flexíveis, que resistiram aos traumas da juventude sem muitos danos; ou por terem realizado alguma terapia intensa focada em sua sombra.

Ramona me procurou há muitos anos, quando dirigia uma firma de desenvolvimento de software e tentava decidir o que fazer com ela. Reuni-me com seus executivos seniores e vários funcionários para conhecer a empresa e o segmento em que atuava. Os membros de sua equipe achavam que ela era capaz de "andar sobre as águas". Eles a seguiriam para qualquer lugar e fariam qualquer coisa por ela.

"Nem sempre foi assim", disse-me Ramona. Na época da faculdade, ela queria trabalhar em uma fundação sem fins lucrativos para ajudar aos menos favorecidos. Depois de formada, entrou para uma agência que trabalhava com jovens problemáticos nas cidades. Depois de alguns anos, estava dirigindo a instituição. Era brilhante e extremamente dedicada. Seu padrão normal era de 60 a 70 horas de trabalho por semana.

No entanto, essa quantidade de horas trabalhadas era apenas parte de sua *persona*. Um disfarce para uma série de problemas emocionais e comportamentais muito sérios. Ela sentia um constante medo do fracasso. Não conseguia expressar seus sentimentos de maneira controlada, chorando diante da menor das provocações. Se alguém questionasse sua decisão, ela simplesmente desmoronava. Era uma microadministradora impiedosa: segundo acreditava, no final do dia precisava, ela própria, realizar a maioria das tarefas porque ninguém mais se importava o suficiente para fazer tão bem como ela. Era dolorosamente insegura com relação à sua aparência. Achava que não era atraente. Tornou-se comedora compulsiva, por causas emocionais, e ganhou um sobrepeso significativo. Embora desejasse ter um relacionamento pessoal com alguém, era incapaz de ter intimidade. Tinha depressão. Uma nuvem de tristeza a consumia o tempo todo. E para piorar, bebia demais e pelas razões erradas. Ela não se considerava alcoólatra, mas muitos achavam que sim. Quando a ocasião exigia que fosse sociável, ela bebia para se sentir mais confortável no ambiente. Às vezes, acabava bebendo demais e ficava de ressaca no dia seguinte. Sozinha à noite, sempre tomava um ou dois drinques "só para relaxar".

Como líder, lutava contra a rotatividade de seu pessoal. Colocava a culpa no segmento sem fins lucrativos. "É um problema não poder pagar o suficiente para reter os bons profissionais." Durante os três anos de sua gestão, a receita da instituição não cresceu e a produtividade — os casos atendidos — nunca aumentou. Ela travava uma batalha constante somente para manter o mesmo desempenho do ano anterior. Pela falta de progresso, culpava a rotatividade de pessoal e a impossibilidade de pagar melhores salários.

Ramona pediu demissão após três anos na direção da agência social. Em sua carta de demissão, disse que estava cansada de carregar todo o fardo da instituição e desejava buscar outros interesses. Com a ingenuidade dos jovens, distribuiu várias parcelas de culpa, ligeiramente disfarçadas de sugestões para melhorias futuras.

Passou o ano seguinte procurando emprego, exaurindo os recursos de sua poupança, bebendo muito e comendo cada vez mais. Vendo em retrospecto, ela acha que, no fundo do coração, já sabia que precisava de ajuda e que estava intencionalmente sabotando todas as suas oportunidades de emprego. Chegava atrasada para as entrevistas. Ou se mostrava superior ao entrevistador. Ou falava de modo extremamente negativo sobre sua experiência na agência de serviço social. Quase um ano depois de deixar a agência, foi diagnosticada com diabetes. Para Ramona, esse foi o "fundo do poço". O médico lhe disse que suas duas principais muletas na vida — os alimentos com alto teor de carboidratos e o álcool — estavam proibidas. Ela caiu, e caiu fundo. Por decisão própria, procurou um terapeuta que costumava empregar na agência em que trabalhara, e o terapeuta concordou que ela lhe pagasse quando pudesse.

Felizmente, o terapeuta era muito bom. Ramona confiava nele, provavelmente mais em função do desespero do que por qualquer outra razão. Mas sua confiança permitiu ao terapeuta trabalhar mais rapidamente e chegar logo ao ponto crucial de seus problemas. A mãe de Ramona abusava terrivelmente dela quando criança. Dava-lhe surras frequentes, acertando muitas vezes seu rosto e cabeça. Criticava-a constantemente, dizendo que nenhum homem jamais se sentiria atraído por ela por causa de sua aparência horrorosa e de sua falta de inteligência e graça. Seu pai foi emocionalmente ausente durante sua infância. Ele tinha dois empregos e raramente parava em casa. E quando estava em casa, permanecia grudado na tela da televisão.

Ramona chegou à idade adulta com uma enorme carga de medo, raiva, vergonha e tristeza. Todos esses sentimentos estavam enterrados em sua sombra, enquanto sua *persona workaholic* se mantinha ocupada com as vicissitudes práticas da vida. Ela receava que todos a rejeitassem, como sua mãe fizera. Receava o fracasso e, com isso, tornar realidade todas as previsões de sua mãe. Sentia raiva de sua mãe, pelas razões óbvias. Sentia raiva do pai por tê-la efetivamente abandonado. Sentia uma vergonha imensa por ser quem era. Tudo que ela fazia para esconder sua vergonha — comer em excesso, beber e criticar os outros — servia apenas para que sentisse mais vergonha ainda. Ela se sentia triste por não ter tido pais que a apoiassem. Sentia-se triste por não ter sido amada e protegida na infância.

Logo que Ramona começou a falar abertamente de seus sentimentos — expondo sua sombra à luz do dia —, ela começou também a se sentir mais leve, tanto metafórica como fisicamente. Quando pôde sentir aquelas coisas que estavam enterradas em sua sombra, quando realmente as sentiu, ela percebeu que não eram assim tão pesadas. A energia delas e, consequentemente, seu poder sobre Ramona, foram lentamente descarregados. Depois de várias semanas, ela começou a sentir episódios de verdadeira alegria. Depois de vários meses, a alegria passou a ser seu estado natural. Ela também começou a se sentir mais leve, em sentido literal. Perdeu peso. Parou de beber, começou a se envolver com as pessoas num nível mais íntimo e passou a ser chamada para uma segunda entrevista.

Finalmente, Ramona conseguiu um emprego como gerente de desenvolvimento de negócios de uma pequena empresa de softwares. Esse trabalho a levou para o cargo de chefe de vendas e marketing de outra empresa. Inicialmente, ela entrou na empresa com o mesmo cargo que tinha na anterior, mas foi promovida a executiva-chefe depois de alguns anos. Minhas conversas com os membros de sua equipe revelaram uma Ramona que não poderia ser mais diferente daquela pessoa que Ramona descrevera como sendo ela no passado.

Essa Ramona era extraordinariamente autodefinida. Sabia com precisão quem era, no que acreditava e para onde estava indo. Suas palavras e ações transmitiam uma mesma coisa, de maneira consistente, para os membros de sua equipe. Estava orientada para as pessoas, com autenticidade. Não era efusiva e não conversava pelo simples ato de conversar. Preocupava-se com o verdadeiro intercâmbio de pensamentos, ideias e valores entre os indivíduos. Confiava nas pessoas e na capacidade delas de trabalhar em benefício do objetivo organizacional. Tinha aprendido a delegar. Lera o clássico trabalho de James Collins e Jerry Porras (1994, 48), *Built to Last,* e percebera a importância, para o sucesso da empresa, de se ter uma *ideologia central*, ou valores centrais combinados com um propósito fundamental de existir além do mero objetivo de ganhar dinheiro. Ela incorporou um objetivo maior — mente aberta e criatividade na busca da eficácia organizacional —, que atraiu e motivou os membros da equipe a trabalharem com ela no desenvolvimento de produtos de software que melhorassem o fluxo da vida.

Sob sua liderança, a receita da empresa aumentou dez vezes e os lucros, trinta vezes. Do ponto de vista estratégico, sua empresa tinha várias opções abertas à sua frente. Pude auxiliar Ramona a explorar essas opções. Essa foi a parte mais fácil do processo. Ela já havia feito todo o trabalho pesado: descarregar a enorme sacola que carregava atrás de si.

## O PAINEL DE CONTROLE DA LIDERANÇA

O Quadro 3.1, o Painel de Controle da Liderança, demonstra até que ponto a clareza de pensamento, emoção e comportamento amplia a capacidade do líder de incorporar traços de caráter fundamentais e desempenhar as funções críticas de liderança, descritas na Introdução. Esse painel mostra que, com base nos fundamentos da presença — que permitem a você começar a identificar as características negativas que destroem seus relacionamentos, seu anseio por contentamento e sua capacidade de liderar do modo mais eficaz possível —, a clareza é uma poderosa diretriz, que lhe permite:

SER AUTODEFINIDO. As pessoas não o seguirão a menos que saibam e respeitem quem você é, no que acredita, o que valoriza e para onde está indo. A clareza lhe permite conhecer intimamente tudo isso e expressá-lo de maneira transparente.

SER ORIENTADO PARA AS PESSOAS. Você até pode ser orientado para as pessoas daquele modo extrovertido e superficial adotado por muitos líderes, mas você só será autenticamente orientado para as pessoas — estando verdadeiramente ligado e interessado em amar os outros — quando passar a compreender e amar a si mesmo. Ao conseguir fazer isso e não mais sentir vergonha do que está à espreita em sua sombra, você se torna uma pessoa de coração franco, com um genuíno amor pelas pessoas.

CONSTRUIR UM NÚCLEO BASEADO EM VALORES. No momento em que se sentir seguro o suficiente para saber que existe um único mestre em sua vida, a quem deve satisfazer, você será capaz de traduzir sua autodefinição em uma capacidade corporativa que declara, nas palavras de James Collins e Jerry Porras (1994, 54): "Isso é quem somos; isso é o que representamos; é a isso que nos dedicamos".

CONSTITUIR UMA EQUIPE. Como líder, você deve seduzir o coração dos membros de sua equipe antes que suas mentes e corpos o sigam. O único meio de envolver o coração deles é envolver o seu próprio. E o único meio de envolver seu próprio coração é conhecendo integralmente a si mesmo e sua sombra.

A clareza de pensamento, emoção e comportamento também facilita sua capacidade de:

TER RACIOCÍNIO PROATIVO. Livre do medo, você se abrirá para as possibilidades do futuro.

TER CREDIBILIDADE. A ausência de clareza de pensamento, emoção e comportamento significa normalmente a existência de uma "enorme sacola" pendurada em suas costas. Em outras palavras, há uma grande disparidade entre quem você representa ser — sua *persona* — e quem você realmente é. As pessoas percebem essa inconsistência e sua credibilidade diminui. Com a clareza, vem a autenticidade. A qual lhe permite demonstrar consistência e integridade em suas palavras e comportamento, de modo que os outros passam a ter uma forte confiança em suas capacidades e em seu caráter.

SER INSPIRADOR. Com sua mente libertada dos pensamentos, emoções e comportamentos derivados do medo, você é capaz de ouvir com atenção os membros de sua equipe a fim de descobrir um objetivo comum e, então, dar vida à sua visão, comunicando-a de modo que eles se vejam como parte integrante dela.

TER ENERGIA. A ausência de clareza de pensamento, emoção e comportamento, bem como a presença de medos por trás deles, drena suas forças. A clareza libera sua energia para ser usada de modo positivo, enquanto você lidera sua empresa.

SER CURIOSO. Pessoas com uma sombra muito grande lidam com um alto grau de medo. Pessoas amedrontadas demais tendem a evitar o novo e o desconhecido. Tornarem-se menos medrosas estimula seu senso inquisitivo e sua vontade de aprender.

ESTAR FOCADO. Já que a ausência de clareza drena a energia, essa ausência também interfere na capacidade de você se focar com a precisão de um raio laser, necessária nesta nossa existência extremamente complexa e de alta velocidade. A clareza lhe permite concentrar sua energia e atenção na busca de seus objetivos.

SER CORAJOSO. Ao reduzir os aspectos de sua sombra derivados do medo, você se descobre mais capaz do que nunca de tomar decisões difíceis, executar tarefas árduas e assumir riscos que diferenciam você de um líder comum.

SER ORGANIZADO. Pensamentos e emoções claras levam a um comportamento transparente. Sua capacidade de coordenar e dirigir atividades, como um todo funcional e estruturado, será muito melhor do que antes.

OFERECER APOIO. A clareza capacita você, dando-lhe um senso de segurança. Isso permite que você se dedique ao fortalecimento dos outros, estimulando um ambiente que incentive assumir riscos, a colaboração, a autoliderança e o reconhecimento.

GERAR IDEIAS. Se você sentir-se seguro e sem medo de ser pioneiro, será um líder firme, capaz de identificar novas parcerias e contatos, e de originar conceitos, abordagens, processos e objetivos novos ou alternativos.

FORMAR UMA VISÃO. Ao pensar e experimentar emoções com mais clareza, você será capaz de processar facilmente ideias e possibilidades, dentro de um objetivo organizacional.

CRIAR *ACCOUNTABILITY*. A clareza lhe permite liderar com um bom equilíbrio entre a colaboração (que incentiva cada indivíduo a contribuir com sua parcela) e a firmeza (que exige que cada indivíduo contribua com sua parcela).

**CLAREZA**

## Traços de Caráter de um Líder

| | 0% — 100% |
|---|---|
| Autodefinição | |
| Raciocínio proativo | |
| Credibilidade | |
| Inspiração | |
| Orientação para pessoas | |
| Energia | |
| Curiosidade | |
| Concentração | |
| Coragem | |
| Organização | |
| Capacidade de apoio | |

## Funções de um Líder

| | 0% — 100% |
|---|---|
| Construir um núcleo baseado em valores | |
| Gerar ideias | |
| Formar uma visão | |
| Criar um plano | |
| Constituir uma equipe | |
| Construir uma estrutura responsiva | |
| Criar *accountability* | |
| Produzir resultados | |

QUADRO 3.1

CAPÍTULO 4

# INTENÇÃO
## A Quarta Diretriz do Líder de Alto Impacto

A intenção, ou mais precisamente a intenção posta em prática, é uma poderosa diretriz transformacional que existe dentro de cada um de nós. Este capítulo mostra como maximizar o poder da intenção praticada dentro de você e como, enquanto líder, usá-la como combustível para permanecer focado e organizado, elaborar um plano e produzir resultados.

### INTENÇÃO: A SEMENTE DA POSSIBILIDADE

A *intenção* é o desejo de um resultado. Todos nós temos intenções, muitas delas. Mas talvez não estejamos conseguindo os resultados que desejamos.

As intenções, sozinhas, têm um efeito pouco significativo e nada ajudam quando as abandonamos rapidamente em favor de outras. Por exemplo, num determinado minuto, talvez você deseje ansiosamente um longo tempo livre, mas, no minuto seguinte, pega um projeto que vai lhe consumir um tempo enorme.

> A intenção é o desejo de um resultado.

Quando sentir e depois expressar uma intenção por um resultado, você deve dar a si mesmo uma oportunidade, mais do que aleatória, de alcançar o resultado. Mas trata-se apenas de uma oportunidade ligeiramente mais do que aleatória. Trata-se de uma semente de possibilidade. Mas, assim como acontece com a semente, ela não cresce se não for bem cuidada.

A intenção de agir de determinado modo ou para produzir certo resultado é poderosa. Porém, para que haja qualquer efeito significativo, a intenção precisa estar incorporada à prática. Do mesmo modo que você só será verdadeiramente gentil e generoso se praticar a gentileza e a generosidade, também só alcançará os resultados desejados se praticar a sua intenção.

## INTENÇÃO PRATICADA: A MATURAÇÃO DA PROBABILIDADE

O dr. Masaru Emoto é um pesquisador japonês, altamente criativo e visionário, e também autor de diversos livros, incluindo *The True Power of Water*\* (2005). Seu trabalho sugere com ênfase que nossos pensamentos afetam tudo que há dentro e ao redor de nós. Especificamente, o dr. Emoto demonstra essa teoria por meio de fotografias de água de torneira, tiradas antes e depois de pessoas terem dirigido intenções negativas ou positivas para ela. A água que recebeu pensamentos de amor ou gratidão transformou-se em lindas estruturas cristalinas. A água que recebeu pensamentos negativos transformou-se em estruturas muito feias e ficou com uma aparência horrível. A água foi exposta a muitas outras influências energéticas, tais como diferentes estilos de música, outros sons, palavras, ideias e imagens, e o mesmo tipo de resultado ocorreu. O amor e a gratidão produziam estruturas repletas de beleza, enquanto a negatividade produzia feiura.

---

\* *O Verdadeiro Poder da Água*, publicado pela Editora Cultrix, São Paulo, 2007.

Independentemente do que você pense sobre a pesquisa do dr. Emoto, e há certamente espaço para debate, acredito ser evidente que você pode usar a intenção para mudar as condições existentes em sua vida e o curso dos acontecimentos. Considere que a água compõe mais de 70% do corpo humano e cobre uma extensão equivalente do nosso planeta. A água representa a fonte principal de toda a vida neste planeta. Para mim, o trabalho do dr. Emoto sugere que podemos influenciar esse elemento essencial apenas com nossos pensamentos. Já que podemos alterar a estrutura molecular da água, podemos então alterar a estrutura molecular de nós mesmos. Podemos alterar a estrutura molecular dos outros. Podemos alterar a estrutura molecular da matéria, que é tão somente energia cristalizada. Também podemos alterar as condições existentes em nossas vidas e o curso dos acontecimentos. Temos simplesmente de acreditar que podemos e então praticar.

## ESTUDOS DE PRINCETON SOBRE A INTENÇÃO

Em estudos iniciados em 1979 no laboratório de Engineering Anomalies Research (PEAR), da Universidade de Princeton, por meio de uma série de experimentos ao longo de vários anos, foram produzidos extraordinários resultados que deram forte sustentação ao poder da intenção. Esse programa fascinante, focado na avaliação do efeito da consciência humana sobre as máquinas, utilizou uma série de máquinas diferentes, cuidadosamente calibradas para gerar resultados aleatórios. Por exemplo, uma das máquinas continha milhares de bolas que, quando a máquina era virada de cabeça para baixo, começavam a ricochetear em pinos dispostos aleatoriamente e, finalmente, caíam dentro de um dos dezenove compartimentos existentes. Outra máquina era um computador que selecionava números randomicamente. Outra era um robozinho que girava aleatoriamente em cima de uma pequena mesa. Sem qualquer interferência humana, cada máquina produzia resultados randômicos completamente diferentes.

Entretanto, os cientistas descobriram que a intenção dos voluntários influenciava os resultados produzidos por essas máquinas em um nível estatisticamente significativo (Dunne e Jahn, 1992). As descobertas específicas foram convincentes. Em primeiro lugar, os cientistas descobriram que o período de tempo entre a expressão da intenção e a geração de resultados não era importante. Quando os voluntários focavam sua intenção em um resultado, essa intenção podia preceder em vários dias a execução do programa. De modo surpreendente, os pesquisadores também descobriram que uma intenção expressa após o fato — depois de a máquina ter gerado os resultados — influenciava os resultados em um nível estatisticamente relevante. Em segundo lugar, descobriram que a distância entre a pessoa, ou pessoas, que expressava sua intenção e a máquina geradora dos resultados não era importante. Um voluntário no outro lado do mundo poderia focar sua intenção sobre uma máquina e essa intenção produziria o mesmo resultado, como se o voluntário estivesse fisicamente ao lado da máquina.

> Do mesmo modo que você só será verdadeiramente gentil e generoso se praticar a gentileza e a generosidade, também só alcançará os resultados desejados se praticar a sua intenção.

Alguns outros resultados são igualmente fascinantes. Os estudos mostraram que uma dupla de pessoas causava um impacto maior sobre o resultado do que uma pessoa sozinha (Dunne, 1991). Descobriram também que duas pessoas que se amam têm um efeito seis vezes maior do que uma pessoa sozinha!

## AS DESCOBERTAS DE NAPOLEON HILL: INTENÇÃO E SUCESSO

Ainda me surpreendo com o número de pessoas que nunca ouviram falar de um livro fenomenal, publicado pela primeira vez em 1937 e intitulado *Think and Grow Rich* (Hill, 1960). No início do século XX, o autor, Napoleon Hill, foi encarregado pelo famoso e rico industrial Andrew Carnegie de entrevistar centenas das pessoas mais bem-sucedidas do mundo todo, com o intuito de conhecer o segredo de seu sucesso. Hill passou décadas entrevistando pessoas tais como Henry Ford, William Wrigley Jr., George Eastman, Wilbur Wright, John D. Rockefeller, Thomas A. Edison, Clarence Darrow, Luther Burbank e Alexander Graham Bell. Ele descobriu que a prática da intenção era o fator determinante mais importante para o sucesso pessoal e profissional.

## POR QUE NÃO PRATICAMOS A INTENÇÃO

Se a intenção é tão poderosa, por que não estamos fazendo um trabalho melhor, usando-a em benefício próprio?

FALTA-NOS FÉ. A maioria de nós simplesmente não acredita na possibilidade de obter os resultados desejados e modificar as condições existentes e o curso dos acontecimentos em nossa vida. Por exemplo, quase todo mundo que conheço tem o desejo de fazer algo diferente na vida. O executivo de uma empresa quer fundar um negócio sem fins lucrativos. Um encanador quer ser executivo de empresa. Um cozinheiro quer se tornar um *chef* renomado. No entanto, eles simplesmente acalentam passivamente essa intenção, imaginando como seria se ela se tornasse realidade algum dia. Apesar de a maioria das pessoas dizer constantemente "Eu espero", "Eu quero" e "Eu gostaria", poucos de nós acreditam sinceramente ser capazes de transformar essas intenções nos resultados desejados. Consequentemente, abandonamos nossos destinos aos quatro ventos ou, pior ainda, às intenções das outras pessoas.

NEGLIGENCIAMOS NOSSO PODER. A maioria de nós está excessivamente ocupada, distraída, desfocada e sem chão. Afundamo-nos demais no passado ou no futuro. Por exemplo, suponha que eu tenha a intenção de ampliar minha empresa até que ela atinja um valor de venda de US$ 10 milhões. Mas, todos os dias, eu negligencio meu poder de tornar isso realidade, fazendo tudo, menos o que possibilitaria o resultado desejado. Promovo o lançamento de excessivas linhas de produtos, não relacionados entre si, com medo de que uma das linhas fracasse e eu precise das outras para compensar esse fracasso. Gasto muito tempo no microgerenciamento dos membros de minha equipe em suas atividades diárias porque não confio que eles possam, por si mesmos, desempenhá-las com sucesso. Sobrecarrego minha empresa com dívidas, por ser mais fácil do que gerenciar com mão firme o meu fluxo de caixa.

TEMEMOS NOSSO PODER. Por razões que fundamentam a prática da psicoterapia, muitos de nós não querem ter o poder de alcançar os resultados desejados. Não delegamos poder a nós mesmos. Achamos que vamos fracassar no final, ainda que sejamos bem-sucedidos na realização da intenção imediata. Não queremos voar mais alto nem obter algo mais porque poderíamos cair mais fundo e ter mais a perder.

## EXERCÍCIO:
## O CRESCIMENTO DA PROBABILIDADE

A prática da intenção envolve o ato de investir energia na aquisição de um resultado desejado. Requer uma total percepção consciente das forças que conspiram contra e a favor do resultado desejado. Requer a abertura de um diálogo com as possibilidades do resultado desejado. Requer a existência de ritual e de foco. Finalmente, requer a existência de fé que a vida trará o melhor resultado para você.

Este é um dos exercícios para a prática da intenção. Ele gera uma poderosa energia por trás e ao redor de suas intenções. Transforma suas possibilidades em probabilidades. Como líder, você vai começar a vivenciar uma maior capacidade de concentrar e focar sua energia e atenção na busca de seu objetivo. Você será mais capaz de organizar, coordenar e direcionar as atividades, formando um todo funcional e estruturado. Será mais capaz do que nunca de elaborar um plano que defina o caminho ótimo entre sua visão e seus objetivos. Finalmente, realizará sua visão organizacional da maneira mais eficaz, holística e mensurável possível.

### PASSO 1: ESTAR PRESENTE

A presença, com consciência e percepção de tudo que está ao redor (veja o Capítulo 1), permite a você ter mais certeza de que o resultado desejado é verdadeiramente o melhor resultado e aquilo que você quer. Também lhe permite definir melhor sua intenção. A presença expõe as forças que trabalham em favor do resultado desejado e as forças que trabalham em sentido contrário.

### PASSO 2: EXPRESSAR SUA INTENÇÃO EM DETALHES

Defina a sua intenção com muita clareza e grande especificidade. Ao formular sua intenção, use o presente do indicativo, como se aquilo que deseja já estivesse acontecendo. O momento presente é tudo o que existe e tudo o que você tem. Ter uma intenção significa que você deseja que algum momento futuro tenha certas qualidades. Descreva essas qualidades como se você estivesse no momento futuro, apreciando suas intenções se tornarem realidade. Desse modo, em vez de projetar sua intenção como um plano para o futuro, descreva-a como uma situação no presente.

Especifique o tempo exato que tem em mira. Especifique um plano. Reflita de que maneira sua intenção vai ser realizada. Só isso já significa um enorme passo para a maioria das pessoas. Se eu quero vender minha empresa por US$ 10 milhões, talvez pudesse começar a definir minha intenção em termos poucos detalhados, como este: "Eu quero vender minha empresa por US$ 10 milhões".

No entanto, o que eu devo dizer, se quero construir energia ao redor de minha intenção, é o seguinte: "Hoje é 31 de dezembro de 2008. Estou vendendo minha empresa por US$ 10 milhões, em dinheiro. Minha empresa gera uma receita anual de US$ 10 milhões e tem um fluxo de caixa de US$ 2 milhões. Essa receita é composta por 40% de vendas do Produto A, 30% do Produto B e 30% do Produto C. Nosso custo de mercadorias vendidas representa 50% da receita. Vendemos nossos produtos nos mercados interno e externo, sendo que as vendas externas constituem 10% de nossa receita. Temos no máximo US$ 1 milhão em dívidas no momento da venda".

Descrever os fatos pode auxiliar você a concretizar sua intenção. Compre um diário e anote tudo que tenciona no maior nível de detalhamento possível. Eu incentivo meus clientes a escrever um conto, documentário ou docudrama (documentário com elementos ficcionais), preenchendo-os com detalhes específicos, até mesmo a um ponto extremo. Devo concluir meu escrito sobre minha intenção com algo mais ou menos assim: "Hoje é 31 de dezembro de 2008. Estou no escritório do meu advogado para fechar o negócio. Estou usando jeans e camiseta. Minha mala está pronta para uma viagem de um mês a Bali. No momento em que estou assinando os documentos de conclusão do negócio, o dinheiro está sendo transferido para minha conta no Bank of America. Dessa quantia, US$ 500.000 serão usados para pagar a hipoteca da casa. A concessionária local da BMW vai receber US$ 75.000 pela venda do novo 550i. Outros US$ 75.000 vão para uma instituição beneficente local que fornece e entrega em casa refeições para idosos. Sinto-me realizado e satisfeito".

Quando lidera uma empresa, você deve ter um plano. Depois de duas décadas trabalhando com líderes, ainda fico abismado com o número de líderes que tentam trabalhar sem um plano. Eles dizem: "Eu sei que deveria, mas tenho estado tão ocupado" ou "Meu plano está em minha cabeça". É fundamental ter um plano bem concebido e bem articulado, que seja transparente para todos dentro da organização. Caso contrário, você estará prestando um desserviço a todas as pessoas da organização. Elas passam grande parte de suas vidas tentando encontrar um objetivo em suas próprias vidas e em seus papéis organizacionais, e tentando alcançar aquilo que imaginam serem os objetivos corporativos. Elas merecem conhecer o plano. Da mesma maneira, você merece conhecer o plano que fará com que sua intenção dê frutos.

Embora já escrita, continue a reescrever sua intenção sempre que tiver oportunidade, mesmo que ela não tenha mudado de uma versão para a outra. Leia o plano em voz alta assim que acordar de manhã e antes de ir dormir à noite. Se conseguir encontrar outros momentos para ler, faça-o — quanto mais vezes, melhor. Ao ler, tente sentir o plano como uma realidade.

## PASSO 3: VISUALIZÁ-LA

Um dos passos mais importantes na prática da intenção é você penetrar profundamente em seu próprio íntimo e enxergar sua intenção atuando em sua mente e corpo. Nos últimos 30 anos ou mais, atletas de alto desempenho, do calibre de Joe Montana, indiscutivelmente o melhor *quarterback* da história do futebol americano profissional, e de Brian Boitano, vencedor da medalha de ouro de patinação artística nas Olimpíadas de Inverno de 1988, usam a visualização, ou imaginação dirigida, como um meio de otimizar seu desempenho (Montana e Mitchell, 2005, 131-40). Eles imaginam as cenas muito detalhadamente, inclusive o barulho da multidão e a sensação do ar na pele, e visualizam o desempenho desejado. Eles repassam mentalmente essas imagens muitas vezes. A cada repetição, aumenta a probabilidade de realmente terem um desempenho igual ao visualizado. A imaginação guiada tem sido um exercício cada vez mais utilizado em todas as áreas da vida. Montana, por exemplo, continua usando esse exercício em sua carreira de homem de negócios. E muitas pessoas me relataram que foram bem-sucedidas ao usá-lo, por orientação de seus médicos e outros terapeutas, para tratar vários problemas físicos e mentais. Embora existam várias técnicas diferentes, eu sugiro a seguinte:

## PREPARE-SE PARA A VISUALIZAÇÃO

Sugiro reservar de 20 a 30 minutos de seu tempo, nos quais você não seja perturbado. Encontre um local tranquilo e confortável. Evite usar a cama porque é fácil cair no sono. Prefira sentar-se em uma cadeira, assento de meditação ou almofada sobre o chão. Sente-se com a coluna ereta e tente não se inclinar para trás, contra o encosto; ao escorregar para trás, a tendência é induzir ao sono. Assim como na meditação, o ideal é uma postura ereta, com o queixo ligeiramente recolhido.

Se usar uma cadeira, posicione firmemente os pés descalços no chão. Se usar uma almofada ou assento de meditação cruze as pernas, ou as acomode embaixo ou ao lado do seu corpo (com os dedos dos pés voltados para trás), mantendo a coluna ereta. Há diversas posições de mãos. Tente posições diferentes até encontrar aquela que mais funciona para você. (No exercício de imaginação dirigida, costumo deixar as mãos abertas, com as palmas para cima.) Em seguida, feche os olhos.

## INICIE O RELAXAMENTO

Feche a boca e comece a respirar pelo nariz. À medida que inspira, vivencie o movimento da respiração em sua totalidade. Sinta o frio do ar, conforme ele entra por suas narinas e começa a encher os pulmões. Sinta o peito se expandir com a entrada do oxigênio. Sinta sua essência natural — o oxigênio é um elemento vital. Quando expirar, sinta o peito se contrair. Sinta o calor da respiração, à medida que o ar sai pelas narinas.

Depois de dois a três minutos de respiração, inicie o relaxamento progressivo.

## RELAXE PROGRESSIVAMENTE

Concentre sua atenção nos dedos dos pés e sinta-os relaxarem completamente. Quando estiverem bem relaxados, foque sua atenção na parte macia da planta dos pés, logo atrás dos dedos. Quando estiver relaxada, mova a atenção para o arco dos pés e, assim por diante, para as pernas e tronco, até seu corpo todo ficar completamente relaxado. Nos estágios de aprendizagem, esse relaxamento progressivo pode demorar certo tempo para ocorrer, mas a velocidade vem com a experiência. Logo você vai conseguir ficar relaxado em dois ou três minutos.

### IMAGINE UMA CENA AGRADÁVEL E REPLETA DE PAZ

Agora imagine-se em uma cena agradável, a mais agradável que conseguir evocar em sua mente. Um local repleto de paz, sereno, seguro e lindo — talvez você esteja numa colina, olhando o mar em um dia maravilhoso, ou num bosque tranquilo, rodeado por árvores frondosas.

### IMAGINE UMA TELA DIANTE DE VOCÊ

Assim que se sentir imerso em seu cenário, imagine uma grande tela posicionada diante de você. Ela está circundada por uma brilhante moldura dourada.

### CRIE SUA INTENÇÃO SOBRE A TELA

Comece a "projetar" sua intenção sobre a tela, como se estivesse assistindo a um filme. Não existem limites. Crie o cenário de sua intenção com a maior riqueza de detalhes que conseguir. Envolva sua cena com uma luz delicada, representativa de todas as cores do espectro (e, consequentemente, com possibilidades infinitas), bem como da pureza, alegria e poder espiritual. Em seguida, repasse várias vezes esse cenário em sua mente, sempre com o máximo de detalhamento possível. Faça isso todos os dias, duas vezes por dia se conseguir.

## PASSO 4: OFERECER ALGO EM TROCA

Todos nós conhecemos a regra: nada na vida é de graça. Nada existe sem uma troca. Seja claro sobre aquilo que vai dar em troca de sua intenção. Se eu estiver com o foco de minha atenção voltado para a venda de minha empresa, eu posso dizer: "Reduzi meu salário anual de US$ 250.000 para US$ 75.000 para aumentar o fluxo de caixa. Aumentei o comprometimento de meu tempo para a empresa, de 45 horas para 60 horas semanais. Estou oferecendo aos meus três principais executivos uma opção de compra de ações da empresa na ordem de 3%, de modo que fiquem completamente motivados para alcançar meus objetivos".

## PASSO 5: COMEÇAR UMA "CONSPIRAÇÃO"

Recrute pessoas que o ajudem a transformar seu resultado desejado em realidade. As intenções de muitas pessoas têm um efeito exponencialmente maior do que as intenções de uma única pessoa. As pessoas que amamos são muito importantes para nós. Recrute seu cônjuge ou companheiro, seus filhos e amigos, e os membros de sua equipe em sua empresa. Pode ser tão fácil quanto simplesmente conversar sobre sua intenção. Muitos deles vão sentir sua energia e, se gostarem de você de verdade, começarão a fazer ecoar sua intenção. A intenção pode evoluir, se for apropriada, até chegar a uma "conspiração" totalmente desenvolvida, que envolve investidores, membros da equipe, provedores de serviços profissionais e vendedores.

## PASSO 6: EXPRESSAR GRATIDÃO

A gratidão é uma poderosa expressão de intenção. Quando você envia a energia do agradecimento para o mundo, eu acredito que a probabilidade de suas intenções se tornarem realidade aumenta drasticamente. Acredito que, quando as energias coletivas que existem fora de nós — outras pessoas, outras formas de vida, nosso ambiente físico, poderes superiores — sentem a energia de nossa gratidão, elas reagem do mesmo modo que reagimos quando alguém expressa gratidão para nós: elas querem nos agradar cada vez mais.

Além disso, expressar gratidão — não necessariamente relacionada com sua intenção, mas com tudo pelo qual você é grato — é um hábito maravilhoso e transformador. Sinta-a. Relate-a. Pense nela. Expresse-a verbalmente. Como discutimos no Capítulo 1, uma das melhores coisas de expressarmos gratidão é a exigência de estarmos no momento presente. A gratidão sincera só pode ser expressa no presente.

## PASSO 7: DESAPEGAR-SE

Se você praticar a intenção, suas intenções vão se tornar realidade? Algumas sim, mas, com certeza, não todas elas. Por que não? Porque há uma realidade muito maior que não conseguimos enxergar. Acreditamos que algumas intenções são as melhores para nós quando, na verdade, não são e por razões que desconhecemos. Quantas vezes você desejou que algo se tornasse realidade em sua vida e, anos depois, pensou "Ainda bem que aquilo não aconteceu"! Lembro-me de certos empregos que eu queria desesperadamente e rezei muito para conseguir. Muitos anos depois de não os ter conseguido, pude perceber que não eram os melhores empregos para mim: alguma outra oportunidade de carreira se abriu e reduziu a importância daquele emprego no qual eu havia focado minha atenção, ou alguma outra coisa aconteceu que era muito melhor para mim.

Algumas pessoas perguntam: "Por que ter ou praticar uma intenção se você não sabe se ela vai se tornar realidade?" Minha resposta é: quem diz a primeira palavra é você. Seus dados de entrada — suas intenções — são fatores poderosos na determinação do que vai acontecer. Não praticar a intenção é sujeitar-se a resultados completamente aleatórios. Eu não acredito que o livre-arbítrio nos foi dado para que o ignorássemos em favor da aleatoriedade.

Portanto, a melhor coisa que você pode fazer como passo conclusivo de sua prática da intenção é se desapegar do resultado desejado. Você fez tudo que era possível. Agora acredite que o melhor vai acontecer. E vai mesmo.

## TRABALHO DE "PÓS-GRADUAÇÃO" EM PRÁTICA DA INTENÇÃO

O tipo de prática de intenção que tenho discutido — a qual está direcionada a um resultado desejado específico — é poderosa e, com frequência, muito surpreendente. Entretanto, veteranos em prática da intenção lhe dirão que existe uma prática muito mais poderosa, que está direcionada a alcançar um resultado geral, não específico. De fato, Sophy Burnham (2002, 63-67), autora de *The Path of Prayer*, abandonou a prece por um resultado específico em favor da prece por um resultado geral. Burnham sugere que o universo, que tem a última palavra com relação aos resultados, aprecia mais o poder de uma expressão genérica do que a força de uma intenção específica, pois a primeira demonstra mais respeito pela sabedoria divina do universo do que a segunda.

Portanto, se tenho a intenção de vender meu negócio num determinado ano, talvez eu deva suplementar minha prática de intenção por resultados específicos, ou mesmo substituí-la por uma prática de intenção por resultados gerais. Em vez disso, eu poderia pedir mais tempo livre — e recursos para financiá-lo — para me dedicar à família e amigos, viagens, expansão de minha prática espiritual e contribuição à comunidade. Talvez eu recebesse tudo isso de modo muito mais generoso do que jamais visualizei. Por exemplo, talvez as vendas de meus produtos deslanchem e quadrupliquem nos próximos dois anos. Abro o capital da empresa, com uma avaliação de US$ 100 milhões. A nova diretoria-executiva decide contratar um novo CEO. Eles me pagam uma indenização de US$ 3 milhões e me oferecem um contrato de dez anos como consultor, por US$ 250.000 anuais. O trabalho exige de mim o mínimo. Anos depois, um concorrente muito maior compra a empresa por US$ 500 milhões e eu recebo US$ 125 milhões pela minha participação acionária.

O líder de alto impacto dentro de você reconhece que o desejo sozinho não é suficiente. Precisa ser acionado por uma prática ativa. Você acorda todas as manhãs e descreve suas intenções por escrito e em voz alta, com detalhes específicos. Revisa seus escritos ao longo do dia e antes de dormir à noite. Medita sobre sua intenção e reza por ela. Essas afirmações começam a causar uma mudança energética em você e em seu ambiente. Você começa a perceber que portas se abrem, e passa então a explorar aquilo que se encontra por trás delas. As situações começam a se alinhar com suas intenções e essas intenções começam a modelar a realidade. Assim seus desejos são realizados, enquanto a grande maioria dos líderes apenas deseja silenciosamente dentro de suas mentes — e tudo porque você acreditou no poder da sua intenção. Acredite que você tem esse poder e o terá. Não acredite que o tem e não o terá.

# UM LÍDER DE ALTO IMPACTO FORTALECIDO PELA INTENÇÃO: SUZANNE

Suzanne foi eleita presidente de um comitê interessado em construir uma nova escola particular em sua comunidade. Ela havia trabalhado com o grupo por quase três anos, sendo eleita para esse posto depois que seus três predecessores se demitiram, frustrados. Embora o grupo partilhasse um interesse geral pela construção de uma escola com uma nova orientação acadêmica, que pudesse oferecer uma clara alternativa ao ensino público, havia discordância em praticamente todos os demais assuntos. Não importava o que tentasse ou quão arduamente tentasse, o grupo não conseguia decidir nem por uma direção nem por outra. Em um grupo de 28 pessoas parecia haver 28 facções e 28 interesses distintos. Uma pessoa queria um programa de atletismo de categoria internacional; outra, um programa de música de categoria internacional. Outra queria um programa de intercâmbio de estudantes de categoria internacional. Uma pessoa queria o uso de uniformes e uma disciplina rígida. Outra queria um sistema com o mínimo de regras e o máximo de liberdade para os estudantes, de modo a incentivar a criatividade deles. Uma pessoa queria alugar um antigo armazém e convertê-lo em escola, e outra queria arrecadar US$ 25 milhões por meio de uma campanha para construir uma nova e reluzente estrutura. Uma pessoa queria um futuro diretor ou diretora que fosse proveniente de uma escola particular de elite da Nova Inglaterra, e outra queria um diretor de uma escola local que havia manifestado interesse pelo cargo.

Cada reunião mensal se arrastava por horas e nada era decidido. Havia pessoas que queriam abandonar o comitê e outras queriam ingressar nele. Várias vezes, Suzanne se perguntou por que permanecia envolvida nessa questão. Ela continuava pensando que alguma coisa ainda ia galvanizar o grupo e dar-lhe um impulso.

Ela foi eleita presidente do conselho na mesma noite em que seu predecessor imediato teve uma explosão de raiva contra o grupo todo, deixando atrás de si uma trilha de palavrões obscenos e muito rancor. O grupo voltou-se para ela porque Suzanne era o membro mais antigo e todos gostavam dela. Quando voltou para casa naquela noite, ela chorou. Estava ocupada o suficiente em seu emprego de consultora de marketing e na criação de duas crianças, com sua companheira,

Elizabeth. Essa tarefa era a última coisa que precisava na vida. Mas, ao conversar com Elizabeth sobre o assunto, ela se lembrou de sua principal razão para se envolver nesse projeto: queria criar uma escola onde seus filhos e outras crianças da comunidade pudessem realmente desabrochar. Portanto, tinha de fazer um último esforço.

Essa foi a primeira e real oportunidade de Suzanne praticar a liderança. Ela havia sido uma bem-sucedida aluna, atleta e profissional de vendas, em uma grande empresa de produtos de consumo, mas nunca teve a oportunidade de liderar um grupo de pessoas. Mas já havia lido uma série de livros sobre liderança e se aprofundado nos traços característicos de um líder de sucesso e nas funções que um líder deve executar. Mesmo assim, enquanto conversava com Elizabeth, ela se sentiu sobrecarregada por essa tarefa de liderança. Como poderia quebrar o estado de inércia do grupo?

Elizabeth lembrou-a das práticas de intenção que elas tinham usado em seu esforço para adotar seus filhos alguns anos antes. Então, de repente, Suzanne percebeu que as mesmas práticas podiam ser usadas nesse momento, e em qualquer outro, quando se tratasse de intenção. Por causa do stress da vida cotidiana, ela se distanciara dessa prática nos últimos anos. Mas agora era a hora de se reaproximar.

Ela retornou à prática de meditação para garantir que estava centrada nas bases em que deveria estar. Usou todo seu tempo livre na semana seguinte para escrever um plano detalhado para atingir o sucesso. Depois de tanto tempo investido no projeto, ela tinha todas as informações e dados necessários para descrever com precisão, e detalhadamente, a oportunidade de mercado e aquela que ela percebia ser a melhor visão para a escola, bem como o melhor plano operacional para o sucesso. Ela estipulou uma oferta de troca para si mesma. Especificamente, comprometeu-se em seu diário a dedicar quatro noites por semana para o projeto, entendendo que isso reduziria o tempo devotado à família e às horas de lazer, bem como reduziria sua renda.

Ela começou a se reunir com as pessoas que acreditava terem um papel de líder no grupo maior. Entregou-lhes seu plano por escrito e descreveu em detalhes que tipo de sucesso podiam esperar. Descobriu que eles respeitavam o fato de ela estar investindo bastante energia para criar um impulso inicial. Muitos deles deixaram de ser tão antagônicos e puseram de lado seus próprios interesses em favor do projeto de Suzanne. Perceberam que ou manteriam suas visões pessoais e não teriam escola, ou adotariam uma visão coletiva e teriam uma escola.

Fora do grupo de trabalho, Suzanne começou a "tirar um ás da manga". Ela deu início a uma conspiração. Começou contando para todos os seus conhecidos que ela liderava um grupo que construiria uma nova escola a ser inaugurada em 18 meses. Todas as noites, reservava 20 minutos antes de dormir para visualizar cada um dos elementos que conseguisse imaginar da nova escola. Em seguida, gastava uns poucos minutos para se desapegar do resultado específico desejado, agradecer ao universo por todas as coisas boas em sua vida e expressar confiança na perfeição que resultaria daquilo tudo.

Dezoito meses mais tarde, o grupo liderado por Suzanne abriu uma nova escola em um local provisório, com planos para um local permanente. Sua prática da intenção foi uma diretriz pessoal decisiva que lhe permitiu ficar mais focada e organizada, elaborar um plano e, finalmente, atingir um resultado bem-sucedido. Ela comparou essa experiência a um raio laser atravessando um tecido fibroso da pele. Atravessou todos os egos, conflitos e fadigas que haviam paralisado o grupo anterior à sua liderança.

## O PAINEL DE CONTROLE DA LIDERANÇA

O Painel de Controle da Liderança (Quadro 4.1) demonstra graficamente o efeito da prática da intenção sobre a capacidade de um líder incorporar os traços característicos e desempenhar as funções decisivas da liderança, descritas na Introdução. Em uma escala de 0 a 100 pontos, o painel mostra a potente diretriz da intenção, construída sobre o alicerce da presença, que lhe permite gerar e definir suas melhores intenções. Também mostra como a intenção ajuda você a identificar e gerenciar os fatores que atuam para transformar o resultado desejado em realidade, bem como aqueles fatores que atuam no sentido contrário. Esse potente combustível lhe permite:

ESTAR FOCADO. A prática da intenção concentra sua energia e atenção na busca de seus objetivos pessoais e organizacionais.

SER ORGANIZADO. A percepção consciente, bem como a força energética, da prática da intenção lhe permite coordenar e direcionar as atividades necessárias para que você alcance seus objetivos, como um todo funcional e estruturado.

ELABORAR UM PLANO. A intenção exige que você crie e defina o caminho ótimo que liga a visão aos resultados.

PRODUZIR RESULTADOS. De acordo com a descoberta de Napoleon Hill (1960), a intenção é o fator mais importante para se alcançar objetivos pessoais e organizacionais.

Em menor extensão, porém com grande potência, a energia da intenção vai alimentar também sua capacidade de:

AUTODEFINIR-SE. A prática da intenção requer que você conheça seus valores, crenças, objetivo supremo e visão de futuro, e que os expresse com clareza.

TER RACIOCÍNIO PROATIVO. A intenção força você a visualizar um futuro extraordinário, excitante e grandioso.

TER CREDIBILIDADE. A prática da intenção faz de você alguém muito mais capaz de demonstrar consistência e integridade em suas palavras e comportamento, de modo que os outros tenham profunda confiança em seu comprometimento com o objetivo corporativo.

SER INSPIRADOR. A intenção, praticada em sua excelência, resulta em você dar vida à sua visão de uma maneira que os membros de sua equipe se vejam como parte dela.

ESTAR ORIENTADO PARA AS PESSOAS. A base requerida na prática da intenção permite que você perceba o valor das vidas ao seu redor e sua ligação com elas.

TER ENERGIA. Embora muita energia seja dirigida para a prática da intenção, ela retorna integralmente para você e sua empresa.

CONSTITUIR UMA EQUIPE. A intenção é a infraestrutura energética que permite a você recrutar, envolver e inspirar pessoas para executarem sua visão.

CONSTRUIR UMA ESTRUTURA RESPONSIVA. A intenção exige que você estruture sua empresa de modo que ela esteja perfeitamente adequada ao seu objetivo — isto é, manter uma organização permeável que seja altamente adaptável e responsiva às condições mutáveis em um mundo interconectado, dinâmico, altamente complexo e veloz no qual sua empresa existe.

CRIAR *ACCOUNTABILITY*. A intenção praticada por você, como líder, exige efetivamente que os membros de sua equipe contribuam com sua parcela, no sentido de realizar a visão organizacional.

QUADRO 4.1

CAPÍTULO 5

# RESPONSABILIDADE PESSOAL

## A Quinta Diretriz do Líder de Alto Impacto

O Capítulo 2 discutiu a mente aberta, que é a disposição para considerar cada elemento de "o que é". Este capítulo discute a *responsabilidade pessoal*, a posse pessoal e completa de "o que é". Por que você deveria assumir a responsabilidade pessoal por tudo o que acontece? Com certeza, nem tudo que dá errado é culpa sua, então por que assumir a responsabilidade? Esse modo de ver o mundo pressupõe que assumir responsabilidade só terá consequências negativas.

Neste capítulo, vou mostrar como o ato de assumir responsabilidade — mesmo por coisas que não são culpa sua — pode lhe conceder um imenso poder. Vou investigar como nossa cultura se distanciou tanto da responsabilidade pessoal nas últimas duas gerações, e mostrar como você pode recuperá-la. Finalmente, vou demonstrar como a responsabilidade pessoal é o alimento essencial da capacidade de um líder ter credibilidade e coragem, bem como de elaborar um plano e criar *accountability*.

# A CULTURA DA ACUSAÇÃO E DO REPÚDIO

Uma pessoa com problemas cardíacos e pressão alta talvez coloque a culpa nos fornecedores de *fast food*, que servem porções extragrandes e repletas de gordura, ácidos graxos *trans*, açúcares e produtos químicos que tornam a comida atraente, em primeiro lugar. Essa pessoa processa-os e recupera seu dinheiro depois de sofrer um ataque cardíaco ou um derrame. Alguém que desenvolve câncer nos pulmões depois de fumar por mais de quarenta anos processa a indústria de tabaco por vender cigarros. Uma pessoa investe no mercado financeiro e, depois, processa a empresa porque o preço das ações despencou. Uma pessoa que recebeu um tratamento médico que não funcionou processa o médico e o hospital por negligência, a indústria farmacêutica por responsabilidade pelo produto, e a empresa de seguros por má-fé no pagamento do seguro. Tenho certeza de que você é capaz de encontrar muito mais exemplos de como nós evitamos assumir a responsabilidade por nossos próprios atos e depois culpar os outros pelas consequências.

Seja qual for a situação, é tentador demais evitar assumir a responsabilidade pessoal. Não existe um benefício imediato e aparente em assumi-la. Se dissermos: "Esse acontecimento ou condição existente é de minha exclusiva responsabilidade", nós provavelmente seremos processados, demitidos, rebaixados, criticados, encarcerados ou excluídos de nossa empresa de seguros. Assim funciona nossa cultura, a cultura da culpa. E nós somos uma população de vítimas.

Quando não há alguém para culpar, é fácil negar ou repudiar "o que é". Podemos dizer: "Não é minha culpa", "Não é minha responsabilidade", "Não sou responsável por minha falta de saúde", "Não sou responsável pelo aquecimento global", "Não sou responsável pelo péssimo estado das ruas em minha cidade". Parece-lhe familiar?

Mesmo quando não evitamos a responsabilidade pessoal por intermédio da culpa ou do repúdio, talvez negligenciemos "o que é", inclusive o fato de termos responsabilidade pessoal. Conhecemos o problema do aquecimento global, mas nos mostramos negligentes ao ignorá-lo. Sabemos que a ingestão de alimentos não saudáveis pode nos matar, mas ignoramos o fato. Sabemos que somos infelizes, mas talvez não pensemos muito nisso.

> Ao assumir a responsabilidade, você se torna parte da solução. Esse é seu papel como líder.

Quando evitamos assumir a responsabilidade, deixamos passar a oportunidade de fazer a diferença em determinada situação. Se não participamos da solução, contribuímos para o problema. Acabamos sentindo que estamos completamente à mercê das pessoas e forças sobre as quais não temos nenhum controle. Falta poder em nós. E também, o ato de assumir a responsabilidade nos dá — e a você — poder. Ao assumir a responsabilidade, você se torna parte da solução. Esse é seu papel como líder.

## COMO CHEGAMOS A ESTE PONTO

Quem realmente sabe como nossa cultura se desviou tanto da responsabilidade pessoal? A charada do ovo e da galinha é difícil de solucionar. É complicado identificar a causa e o efeito. Por exemplo, foram os advogados que causaram a proliferação de litígios por danos? Ou foram os cidadãos que o causaram ao eleger representantes que favorecem o desvio de responsabilidade? Abaixo descrevo alguns fatores que acredito terem conspirado para contribuir para nossa cultura atual:

### NOSSO SENSO DE COLETIVIDADE DESMORONOU

Por meio da tecnologia e do nosso correspondente alto padrão de vida, a maioria de nós perdeu o contato com as fontes de produção. Nos séculos passados colaborávamos para produzir diversos produtos necessários à vida, ou estávamos muito perto da maioria das fontes. Talvez nosso vizinho produzisse os ovos com os quais alimentávamos nossa família; e nosso irmão trabalhasse na usina de energia local, que produzia nossa eletricidade; e nossa irmã trabalhasse na fábrica têxtil, que produzia o tecido das nossas roupas.

Hoje estamos distantes de praticamente tudo. Nossa energia elétrica vem de uma usina de propriedade de uma grande empresa pública localizada a 800 quilômetros de distância. Nossas roupas vêm de países estrangeiros. Nossa comida é distribuída por empresas multinacionais. A comunidade desempenha um papel diminuto em nossas vidas. Isso resultou em perda de contato com o mundo que nos cerca e ausência de empatia pelos outros. Anos atrás não teríamos processado nosso vizinho produtor de ovos por causa de uma intoxicação por salmonela, pois nós o conhecíamos, gostávamos dele e entendíamos sua situação. Hoje, muitas pessoas entram com ações judiciais multimilionárias contra o produtor de ovos, a cadeia de lojas de alimentos e até mesmo contra o governo, por alguma regulamentação inadequada.

## O LITÍGIO TORNOU-SE UMA FERRAMENTA DE MUDANÇA

Walter Olson (1991), chefe do Manhattan Institute Center for Legal Policy, descreve como, até cerca de trinta anos atrás, a ação litigiosa era considerada o último dos recursos — um mal necessário, se você preferir. Normas éticas desencorajavam os advogados de "provocarem" deliberadamente as ações judiciais, enquanto normas de procedimento determinavam que as custas processuais ficavam a cargo do autor da ação. Normas sobre as evidências desencorajavam as queixas sem provas factuais sólidas desde o início do processo.

    Nas últimas três décadas, no entanto, a ação judicial deixou insidiosamente de ser a última atitude que você tomaria para conseguir extrair alguma compensação por um dano que sofreu para se transformar em uma poderosa ferramenta de mudança social. Atualmente, se queremos que a indústria de Detroit fabrique carros mais seguros, permitimos que alguns reclamantes que sofreram danos processem as montadoras de automóveis e recuperem centenas de milhões de dólares. Se queremos que as pessoas parem de fumar, permitimos que alguns pacientes com câncer de pulmão processem as indústrias de cigarro. Já que o litígio judicial é considerado algo bom para a sociedade, os tribunais e legisladores abriram as comportas. Em 1977, a Suprema Corte dos EUA, no caso *Bates v. State Bar of Arizona*, decidiu que os advogados tinham o direito constitucional de fazer propaganda. Hoje, essas propagandas incentivam as pessoas a entrarem com ações judiciais. As normas do procedimento civil foram reformadas para facilitar a abertura de processos e dificultar a recusa de uma ação judicial. As indenizações resultantes dos processos — danos materiais — cresceram de forma dramática. Os danos morais se tornaram corriqueiros, bem como o pagamento de taxas de contingência para os advogados. Ficou muito mais fácil entrar com uma ação judicial coletiva.

## OS DIREITOS REDUZEM A RESPONSABILIDADE

Por muitas gerações, pelo menos aqui nos Estados Unidos, os tribunais e legisladores expandiram muito seu reconhecimento sobre os direitos do cidadão. Sem dúvida, isso representou um fator positivo, no entanto não houve semelhante atenção para as responsabilidades do cidadão. Consequentemente, nós passamos a nos preocupar com nossos direitos, em detrimento da atenção para com nossas responsabilidades pessoais.

## TAMANHO E COMPLEXIDADE DE NOSSA VIDA

Com mais de seis bilhões de habitantes no planeta, muitos dos quais vivendo uma vida cada vez mais corrida e complexa, é fácil perceber como pode parecer insignificante o envolvimento individual com qualquer faceta da vida que esteja além de nossas atividades diárias, desde o governo até as causas sociais e ambientais. Se você sente que está à mercê do mundo, em vez de causar um efeito sobre ele, não deve estar muito inspirado a assumir responsabilidade por sua atual condição.

## A IMPORTÂNCIA VITAL DE ASSUMIR RESPONSABILIDADE

Assumir responsabilidade pessoal traz benefícios imensos. No nível pessoal, dá a você um incrível senso de poder sobre cada um dos elementos de sua vida. Como líder, faz com que sua credibilidade se amplie imensamente entre aqueles que o seguem e todos os outros componentes envolvidos em seu papel de liderança. Os funcionários de sua empresa acreditarão e terão confiança em você, pois percebem consistência e congruência em suas palavras e comportamentos. A responsabilidade pessoal faz com que você seja mais corajoso do que nunca, habilitando-o a tomar decisões difíceis e desempenhar tarefas árduas, bem como assumir riscos. Assim fortalecido, você poderá elaborar um plano para o sucesso e, talvez mais importante que isso, criar *accountability* em sua empresa.

---

*Responsabilidade pessoal* é a completa posse de "o que é".

---

## EXERCÍCIO:
## ASSUMIR RESPONSABILIDADE PESSOAL

Este exercício vai lançar você em direção à completa responsabilidade. Você terá o poder de saber que é capaz de afetar os acontecimentos e as condições de sua vida, em vez de se sentir vítima deles.

### PASSO 1: ESTAR PRESENTE

A diretriz fundamental da presença, e a percepção e a consciência produzidas por ela, são decisivas para o desenvolvimento da responsabilidade pessoal. Já que a responsabilidade pessoal é a posse completa de "o que é", você precisa estar com os pés firmes sobre o domínio de "o que é" — o momento presente (veja o Capítulo 1). Você precisa estar em uma condição que lhe permita enxergar sua interligação com tudo que o cerca.

### PASSO 2: IDENTIFICAR UM ACONTECIMENTO OU CONDIÇÃO SIGNIFICATIVO

Identifique um acontecimento ou situação em sua vida que causou ou esteja causando um impacto significativo na sua maneira de sentir ou no seu modo de viver. Pode ser o acidente que você sofreu recentemente quando seu carro foi abalroado por outro carro, sem seguro obrigatório e que cruzou o semáforo vermelho. Ou, em escala muito maior, pode ser o aquecimento global. Ou pode ser que, no trabalho, você seja incapaz de atender às expectativas dos investidores.

## PASSO 3: APROPRIAR-SE DO ACONTECIMENTO OU CONDIÇÃO

Entre agora em contato com a poderosa diretriz da responsabilidade pessoal para se apropriar do acontecimento ou condição identificada por você no Passo 2. Não importa o que seja, experimente a ideia de que você é pessoalmente responsável. Diga: "Eu sou completamente responsável por esse acontecimento ou condição das seguintes maneiras" e liste em seguida todas essas maneiras. Talvez você se esforce para encontrar interligações, e esse é exatamente o objetivo. A maioria das pessoas não tem o hábito de assumir responsabilidade, portanto é necessário um esforço.

Vejamos alguns exemplos. Vamos supor que você decida assumir total responsabilidade por ter sido abalroado pelo carro que ultrapassou o semáforo vermelho. Você analisa tudo que fez que pode ter contribuído para a colisão. Reconhece que, normalmente, dirige rápido demais e que estava dirigindo rápido demais naquela tarde, enquanto cumpria suas tarefas. Se tivesse dirigido mais devagar, você não estaria naquela hora e naquele local para que o motorista batesse em seu carro. Você reconhece que também cruzava ocasionalmente um semáforo vermelho; às vezes, de modo negligente e, em outras, na tentativa de cruzar no amarelo, antes de ele ficar vermelho.

Você reconhece que anda muito estressado, pois, se não estivesse, teria provavelmente visto o carro se aproximar e percebido que ele não ia parar. Você reconhece que ficou de novo sem almoçar e, se estivesse mais bem alimentado, talvez tivesse visto o carro se aproximar e tido tempo para se desviar. Você reconhece que falava ao celular no momento da colisão e talvez isso tenha contribuído para não ver o outro carro. Reconhece que seu carro ficou bastante danificado com o impacto, portanto veja isso como um sinal de que deveria estar dirigindo um carro mais bem construído e com melhor protocolo de segurança.

Em outro exemplo, vamos supor que você assume total responsabilidade pelo aquecimento global. Você analisa tudo que fez que possa ter contribuído para esse problema. Reconhece que dirige um carro que consome muito combustível. Reconhece que usa demais o carro. Reconhece que não usa de modo suficiente os transportes públicos. Reconhece que não tem investigado outros meios de transporte. Reconhece que usa demais o aquecedor central em sua casa no inverno e poderia reduzir o uso do gás natural se vestisse um agasalho dentro de casa nos meses mais frios. Reconhece que desperdiça muito papel; o que resulta no uso de mais madeira e em menos árvores para a conversão do dióxido de carbono em oxigênio. Reconhece que votou em políticos que não estão lidando com o problema de modo sério e determinado. Reconhece que possui ações de uma empresa petrolífera.

Vamos supor que você assume total responsabilidade pela incapacidade de sua empresa atender às expectativas dos investidores. Procura toda interligação que se volte contra você. Ignora todos os outros possíveis aspectos que contribuem para o acontecimento ou situação. Reconhece que sua visão estratégica tem falhas. Reconhece que foi otimista demais em relação às perspectivas de sua empresa e estava errado em transmitir esse otimismo equivocado para os investidores. Reconhece que organizou uma equipe sem capacidade de resposta às condições rapidamente mutáveis do mercado. Reconhece que não inspirou os membros de sua equipe a alcançarem seu máximo desempenho. Reconhece que seu sistema de *accountability* é falho.

Às vezes, as interligações são ilusórias, mas estão lá. Talvez seja preciso uma mente aberta e alguma criatividade para conseguir identificá-las. Lembre-se da discussão, no Capítulo 1, sobre o conceito de que toda ação provoca uma reação de igual intensidade e em sentido contrário. Se você não conseguir realmente encontrar alguma interligação, comece a procurar uma interligação com alguma coisa no seu passado. Por exemplo, suponha que você esteja com dificuldade para motivar os membros de sua equipe na busca do objetivo organizacional. Você simplesmente não consegue descobrir alguma justificativa nas circunstâncias atuais. Mas, talvez no seu passado, você tenha vendido uma empresa com o principal objetivo de enriquecer a si mesmo e a transação não tenha sido positiva para os membros de sua equipe na época. Talvez seja esse o modo de o universo equilibrar a balança. Você foi egoísta no passado e conseguiu o que queria, mas prejudicou sua equipe. Agora, quando não está sendo egoísta, você não conseguirá o que deseja — ou não conseguirá de modo tão fácil como normalmente conseguiria — e em seu próprio prejuízo.

Com esse exercício, você sentirá que está mais capacitado diante das situações e circunstâncias de sua vida. Começará a perceber que poderia ter feito as coisas de modo diferente, com um resultado melhor. Também perceberá que teve escolhas. Ao entender seu papel nos acontecimentos do passado, você começará a entender como pode agir para afetar os acontecimentos ou situações do futuro, em vez de ficar à mercê deles.

Ao fazer isso, o objetivo não é você se tornar alguém digno de pena, que carrega o peso dos problemas do mundo em seus ombros. Não é culpar a si mesmo. Pelo contrário, o objetivo é você se alinhar a "o que é", desenvolver uma percepção introspectiva de sua interligação com tudo que existe ao seu redor e descobrir que tem poder sobre sua própria vida.

O momento presente é tudo que existe. Qualquer coisa fora dele — o passado e o futuro — não é real. Há algumas maneiras benéficas de pensar sobre o passado ou o futuro, mas culpar os outros e negar sua responsabilidade não estão certamente entre elas. São meramente uma fuga do presente, de "o que é".

## PASSO 4: APROPRIE-SE DE SUA REAÇÃO

O último passo para acessar a poderosa diretriz da responsabilidade pessoal é você apropriar-se de sua reação a cada acontecimento e situação que ocorre em sua vida. No Passo 3, você assumiu responsabilidade pessoal pelo próprio acontecimento ou situação. Agora, você assume a responsabilidade por sua reação a ele. Na verdade, este é precisamente o significado da responsabilidade pessoal: sua capacidade de reagir. Quando se apropria de sua reação, você escolhe sua reação. Quando escolhe sua reação, você decide o efeito que o acontecimento ou situação terá em sua vida. Você está optando por ter o controle sobre sua vida. Está optando por afetar o mundo ao seu redor, em vez de ser sua vítima.

A culpa, o repúdio e a incapacidade enfraquecem você. Culpar, repudiar e incapacitar-se são formas prejudiciais de pensamento, emoção e comportamento, sendo que você é o único prejudicado. A reação que mais o fortalece é ter uma forma positiva de pensamento, emoção ou ação. Use seus limões para fazer uma limonada.

De volta à cena em que seu carro foi abalroado por outro que cruzou o semáforo vermelho, este quarto passo — apropriar-se de sua reação — significa você "livrar-se" finalmente de qualquer energia negativa associada ao acontecimento. Você já assumiu a responsabilidade por estar na hora e no local errados, por estar possivelmente estressado, distraído e mal alimentado. Porém, você ainda se sente deprimido por tudo o que aconteceu. Neste passo, você diz: "OK, é isso aí. Acabou. Sobraram algumas tarefas para eu fazer — levar o carro para o conserto, alugar um carro ou usar outro meio de transporte, tratar com a seguradora do veículo — e eu vou executá-las no seu devido tempo e com uma atitude positiva. Vou anotar todas as coisas que aprendi com essa experiência. E, finalmente, serei grato por tudo de bom na minha vida: minha saúde, meu emprego, meus amigos".

## O LÍDER DE ALTO IMPACTO FORTALECIDO PELA RESPONSABILIDADE PESSOAL: EVELYN

Evelyn é diretora de uma escola de ensino médio, localizada em um bairro economicamente menos favorecido. Ela foi nomeada há três anos. Imediatamente após sua posse, criou e iniciou um programa multifacetado, com a finalidade de aumentar as notas de seus alunos nos testes padronizados, que estavam entre as mais baixas do país. Depois de três anos de trabalho árduo, longas horas e muita paciência e dedicação ao programa, as notas não tinham melhorado nem um pouco. Na realidade, mostravam um leve declínio.

Evelyn podia ter posto a culpa na redução dos recursos públicos. Podia ter posto a culpa na apatia dos pais. Podia ter posto a culpa na recusa do chefe de polícia de restringir a abstenção dos alunos às aulas e as atividades das gangues juvenis. Podia ter posto a culpa na política de transporte escolar do distrito. Podia ter posto a culpa nos professores, no sindicato dos professores e nos alunos, ou nos videogames e nas músicas de *rap* que os alunos ouviam. Podia ter posto a culpa nos próprios testes.

Evelyn podia ter posto a culpa em várias pessoas ou situações, mas não o fez. Em vez disso, assumiu completa responsabilidade pessoal. Levantou-se diante de todos os presentes à reunião do conselho escolar — que contou com a participação do secretário regional de educação, da maioria dos professores, muitos pais e, é claro, de todos os membros do Conselho — e assumiu completa responsabilidade pessoal. Descreveu em detalhes o programa que havia seguido nos últimos três anos e, em seguida, contou com detalhes a decepcionante história das notas nos testes. Concluiu, dizendo: "Eu assumo total responsabilidade por estarmos onde estamos hoje. Espero ter descrito meu programa de modo suficientemente claro para que todos tenham entendido por que fiz as coisas que fiz e a minha sinceridade em querer solucionar os problemas de desempenho de nossos alunos. No entanto, meu programa claramente falhou. E o fracasso é responsabilidade minha. Com o fracasso, contudo, aprendi algumas coisas. Esse aprendizado, combinado com as informações que vou solicitar de todos os interessados nas próximas semanas, vai possibilitar a elaboração de outro programa, que espero seja mais eficaz, para melhorar significativamente as notas nos testes. Vou trabalhar com todas as minhas forças para fazer com que isso aconteça. Aqueles que me conhecem sabem que essa é uma tarefa que nunca assumi com indiferença, nem nunca assumirei".

Ninguém exigiu sua demissão. Ninguém a criticou. Francamente, muitas das pessoas envolvidas ficaram satisfeitas porque as críticas não caíram sobre suas cabeças. Professores, pais, alunos, líderes sindicais e os próprios membros do Conselho sabiam, no fundo do coração, que todos tinham sua parcela de responsabilidade no problema. A determinação de Evelyn de carregar sobre seus ombros a responsabilidade total serviu para inspirar os membros de cada um dos grupos a assumirem sua própria responsabilidade. É interessante como a assunção de responsabilidade pessoal cria um tipo de vácuo nos outros. Quando as outras pessoas veem você carregando o fardo sozinho, elas se aproximam e assumem elas mesmas parte do fardo. Nada disso foi dito durante a reunião, mas foi sentido por todos. Também serviu como semente para um alinhamento maior entre as partes interessadas, pois Evelyn precisaria desse apoio para o programa muito mais agressivo que já estava visualizando.

Sua credibilidade — seu poder de inspirar confiança, combinado ao seu merecimento da confiança dos outros — aumentou drasticamente. Qualquer pessoa que assume total responsabilidade deve ser confiável: se não fosse assim, por que assumi-la? Ninguém quer ficar mal aos olhos dos outros. E por que alguém, que parece tão razoável e inteligente e tem a coragem de absorver uma das mais difíceis consequências da liderança, não mereceria nossa confiança?

Nas reuniões seguintes, as pessoas de cuja cooperação ela necessitava demonstraram uma grande determinação de entrar com ela no mesmo barco e remar todas juntas. Sabiam que tinham uma líder que assumiria a carga do dia a dia. Sabiam que jamais seriam criticadas publicamente. Ela havia provado isso diante dos olhos de todos. Os professores sugeriram novas ideias para incentivar o envolvimento dos alunos. O sindicato concordou em moderar sua reação às possíveis demissões de professores que fossem justificadas. Alguns pais se ofereceram para dar aulas particulares fora do horário escolar. Outros concordaram em contribuir financeiramente para a aquisição de alguns recursos adicionais à aprendizagem. Outros se ofereceram como voluntários para formar um comitê responsável por criar um "código comunitário", que delinearia o comprometimento de pais e alunos com a missão da escola. O chefe de polícia concordou em direcionar mais recursos para as questões das faltas às aulas e das gangues.

Nas semanas seguintes, Evelyn sentiu mais coragem do que nunca. Durante a reunião do Conselho, havia sido a primeira vez na vida que assumira publicamente a completa responsabilidade pessoal por alguma coisa. Em outras ocasiões do passado, seus medos faziam com que colocasse a culpa nos outros. Mas ela descobrira que se tornava cada vez mais medrosa quando agia dessa maneira. Preocupava-se mais em garantir seu emprego. Preocupava-se mais com a possibilidade do fracasso. Dessa vez, entretanto, estava quase sufocada por tanta coragem. Se pudesse agir como agira na reunião do Conselho, conseguiria fazer qualquer tipo de coisa. Poderia assumir qualquer risco. Poderia conquistar qualquer coisa. Os professores e o pessoal administrativo viram sua coragem e se tornaram mais dedicados do que nunca. Eles queriam jogar no time de Evelyn.

Inesperadamente, Evelyn se viu mais decidida e capaz de tomar decisões difíceis do que antes. Demitiu os professores cujo desempenho era insuficiente. Essa atitude fortaleceu sua credibilidade entre os professores eficientes que permaneceram. Durante anos, os professores eficientes sabiam quais eram os professores com baixo desempenho e se ressentiam pelo fato de receberem o mesmo salário que eles. Também Evelyn conversou frente a frente com o presidente da associação de pais e mestres, argumentando com sucesso que a associação perdera sua utilidade e que um novo modelo de comunicação e colaboração se fazia necessário. Percebeu que até mesmo os alunos sentiam sua confiança e poder, e começaram a se envolver mais nas atividades escolares.

Ela se sentiu completamente capacitada para elaborar um plano que melhorasse as notas nos testes, pois achava que tinha mais controle do que jamais experimentara. Três anos antes, ela já tinha muitas das ideias que agora ia implantar, mas lhe faltava autoconfiança, bem como a confiança e o apoio dos outros para implantá-las naquela época. Descobriu que, ao assumir completa responsabilidade pessoal por um fracasso, era muito mais fácil assumir completa responsabilidade pelo sucesso. Se não tivesse assumido a responsabilidade pelo fracasso — ou seja, se tivesse negado a realidade de "o que é", a realidade do fracasso —, Evelyn estaria sempre fora de alinhamento em relação à realidade e não teria sido capaz de se debruçar sobre "o que é" para conseguir atingir o sucesso.

Evelyn descobriu que sua capacidade de criar uma cultura de *accountability* foi drasticamente ampliada. Os professores e demais membros do quadro de funcionários sentiram-se compelidos a satisfazer as expectativas dela por várias razões. Primeira, ela havia definido suas expectativas mais claramente do que nunca, pois sentia-se mais capacitada do que nunca. Segunda, eles viram que ela assumira total responsabilidade pessoal e, como mencionei, essa decisão cria um vácuo que as pessoas querem preencher com sua própria responsabilidade. Finalmente, eles sabiam que ela tomaria decisões difíceis, inclusive a de demiti-los, caso as expectativas não fossem cumpridas.

## O PAINEL DE CONTROLE DA LIDERANÇA

O Painel de Controle da Liderança (Quadro 5.1) demonstra graficamente o impacto da responsabilidade pessoal sobre a capacidade do líder de incorporar os traços de caráter e desempenhar as funções críticas de liderança, descritas na Introdução. Em uma escala de 0 a 100 pontos, o painel mostra que assumir de modo ativo a responsabilidade — construída sobre o alicerce da presença, a qual lhe permite perceber seu papel em todos os acontecimentos e condições de sua vida — é um potente combustível que lhe permite:

TER CREDIBILIDADE. Ao agir de maneira pessoalmente responsável, por definição, você está "trilhando o caminho" e mostrando consistência e congruência em suas palavras e comportamento.

SER CORAJOSO. Ao assumir a responsabilidade pessoal, você passa a achar fácil tomar decisões difíceis, executar tarefas árduas e assumir os riscos.

ELABORAR UM PLANO. A responsabilidade pessoal lhe fornece um sentimento de controle e a crença de que você pode causar um efeito. Você se sentirá mais capacitado do que nunca para criar e definir o caminho ótimo que liga a visão aos resultados.

CRIAR *ACCOUNTABILITY*. Quando você, como líder, assume a responsabilidade pessoal, inspira os membros de sua equipe a assumirem responsabilidade, e oferece apoio à cultura e aos sistemas que exigem que cada indivíduo contribua com sua parte.

Ainda que em menor extensão, a diretriz da responsabilidade pessoal alimenta sua capacidade de:

SER AUTODEFINIDO. Assumir responsabilidade pessoal exige que você conheça seus valores, crenças, objetivo mais elevado e visão do futuro, e expresse-os com clareza.

TER RACIOCÍNIO PROATIVO. A responsabilidade pessoal força você a assumir o processo de criação de seu próprio futuro e o de sua organização. Você sabe que toda condição futura será de sua responsabilidade e seria tolice da sua parte ficar de lado, observando cada evolução.

SER INSPIRADOR. Sua responsabilidade pessoal, além de inspirar os outros a assumirem as suas próprias, auxilia muito a capacidade de você definir sua visão de uma maneira que os membros da sua equipe se vejam refletidos nela.

ORIENTAR-SE PARA AS PESSOAS. A percepção consciente que você adquire por meio da presença — uma percepção consciente cujo desenvolvimento é de sua responsabilidade pessoal — amplia sua habilidade de lidar com as pessoas ao lhe revelar o valor daqueles indivíduos que estão ao seu redor e aos quais você está interligado.

OFERECER APOIO. Quando você se torna completamente consciente e pessoalmente responsável por tudo em sua vida e quando tem um objetivo organizacional a atingir, não lhe resta outra opção a não ser otimizar a força de sua equipe, adotando um ambiente que incentive a assumir riscos, a colaboração, a autoliderança e o reconhecimento, e que facilite a transformação de desafios em crescimento pessoal.

CONSTRUIR UM NÚCLEO BASEADO EM VALORES. Quando você finca sua bandeira pessoal no chão e declara: "Isto é o que sou; isto é o que represento; e todo acontecimento e condição existente em minha vida é de minha responsabilidade", é natural que a empresa faça o mesmo e finque sua própria bandeira coletiva no chão.

FORMAR UMA VISÃO. Pela mesma razão que a responsabilidade pessoal alimenta sua capacidade de ter um raciocínio proativo, ela força você a transformar ideias e possibilidades em objetivos organizacionais.

CONSTITUIR UMA EQUIPE. As pessoas desejam trabalhar com um líder que assuma uma total responsabilidade pessoal. Eles são inspirados a assumir responsabilidade por sua parte na realização da visão organizacional.

PRODUZIR RESULTADOS. Quando não tem a quem culpar por um resultado diferente daquele que pretendia, você tende a produzir o resultado que deseja.

QUADRO 5.1

CAPÍTULO 6

# INTUIÇÃO

## A Sexta Diretriz do Líder de Alto Impacto

Pressentimento, sensação visceral, impressão, dica mental — todos esses são nomes dados a esse poder chamado intuição. A *intuição* é uma ferramenta para a aquisição de conhecimento, sem passar pelo processo racional do pensamento. É o sexto sentido; é aquilo que traz informações, além daquelas trazidas pelos cinco sentidos do paladar, audição, tato, olfato e visão. Sempre gostei da definição de Laura Day, no livro *Practical Intuition*: ela descreve a intuição como "saber sem saber por que você sabe" (Day, 1997, 81). Todos nós temos essa intuição e todos podemos desenvolvê-la até níveis poderosos.

Qual é a fonte desse conhecimento? Posto de modo simples: o universo. É tudo que você alguma vez experimentou ou conheceu. Na verdade, é tudo que a humanidade alguma vez experimentou ou conheceu. O famoso psiquiatra suíço Carl Jung (1959) fez longos estudos e concluiu que existe um "inconsciente coletivo", comum a todas as pessoas. Esse inconsciente coletivo é essencialmente uma biblioteca que reúne a experiência humana, na qual podemos penetrar a qualquer momento.

> A *intuição* é uma ferramenta para a aquisição de conhecimento, sem passar pelo processo racional do pensamento.

Este capítulo trata do surgimento e do declínio, e do iminente ressurgimento, da intuição. Você aprenderá como desenvolver sua intuição e torná-la uma poderosa diretriz que alimenta sua capacidade, como líder, de se autodefinir, inspirar sua equipe, formar uma visão ótima e atraente para sua empresa, e montar uma estrutura com capacidade de resposta para executar essa visão.

## A PRIMEIRA VEZ QUE A INTUIÇÃO SURGIU

Em algum momento, durante os milhões de anos da evolução da humanidade, o cérebro humano desenvolveu a capacidade da intuição. Essa capacidade localiza-se no hemisfério direito do cérebro, enquanto nossas capacidades racionais e lógicas residem no hemisfério esquerdo. O hemisfério direito está focado no interior, alimentado pelo que existe no íntimo do ser. O hemisfério esquerdo está focado no exterior, alimentado por dados externos. Até os últimos dois séculos, nós, seres humanos, confiávamos na intuição tão intensamente quanto confiávamos nos outros cinco sentidos. Éramos seres "com um cérebro equilibrado".

Imagine um mundo onde a única informação a que você tinha acesso era aquela que percebia por meio de sua língua, ouvidos, pele, nariz e olhos. Fisicamente, você estava limitado à distância que suas pernas conseguiam carregá-lo. Em seu esforço para sobreviver, você, sem dúvida, confiava profundamente em seu pensamento racional e no hemisfério esquerdo do seu cérebro. Quando via nuvens de chuva se aglomerando no horizonte, sentia a temperatura baixar e a umidade aumentar em sua pele, logo deduzia que ia chover e era melhor recolher a carne que estava secando em varais fora da caverna.

Porém, a quantidade de informações que podia ser percebida pelos seus cinco sentidos e depois alimentar seus processos racionais de pensamento era tão limitada, que você confiava também nos sentidos não lógicos, localizados no hemisfério direito do seu cérebro — ou seja, você confiava em sua intuição. Talvez você tenha sentido a presença de água potável por trás de uma montanha distante. Muito antes de ver ou ouvir alguma coisa, provavelmente você sentia a ameaça de um bando de animais predadores se aproximando. Simplesmente, ao ver a silhueta de um estranho se aproximando a distância, você podia sentir que ele fazia parte de uma tribo amiga, portanto não representava uma ameaça. De fato, nas culturas xamânicas, há dezenas de milhares de anos, quanto maior sua intuição, maior a probabilidade de você se tornar o líder ou o curandeiro da tribo.

## O DECLÍNIO DA INTUIÇÃO

Entretanto, nos últimos 200 anos, a maioria das pessoas tornou-se fundamentalmente um ser com predomínio do hemisfério esquerdo do cérebro. À medida que a velocidade e complexidade da vida aumentavam, nós, seres humanos, passamos a nos focar no exterior. Essa mudança não foi causada por uma escolha consciente; simplesmente, nós submergimos no mundo exterior. Com muito pouco tempo para nos firmarmos numa posição em meio ao ataque violento das informações externas, perdemos a confiança na intuição. Acabamos confiando de modo desproporcional no pensamento racional.

### TECNOLOGIA

De modo muito insidioso, os avanços tecnológicos abriram diversos canais de informação, ou meios para troca de informações. Começaram a alimentar excessivamente nosso hemisfério esquerdo do cérebro. Em primeiro lugar, progredimos da viagem a pé ou no lombo de animais para os veículos movidos a motor. Desse modo era possível cobrirmos uma área muito mais extensa e, como resultado, coletar mais dados para alimentar nosso hemisfério esquerdo. Depois, nos séculos XIX e XX, inventamos o telégrafo, telefone, máquina de escrever, calculadora, rádio, televisão, gravador de áudio, gravador de vídeo, aparelho de fax, telefone celular e, é claro, o computador pessoal e a Internet. Hoje em dia, a velocidade e a complexidade de nossas vidas tornaram-se avassaladoras. A maioria de nós está literalmente submersa em dados que o hemisfério esquerdo precisa processar. Simplesmente, não temos tempo de usar totalmente nosso hemisfério direito, mais especificamente, sua capacidade poderosa de intuir. A intuição, como ferramenta, foi amplamente banida de nossa existência. Ela ainda existe, claro. Cada um de nós já vivenciou uma primeira impressão que provou estar inquestionavelmente correta. Mesmo assim, não temos tempo nem energia para usar ou desenvolver nossa intuição. E por não usá-la muito, não confiamos muito nela.

## CONDICIONAMENTO INFANTIL

À medida que a tecnologia começou a mudar o sistema industrial no século XX, o sistema industrial começou a mudar a família e a educação. Homens e mulheres passaram a trabalhar fora de suas casas e fazendas, e a educação das crianças mudou da caseira para a coletiva. As escolas começaram a se proliferar e mais crianças saíam todos os dias de casa para ir à escola. A fim de gerenciar a educação de modo mais eficaz, os professores e administradores, compreensivelmente, aumentaram sua confiança em ferramentas objetivas. Em particular, passaram a confiar mais em testes de avaliação, com respostas do tipo "certa" ou "errada". A busca pela resposta certa começou a ter uma importância gigantesca. Os pais incentivavam esse procedimento inconscientemente, tenho certeza, num esforço para acompanhar o progresso de seus filhos, mas sem ocupar muito tempo de seus dias atribulados. Como resultado, o hemisfério esquerdo do cérebro, lar do processamento racional, necessário para formular a resposta "certa" ou para distinguir entre uma resposta certa e uma errada, cresceu em importância quando comparado ao hemisfério direito.

## CONDICIONAMENTO SOCIAL

Conforme discutido no Capítulo 5, outro fenômeno da história recente é o desenvolvimento de uma cultura que desencoraja a responsabilidade pessoal. Nossos governos, sistemas judiciários e religiões incentivam muitos de nós a acreditar que não temos poder algum. Muitos acreditam que suas vidas são determinadas por outras pessoas e forças, que estão além de seu controle. Com a disseminação dessa crença, é fácil perceber por que ignoramos e receamos essa poderosa diretriz da intuição que arde dentro de nós. Sentimos que as forças externas exercem controle sobre nós e querem "corrigir" nosso comportamento — de modo objetivamente definido e verificável. É bom que apresentemos esse comportamento, senão vamos sofrer as consequências.

O que aconteceria se eu, diretor regional de uma empresa multinacional, fechasse o escritório certo dia e desse folga a todos porque tive a sensação visceral de que a produtividade naquele dia, por razões que eu não era capaz de quantificar ou explicar de maneira racional, seria tão baixa que não justificava abrir as portas ou que uma folga elevaria o moral dos funcionários, de modo que a produtividade futura aumentaria desproporcionalmente em relação ao custo da folga coletiva? As chances eram grandes de eu ser ridicularizado e talvez até receber uma advertência de meus superiores. Eles acreditam que minha capacidade de afetar positivamente as condições é limitada e está prescrita em sua política e procedimentos internos, e qualquer tentativa de causar um efeito fora dessas limitações definidas é firmemente desencorajada. A maioria das pessoas aceita essas limitações porque não quer arriscar receber uma advertência ou sofrer outra consequência negativa. Como resultado, a maioria padece de um senso reduzido de responsabilidade pessoal e, é claro, tem menor capacidade de afetar positivamente as condições de suas vidas.

## VÍCIO EM FATOS

Em algum ponto ao longo do caminho, em sua busca pela resposta "certa", muitas pessoas se tornaram viciadas em fatos. Na verdade, associamos "fatos" com virtude e retidão. Acredita-se que pessoas armadas com fatos são mais confiáveis, até mesmo melhores, do que as desarmadas. Construímos sistemas de justiça criminal e civil que dependem, em primeiro lugar, da identificação de fatos, para depois aplicar a lei sobre esses fatos. Estendemos essa mentalidade, e até mesmo o processo, para muito além da sala do tribunal. As crianças se insultam com expressões como: "Você não pode provar isso!" Os pais interrogam seus filhos para descobrir os fatos e assim determinar quem está certo e quem está errado, e quem deve ser punido e quem deve ser recompensado. Quando há problemas na escola, os professores declaram que "vão até o fundo disso". E assim continua por todo o caminho, através dos níveis mais sofisticados da atividade humana, onde quer que alguma coisa precise ser validada por "fatos" verificáveis ou precise ser desacreditada, seja em Wall Street, em uma convenção de biotecnologia ou no senado norte-americano.

Mas o que é um fato? É uma mera foto instantânea da realidade. Como foto instantânea, é algo limitado no tempo, no alcance e no contexto. Em primeiro lugar, só é válida no momento em que é tirada. O que existiu naquele momento em que a foto foi batida é diferente agora e será diferente a cada momento futuro. Em segundo lugar, a foto instantânea só captura uma limitada extensão da realidade no momento em que é tirada e seu valor só será maximizado se pudermos entendê-la dentro do contexto de tudo o que há fora dessa extensão. Quando me esforço para tentar documentar a realidade existente fora da foto, é impossível eu realmente perceber tudo que existe fora dessa moldura.

Vamos supor que eu seja diretor de uma empresa norte-americana fabricante de automóveis. Você me diz que pesquisou todos os proprietários de automóveis do país para saber suas preferências e descobre que a avassaladora maioria ama os veículos híbridos e gostaria muito de comprar um. Bem, os dados eram válidos na época em que a pesquisa foi realizada, mas agora estão ultrapassados. Talvez a demanda por carros híbridos tenha crescido, ou diminuído, mas certamente não é idêntica à demanda verificada na época da pesquisa. Além disso, um número infinito de condições externas pode afetar o resultado da pesquisa, tal como o preço do combustível, ameaça de guerra no Oriente Médio, confiança do consumidor, padrão de poupança familiar, tendências da moda, tecnologias superiores em desenvolvimento e modo de formular as perguntas. Na verdade, os "fatos" que parecem indicar uma forte demanda por carros híbridos pode ser ilusória neste momento.

Contudo, muitos de nós somos viciados em fatos. Saturamos nosso hemisfério esquerdo do cérebro com eles e desalojamos a capacidade do nosso hemisfério direito de exercer alguma influência sobre as coisas em que acreditamos e o modo pelo qual nos comportamos.

## A MEGAEMPRESA

Há 200 anos existiam poucas grandes organizações, além das forças armadas, das religiões organizadas e dos órgãos governamentais. E mesmo onde existiam as grandes organizações, a ausência de tecnologia significava que os líderes das empresas, entidades governamentais, organizações sociais e instituições educacionais interagiam diretamente com os empregados de suas organizações e com os clientes para os quais essas organizações forneciam serviços. As pessoas olhavam nos olhos daquelas outras que afetavam suas vidas.

Com a explosão populacional humana e nossa criação da Revolução Industrial e da Era da Informação, as grandes empresas aumentaram consideravelmente em número e tamanho. Os líderes atuais das grandes organizações estão em geral muito distantes dos membros de sua organização e das pessoas que exercem influência sobre ela a partir do mundo externo — tais como clientes, fornecedores e acionistas. Os líderes criam uma estratégia e depois empregam uma quantidade enorme de indivíduos para executá-la. Controlam o comportamento de seus empregados da única maneira que conhecem — por meios objetivos. O desempenho e a produtividade são mensurados, pesados e analisados. Dentro de uma megaempresa eficiente, há pouco espaço para o contato pessoal, há pouco espaço para a intuição.

## RESSURGIMENTO DA INTUIÇÃO

Ironicamente, tal como as cinzas ricas em nutrientes, das quais a fênix renasce, a principal causa do declínio da intuição — a tecnologia e a resultante inundação de dados derramados no hemisfério esquerdo do cérebro — está alimentando seu renascimento. Estamos sobrecarregados de informações e dados. Estamos confusos. Cansados. Desestabilizados. Não estamos mais tomando as melhores decisões, como costumávamos fazer. Não estamos nos comportando melhor.

Precisamos encontrar uma âncora no meio da tempestade — uma âncora que nos ajude a lidar melhor com os dados e informações, e com menos stress; uma âncora que torne os dados mais relevantes e, consequentemente, ajude-nos a tomar decisões melhores e nos comportar melhor; uma âncora que nos traga para mais perto da realidade, que firme nossos pés no chão e nos rejuvenesça. Essa âncora é a intuição.

## OS TIPOS DE SINAIS INTUITIVOS

Acredito que os *sinais intuitivos* são fios condutores para a realidade. Eles são a maneira pela qual recebemos "indícios" sobre a realidade.

Há uma realidade, tanto fora como dentro de nós, que está tentando se expressar para nós. A nossa responsabilidade é assegurar que os canais estejam abertos e desimpedidos para que a realidade possa ser vista, experimentada e utilizada de um modo positivo. Se, amanhã, a produtividade da minha equipe descer ladeira abaixo, tenho a responsabilidade de assegurar que eu perceba com antecedência ou, no mínimo, tente maximizar essa oportunidade. Quais ferramentas estão disponíveis para mim? Existem diversos tipos de sinais intuitivos: clarissenciência, clarividência, clariaudiência e o conhecimento puro e simples, mas nenhum é melhor que o outro. Cada um de nós possui geralmente um sinal "preferido" — ou seja, um que ocorre com mais naturalidade que o outro —, mas, com um pouco de atenção e esforço, podemos desenvolver todos esses sinais e utilizar seus poderes.

CLARISSENCIÊNCIA. *Clarissenciência* é você sentir algo em seu corpo. Você já sentiu alguma vez um aperto no peito quando seu chefe o chamou e disse "venha me ver o mais rápido possível"? Você sabia, sem qualquer informação adicional, que ele lhe faria um comunicado negativo. O tom de voz dele não indicava isso. Suas palavras, de modo isolado, não indicavam necessariamente isso. Mas você sabia que algo negativo estava para acontecer. Realmente, ele informou que a empresa está sendo reorganizada e, a partir daquele instante, você passaria a se reportar a uma pessoa com a qual não tinha um bom relacionamento.

Em reação a essa mesma chamada do chefe, você podia ter sentido o coração disparar e ficar animado. Já sabia que ele lhe faria um comunicado positivo. Realmente, ele informou que, a partir daquele instante, você seria promovido de cargo, com aumento de salário e responsabilidade, em virtude do excelente trabalho que vinha fazendo.

A clarissenciência é alimentada pela realidade de seu meio ambiente. Se alguém próximo a você está sentindo uma forte emoção, você a sente. Se alguém próximo a você estiver doente, você se sente doente. Se você estiver correndo um perigo físico, você o sente. Percebe uma realidade, embora não seja capaz de comprová-la objetivamente.

CLARIVIDÊNCIA. *Clarividência* é você enxergar algo, uma imagem, através do olho da mente. Logo imaginamos a cena de uma vidente fechando os olhos, com as mãos sobre sua bola de cristal, e descrevendo uma visão daquilo que está dentro da própria cabeça. Mas a clarividência não é propriedade exclusiva dos videntes profissionais. Todos nós temos visões mentais — ou, pelo menos, podemos ter se nossa mente estiver suficientemente aberta — de uma realidade tão verdadeira quanto aquela que vemos com nossos olhos. Um colega, com quem trabalhei em uma transação comercial, vivia tendo visões de que passara por uma cirurgia, recuperava-se bem dela e se sentia feliz com essa experiência. Cerca de um ano depois do início das visões, os rins de sua mãe deixaram de funcionar. Na época em que teve as visões, ele nada sabia sobre a doença renal dela. No final, ele acabou doando um de seus rins para a mãe. Ele acredita que sua visão foi uma revelação parcial que o ajudou a se preparar para essa situação bastante desafiadora e que envolvia uma decisão de grande importância.

CLARIAUDIÊNCIA. *Clariaudiência* é você ouvir algo dentro de sua cabeça. Às vezes, a clariaudiência revela sua própria voz interior; às vezes, a voz de outra pessoa. Quando trabalhei num banco de investimento, lembro-me de um comerciante que sabia qual era o momento de comprar quando a voz dentro de sua cabeça gritava "compre!" e o de vender quando a voz gritava "venda!". Centenas de milhões de dólares eram negociados diariamente com base em sua clariaudiência, e com grande sucesso. Ele sempre tinha algum dado com o qual disfarçava sua decisão, mas a decisão era tomada pela voz dentro de sua cabeça.

CONHECIMENTO PURO E SIMPLES. Finalmente, há vezes em que você não sente coisa alguma, não vê coisa alguma e não ouve coisa alguma, mas sabe de algo no fundo de seu coração. Eu vivenciei mais esse tipo de sinal do que os demais. Eu sabia exatamente que determinado negócio seria um sucesso. Sabia exatamente quando outro ia fracassar. Sabia exatamente que determinado candidato ao emprego seria uma contratação bem-sucedida. E sabia exatamente quando outro não o seria.

## OS MELHORES E MAIS ELEVADOS USOS DA INTUIÇÃO

A intuição não deve ser usada no vácuo. Pelo menos, eu nunca a usaria isoladamente. Minhas habilidades intuitivas não são avançadas o suficiente — e provavelmente nunca serão — para eu depender exclusivamente delas e excluir as informações externas e o pensamento lógico. Da mesma maneira, a intuição jamais deve ser ignorada. No mínimo, a intuição é uma ferramenta para ser usada em conjunto com todos os outros dados no processo de tomada de decisão. Algumas vezes, entretanto, a intuição pode ser dominante, incluindo as seguintes situações:

QUANDO OS FATOS RELEVANTES SÃO ESCASSOS OU CONFLITANTES. Muitas vezes nos vemos em uma posição na qual temos fatos insuficientes, fatos conflitantes entre si, ou fatos antigos ou inaplicáveis. Essa é a hora de se voltar para a intuição e pedir sua ajuda.

QUANDO NÃO CONSEGUIMOS DECIDIR ENTRE AS ALTERNATIVAS EXISTENTES. Em outras ocasiões ficamos simplesmente indecisos. Não conseguimos tomar uma decisão. Listamos todos os prós e contras, os ponderamos e analisamos até a exaustão, e ainda assim não conseguimos decidir. A intuição, segundo minha experiência, sempre oferece a resposta, e sempre a resposta certa. Podemos lutar contra nossa intuição, despejar em cima dela todos os dados objetivos e argumentar por que nossa intuição está errada; mas a intuição, segundo minha experiência, está sempre certa.

QUANDO SE ESTÁ SOB A PRESSÃO DO TEMPO. A intuição é uma ferramenta perfeita, na verdade é a única ferramenta possível quando o tempo nos pressiona a agir ou reagir e os dados disponíveis não fornecem um curso claro. Acredito no antigo ditado que diz que, quando algo é bom demais para ser verdade, é porque geralmente não é verdade. Mas houve períodos de minha carreira em que me ofereciam uma oportunidade "urgente" de buscar algo que prometia ser um extraordinário golpe de sorte, e essa possibilidade me deixava salivando, enquanto a analisava. Eu sabia, no fundo do coração, que a promessa de sorte grande envolvia um risco enorme, o resultado era muito incerto ou as pessoas envolvidas eram pouco profissionais, mas o tamanho do resultado potencial me fazia pensar profundamente. Nessas ocasiões, eu seguia sempre minha intuição e, até onde fiquei sabendo, nenhuma das oportunidades que deixei passar resultou em alguma coisa.

QUANDO SE LIDA COM QUESTÕES HUMANAS. A intuição é decisiva quando lidamos com as questões humanas, tais como em contratações, demissões, gerenciamento do quadro de pessoal e parcerias. Os fatos objetivos são muito importantes, mas como determinante final "na hora H", eles não devem competir com nossa capacidade intuitiva de ter acesso a outro ser humano. Já contratei pessoas com currículos extraordinariamente persuasivos, passando por cima de minhas objeções intuitivas, somente para demiti-las em seguida. Da mesma maneira, contratei funcionários extraordinários que tinham um currículo apenas modesto, mas um enorme apelo intuitivo.

> A intuição é uma ferramenta perfeita, na verdade é a única ferramenta possível quando o tempo nos pressiona a agir ou reagir e os dados disponíveis não fornecem um curso claro.

## A INTUIÇÃO PRECISA SER ALIMENTADA

Talvez algumas pessoas estejam inclinadas a perguntar: "Com uma intuição tão poderosa, eu preciso realmente estudar todos os dados existentes? Eu tenho de usar realmente toda a lógica existente em meu hemisfério esquerdo do cérebro? Por que a intuição não pode ser meu único guia?

A resposta é que a intuição não é um poder isolado, autossuficiente e permanente, que funciona a partir de sua própria energia. Na verdade, não existe esse tipo de energia. Tudo, inclusive a intuição, precisa de sua própria fonte, ou fontes, de energia. E a fonte de energia da intuição são os dados externos, percebidos pelos outros cinco sentidos e processados racionalmente pelo hemisfério esquerdo do cérebro. Quanto mais dados sobre essa energia, mais eficientemente a intuição funcionará.

Os líderes mais intuitivos que conheço têm um apetite voraz por informação. Leem uma grande quantidade de jornais diários e publicações sobre negócios, além de uma ampla variedade de obras literárias e outros livros; eles interagem frequentemente com um variado grupo de amigos, conhecidos e mentores; ouvem e assistem a uma ampla variedade de noticiários e de outros programas, e têm um rico e diversificado gosto por música, teatro, cinema e atividades recreativas. Eles entendem, e vivem realmente, o poderoso círculo de retroalimentação da intuição: alimentam sua mente e alma, ouvem e são guiados pela intuição, experimentam o contentamento crescente e a eficácia da liderança resultantes desse processo, e depois buscam mais alimentos para sua mente e sua alma.

## EXERCÍCIO:
## PROCESSO INTUITIVO

Todos nós temos intuição. A intuição de alguns é naturalmente forte. Mas a maioria de nós tem de fazer um esforço deliberado para desenvolver essa força. Este exercício sobre o processo intuitivo é um meio excelente para você desenvolver sua intuição. Como com tudo mais, é preciso intenção para fazer da intuição um guia poderoso em sua vida. Esse processo demanda tempo. Você já dedicou uma imensa quantidade de tempo ao pensamento racional. Precisará agora realocar uma pequena parcela desse tempo para o processo intuitivo. Esse processo requer uma mente aberta, que você já começou a desenvolver no Capítulo 2. Requer paciência. Talvez você tenha gasto sua vida toda tentando se distanciar de sua capacidade intuitiva, portanto precisa de algum tempo para se familiarizar com ela novamente. Mas, antes de tudo, desenvolver sua intuição exige confiança. Você precisa confiar que, depois de algum trabalho sério, esse processo vai lhe proporcionar o melhor guia que jamais teve na vida.

No nível pessoal, o processo intuitivo vai reforçar sua autoconfiança de maneira significativa e ajudá-lo a fazer melhores escolhas em todas as áreas de sua vida. No nível da liderança, ele vai conduzir a um grau mais profundo o embasamento que você conquistou com a prática da presença. Permitirá que você penetre mais profundamente na fonte do conhecimento, como jamais teve a oportunidade de fazer. Sua capacidade de definir a si mesmo será ampliada, pois você passará a se entender melhor. Sua capacidade de inspirar os outros será ampliada, pois você terá um melhor entendimento do objetivo comum mais instigante e unificador, e como transmiti-lo, de modo que os membros de sua equipe se vejam refletidos nele. Você será capaz de formar uma visão ótima para sua empresa, pois é guiado pela fonte de dados mais confiável, a corrente universal do conhecimento e da experiência. Finalmente, você saberá — às vezes, de maneiras que desafiam a explicação racional — como estruturar sua empresa para que ela responda com eficácia ao nosso ambiente dinâmico e complexo.

Antes de começar o exercício, é importante reconhecer que a intuição está constantemente ativa, fornecendo a você conhecimentos que estão além do processo racional de pensamento. "Dicas mentais" são direcionadas para você de maneira ininterrupta. Essas dicas refletem-se em pensamentos tais como: "Acho que vou encerrar o trabalho agora; já fiz o suficiente por hoje" ou "Acho que esta noite vou pegar um caminho alternativo para voltar para casa depois do trabalho". Você segue essas orientações intuitivas a maior parte do tempo, porém em questões relativamente corriqueiras. Nessas situações corriqueiras, a intuição não precisa ser gerenciada formalmente. Ela sabe como tomar conta de você, sem precisar de uma grande quantidade de sua ajuda consciente.

Contudo, quando a importância da decisão, problema, desafio ou relacionamento é maior, suas capacidades intuitivas precisam de um gerenciamento ativo para poder lhe oferecer uma orientação significativa. Esse exercício vai ajudá-lo a administrar de modo ativo sua intuição a fim de obter seu benefício mais completo. Além disso, quanto mais clara sua mente, mais fácil será perceber intuitivamente. Portanto, a prática regular da meditação é o melhor alicerce para você desenvolver sua intuição. Segundo minha experiência, as pessoas que meditam são infinitamente mais intuitivas do que as que não praticam a meditação, mesmo que não tomem qualquer atitude formal para desenvolver sua intuição. É extremamente benéfico praticar a meditação (veja o Capítulo 1) imediatamente antes desse exercício.

## PASSO 1: PROPOR UMA PERGUNTA

Proponha uma pergunta clara, específica e sem ambiguidade. Pergunte para sua intuição da maneira mais fácil possível. A intuição quer responder sua pergunta, mas precisa entender exatamente o que você está perguntando. Escreva a pergunta em seu diário, repita-a várias vezes, com foco e atenção totais.

Trabalhei certa vez com um advogado que estava no auge de uma carreira altamente bem-sucedida, no entanto ele continuava sentindo que talvez houvesse para ele um melhor curso de vida. Não conseguia pensar em algo em particular, mas também não conseguia se livrar dessa sensação. Ao realizar esse exercício sobre o processo intuitivo, ele fez uma pergunta simples: "Devo continuar praticando a advocacia?" Não perguntou: "Serei mais feliz se largar a advocacia?", "Serei capaz de sustentar minha família se largar a advocacia?" ou "Que tipo de coisa devo procurar se largar a advocacia?". Ele simplesmente perguntou: "Devo continuar praticando a advocacia?"

## PASSO 2: IDENTIFICAR A LINGUAGEM QUE GUIA VOCÊ

A intuição não fala a linguagem racional do hemisfério esquerdo do cérebro. A intuição usa símbolos, imagens e metáforas. Felizmente, ela lhe sugere os símbolos, imagens e metáforas que serão mais apropriados para a comunicação. Seu trabalho é simplesmente ouvir a sugestão. Você saberá quando a ouvir porque ela vai lhe parecer correta. Depois prepare sua mente para se comunicar nessa linguagem.

Por exemplo, se tem algumas alternativas diante de si, você pode ser atraído pela imagem de um caminho que se divide em várias direções, com cada direção representando uma alternativa. Ou talvez seja atraído por uma imagem com diversas portas à sua frente ou talvez uma série de caixas.

Se estiver contemplando uma pergunta mais ampla, na qual as alternativas não são muito claras para você, talvez uma imagem mais abrangente seja apropriada. Você pode imaginar-se andando ou dirigindo em uma estrada. Pode se imaginar entrando em uma casa ou outra edificação qualquer. Pode se imaginar dentro da cena de um filme. Talvez como personagem de um livro. Pode imaginar que é uma árvore, com todas as raízes, galhos e folhas passando informações para você. Esse passo do exercício exigirá um pouco mais de prática, mas logo você vai ter uma série de cenários e um deles funcionará perfeitamente para você em qualquer situação, seja ao contemplar uma decisão, problema, desafio ou relacionamento.

O advogado que mencionei antes imaginou-se como um carvalho porque a imagem de um carvalho não parava de aparecer em sua mente. Tentou imaginar-se em uma autoestrada, em uma casa antiga, com muitos quartos, e até mesmo nadando no mar, mas sempre voltava ao carvalho. Ele não sabia para onde essa imagem-guia o levaria, mas sabia que era a imagem certa.

## PASSO 3: RECEBER A RESPOSTA

Há cinco partes no processo de receber uma resposta:

- Prepare-se para o processo da intuição
- Inicie o relaxamento
- Relaxe progressivamente
- Imagine uma cena agradável e repleta de paz
- Deixe sua imagem guiá-lo

### PREPARE-SE PARA O PROCESSO DA INTUIÇÃO

Para se preparar para receber a resposta, reserve de 20 a 30 minutos de seu tempo, nos quais não seja perturbado. Encontre um local tranquilo e confortável. Evite usar a cama porque é fácil cair no sono. Em vez disso, sente-se em uma cadeira, assento de meditação ou almofada no chão. Sente-se com a coluna ereta e tente não se inclinar contra o encosto; escorregar para trás tende a induzir ao sono. Assim como na meditação, uma postura ereta, com o queixo ligeiramente recolhido, é a ideal.

Se estiver sentado em uma cadeira, posicione os pés descalços firmemente no chão. Se estiver usando uma almofada ou assento de meditação, cruze as pernas, ou as acomode embaixo de você ou dobre-as ao seu lado (com os dedos dos pés voltados para trás), sempre mantendo a coluna ereta. Há várias posições de mãos diferentes. Tente as várias posições até encontrar aquela que mais funciona para você. Geralmente, abro as mãos, com as palmas viradas para cima. Em seguida, feche os olhos.

### INICIE O RELAXAMENTO

Feche a boca e comece a respirar somente pelo nariz. À medida que inspira, vivencie a inspiração em sua totalidade. Sinta o frio do ar, conforme ele entra pelas narinas e começa a encher os pulmões. Sinta o peito se expandir com a entrada de oxigênio. Sinta sua natureza essencial — o oxigênio é seu elemento vital. À medida que expira, sinta o peito se contrair. Sinta o calor da respiração, à medida que o ar sai pelas narinas.

Depois de dois a três minutos respirando, inicie o relaxamento progressivo.

### RELAXE PROGRESSIVAMENTE

Concentre sua atenção nos dedos dos pés e sinta-os relaxarem completamente. Quando estiverem bem relaxados, concentre sua atenção na parte macia da sola dos pés, logo atrás dos dedos. Quando estiver relaxada, mova a atenção para o arco na sola dos pés; e assim por diante, para as pernas e tronco, até seu corpo todo ficar completamente relaxado. Às vezes, durante os estágios de aprendizagem, esse relaxamento progressivo pode demorar certo tempo; mas, com a experiência, vem a velocidade. Logo você vai conseguir relaxar em 2 ou 3 minutos.

### IMAGINE UMA CENA AGRADÁVEL E REPLETA DE PAZ

Agora, imagine-se em uma cena agradável, a mais agradável que conseguir trazer à sua mente. Um local repleto de paz, sereno, seguro e lindo — talvez você esteja numa colina, olhando o mar num dia maravilhoso, ou num bosque tranquilo, rodeado de árvores frondosas.

## DEIXE QUE SUA IMAGEM O GUIE

No momento em que se sentir imerso em seu cenário, retome a pergunta do Passo 1. Em seguida, lembre-se da imagem que você selecionou no Passo 2 e deixe essa imagem o guiar. O importante aqui é você apenas observar. Não forme nenhum tipo de julgamento e não faça nenhuma interpretação. Agora é a hora de parar de tentar. Apenas permita que sua intuição fale com você do modo dela — às vezes, enigmático, disperso e sinuoso.

Depois de certo tempo, normalmente não mais que 15 ou 20 minutos, a cena se encerra e nada de novo surgirá. Esse é o sinal de sua intuição, informando que a mensagem foi transmitida da melhor maneira possível e que essa parte do exercício terminou.

Quando o advogado chegou nessa parte do Passo 3, ele viu a si mesmo como um carvalho velho, mas muito saudável. Ele era sólido.

As pessoas buscavam abrigo sob sua copa frondosa. Sentiu-se atraído para seguir suas raízes terra adentro. Percebeu a água e, primeiramente, interpretou isso como um sinal de saúde. Estava tentado a sair de suas raízes e explorar os galhos quando viu que havia água demais. A água estava encharcando a rede de raízes e partes profundas delas já tinham apodrecido. Ele viu que o processo de apodrecimento estava se espalhando para cima, devagar e insidiosamente.

Acima do chão, ele se sentiu bastante desconfortável. Viu um canteiro de obras ao seu lado. A atividade da construção havia espalhado um monte de sujeira que se depositara sobre suas folhas, tirando-lhes a luz e o oxigênio. Ele se sentiu como se estivesse sufocando. Seus galhos e folhas eram um emaranhado confuso e estavam secos e quebradiços.

## PASSO 4: REGISTRAR

Em seu diário, anote tudo o que conseguir lembrar sobre as imagens que vivenciou no Passo 3. De novo, evite fazer julgamentos ou interpretações. Apenas tente se lembrar de cada detalhe que observou, sem acréscimos.

O advogado descreveu como ele inicialmente se viu na forma de um carvalho e como essa imagem evoluiu. Ele observou que, além da imagem da árvore, também foi introduzida uma nova imagem — um canteiro de obras – e que essa imagem interagiu com a imagem original: a sujeira proveniente da construção se depositou sobre suas folhas, privando-o de luz e oxigênio. Ele se sentiu sufocado e que suas folhas secas e quebradiças formavam um emaranhado confuso.

## PASSO 5: INTERPRETAR

O objetivo aqui é encontrar um significado e uma orientação nas imagens que você observou e anotou, sem qualquer julgamento ou interpretação, nos Passos 3 e 4. Finalmente, você vai poder usar seu velho e conhecido amigo: o hemisfério esquerdo do cérebro! Você permitirá que ele exercite suas habilidades lógicas e associativas, mas sob a orientação do hemisfério direito. Você não quer que o hemisfério esquerdo predomine e impeça você de ver a realidade que o direito está tentando lhe mostrar.

Faça novamente sua pergunta do Passo 1. Certifique-se de que sua intuição saiba exatamente o que você está procurando. Em seguida, comece a interpretar. Neste Passo, eu costumo escrever minhas interpretações. Algumas pessoas preferem registrá-las verbalmente. Às vezes, no entanto, escrever ou gravar só atrapalha e o que você precisa é, usando a linguagem musical, deixar sua mente "fazer variações sobre um mesmo tema", como no jazz, tomando o controle e guiando você. Porém, à medida que faz isso, as informações que coletou no Passo 3 começam a formar um sentido. Permita que sua mente explore as várias interpretações. Permita que uma interpretação pipoque atrás da outra. Identifique as associações e outros significados e relações relevantes. Não se apegue a uma interpretação específica, pelo menos no início. Apenas deixe que elas se desenvolvam.

À medida que interpreta, faça sua intuição se lembrar continuamente da pergunta inicial e de que você só se interessa por informações que sejam relevantes para a pergunta. Existem três desafios significativos nesse passo, cada um deles pode ser vencido com percepção consciente e prática:

1. Medos e esperanças vão aparecer, disfarçados de informações relevantes e intuitivas. Vamos supor que você seja CEO de uma empresa e esteja pretendendo contratar um novo diretor-executivo de operações. Três candidatos parecem ser igualmente qualificados e você não consegue se decidir sobre quem contratar. Nessa etapa, você percebe diversas imagens negativas surgindo ao redor de um dos candidatos. Você pode, num primeiro momento, dizer que sua intuição se manifestou e que ele deve ser eliminado da disputa. Mas talvez as imagens negativas emanem de seus próprios medos sobre a possibilidade futura de você ser substituído por esse candidato, em seu cargo de CEO. Essas imagens podem resultar de suas projeções sobre a personalidade dele que, após um exame mais detalhado, apenas reflete sua própria personalidade. Não há solução fácil para esse problema. Porém, quanto mais presente e aberto você estiver, quanto mais clareza você tiver em suas emoções e comportamento, quanto mais responsabilidade pessoal você assumir pelos acontecimentos e situações em sua vida, e quanto mais você desenvolver sua intuição conscientemente, mais facilmente esse desafio será vencido.

2. A mente racional tentará interferir no processo. Você acredita que ela lhe prestou um bom serviço no passado, e ela tem um desejo enorme não só de sobreviver, mas também de prosperar. A chave é usá-la, mas não em excesso. Repetindo: quanto mais você desenvolver as diretrizes fundamentais descritas neste livro, mais fácil será você vencer esse desafio com sua mente racional.
3. A intuição envolve possibilidades, e não certezas. Ela sugere alternativas, soluções e respostas. Fornece dados importantes para você, mas não vai martelar sua cabeça com uma recomendação. Cabe a você internalizar os dados, ouvir as sugestões e então usar seu livre-arbítrio para agir ou não de acordo com as sugestões. Isso representa um desafio para a grande maioria de nós, que gastou uma vida inteira usando o hemisfério esquerdo do cérebro num esforço para encontrar verdades absolutas. A prática faz com que esse desafio seja administrável.

Não foi surpresa ver que o advogado com quem trabalhei não teve muita dificuldade para interpretar as imagens que rodearam seu carvalho. Ele percebeu que se enxergava como um sólido e protetor carvalho na vida de sua esposa, filhos, sócios e empregados. Mas a realidade que existia sob essa percepção era que ele estava se afogando lentamente nesse papel. Além de não estar sendo nutrido por sua atividade profissional, ele sentia que estava apodrecendo em seu íntimo. O mundo exterior não conseguia perceber isso, mas era só uma questão de tempo antes de percebê-lo.

Ele interpretou o canteiro de obras ao lado como tudo o que sua atividade profissional não era: produtiva, dinâmica, corajosa e autodeterminada. A poeira que se levantava dela e cobria suas folhas agia como sal numa ferida aberta. Os galhos e as folhas ressecados, frágeis e emaranhados representavam uma vida não alinhada com seu propósito interior e, em última análise, significava uma morte lenta.

## PASSO 6: VERIFICAR

Se você tiver sorte, como o advogado, sua pergunta será indiscutivelmente respondida no Passo 5; não tenha dúvidas quanto a isso. Na maioria dos casos, no entanto, a validação de sua interpretação poderá ser útil. O objetivo aqui é ser criativo na maneira de lidar e ser honesto quanto ao que descobrir.

1. Procure fatos que possam ser verificados objetivamente. Talvez tudo nesse processo esteja apontando de modo gritante para você construir um prédio comercial num local incrivelmente bem localizado em sua cidade. Mas, ao procurar por fatos relevantes, você descobre que o local foi ocupado anteriormente por um posto de gasolina, que causou um dano ambiental de milhões de dólares e deixou pilhas de ações judiciais pendentes. Sua intuição estava enganada? Não creio que a intuição se deixe enganar alguma vez. Acredito que ela possa ser usada de maneira inadequada ou abaixo de seu potencial. Nesse caso, a pergunta sobre construir ou não o prédio comercial nunca deveria ter sido feita para sua intuição. A pergunta teria sido facilmente respondida pelo seu hemisfério esquerdo do cérebro, e muito mais cedo.

    Se descobrir que os fatos objetivos não contradizem sua intuição, você está no bom caminho. Se descobrir fatos que contradizem sua intuição e você consegue abalar o sentimento de que sua intuição está correta, essa se torna uma nova intuição. Então você executa o processo novamente e talvez alcance um resultado bem diferente.
2. Discuta suas interpretações com mentores ou consultores. Todos nós temos mentores ou consultores, ou deveríamos ter. Esse pessoal nos oferece conselhos imparciais e sólidos quando precisamos deles. Eles não devem dar a última palavra, mas consultá-los é uma atitude útil e, às vezes, um passo necessário que nos dá coragem tanto para agirmos de acordo com nossa intuição, como para reconhecermos que a intuição pode ter sido indevidamente influenciada por uma esperança, um medo ou um processo racional de pensamento.
3. Pelo tempo que for necessário, deixe sua orientação intuitiva agir. A situação vai determinar quanto tempo será preciso, mas imagine durante um dia ou dois que você está vivendo sob a orientação de sua intuição, e veja como se sente. Caso

se sinta muito bem e, no fundo do coração, tenha a sensação de que sua intuição estava certa, ótimo. Mas, caso não se sinta bem, inicie o processo novamente, talvez refinando a pergunta. O primeiro esforço não terá sido em vão. Ele alimentará sua intuição da próxima vez e você vai se sentir muito melhor em relação ao resultado do processo subsequente.

Meu amigo advogado conversou sobre sua intuição com a esposa e vários amigos próximos, inclusive alguns advogados. Descobriu que eles concordavam unanimemente com sua intuição. Achavam que ele seria muito mais feliz e ainda teria uma renda mais alta se abandonasse a advocacia e fosse trabalhar numa empresa operacional. Depois disso, ele resolveu considerar o assunto por um par de meses. Durante esse período, a cada dia que passava, mais ele se convencia de que sua intuição estava certa. Enfim atingiu um nível de completa certeza.

## PASSO 7: AGIR

Para criar confiança em sua intuição e começar a explorar o extraordinário poder transformador contido nela, é importante você agir segundo a orientação de sua intuição. Se sua intuição lhe disser para fazer uma escolha, faça a escolha e assuma isso. Se lhe disser para lidar com um desafio de determinado modo, lide com ele desse modo e assuma isso. Se lhe disser para abordar um problema de certo modo, aborde desse modo e assuma isso. Se lhe disser para agir num relacionamento de certo modo, aja desse modo e assuma isso.

Para o advogado da história que acompanhamos, a ação significou mudança de emprego. Menos de seis meses depois de realizar esse exercício, ele foi admitido numa empresa de instrumentos médicos e cirúrgicos, como advogado interno. Foi o primeiro passo para construir uma base sólida nos negócios, que pode levar à abertura de sua própria empresa no futuro.

## PASSO 8: REGISTRAR

Depois de entrar em ação, mantenha o registro em seu diário sobre sua interpretação, verificação dos fatos, ação que executou, resultado obtido e como se sentiu em relação ao resultado. Com o tempo, você perceberá inquestionavelmente que surgem padrões que vão ajudá-lo a desenvolver ainda mais sua intuição.

## O LÍDER DE ALTO IMPACTO FORTALECIDO PELA INTUIÇÃO: VERN RABURN

Depois de uma bem-sucedida carreira como executivo sênior em várias empresas de alta tecnologia, tais como Microsoft, Symantec e Lotus Development, Vern Raburn se viu, em 1997, com algum tempo ocioso. Como acontece com os líderes mais dinâmicos e completos, ter tempo de sobra significa que algo de valor será criado.

Piloto desde os 17 anos, Vern viu, na aviação, uma oportunidade de combinar sua experiência técnica com sua paixão por voar. Pesquisou a indústria de aviação comercial dos Estados Unidos e concluiu que ela estava perto de sua capacidade máxima. Descobriu que a maior parte do tráfego aéreo se restringia a cerca de vinte centros de atividade. Para os consumidores, isso significava que as viagens aéreas só eram realmente vantajosas quando viajavam entre cidades importantes.

Por causa da difícil situação financeira das companhias aéreas, da crescente escassez de recursos públicos para o desenvolvimento e expansão de outros centros, e dos desafios ambientais, ele acreditava que não haveria algum tipo de expansão na malha aérea num futuro próximo. Portanto, como poderiam os consumidores ser servidos se a utilização se aproximava da capacidade máxima?

Ele sabia da existência de mais de 10 mil aeroportos pequenos que não eram intensamente utilizados. Também sabia que as pequenas aeronaves que circulavam entre esses aeroportos não podiam ser usadas para complementar a malha aérea principal e ajudar a resolver o problema da capacidade, pois eram caras demais ou lentas demais. Sua visão: um jato pequeno e de alta velocidade (chamado de Very Light Jet, ou VLJ, pela empresa que ele enfim criou) que pudesse ser construído por uma fração do custo de um jato com desempenho comparável. O jatinho seria altamente confiável, mas também altamente eficiente em sua operação e manutenção. Em uma escala maior, ele visualizou uma rede nacional desses pequenos jatos, oferecendo um serviço aéreo extremamente conveniente para milhares de destinos.

Mas como ele construiria um jatinho de alta velocidade a um custo suficientemente baixo que tornasse sua visão realista? Bem, a primeira coisa que Vern fez foi ignorar os especialistas. Em vez disso, consultou sua intuição, assim como fizera em diversas ocasiões de sua carreira bem-sucedida. Os especialistas diziam que várias outras empresas bem estabelecidas, inclusive a Cessna e a Raytheon, sabiam como construir jatinhos e jamais produziram um que custasse menos que US$ 4,5 milhões. Mas suas entranhas lhe diziam que ele poderia incorporar tecnologia de outras indústrias e reduzir drasticamente os custos.

Portanto, foi em frente. Em 1998, fundou a Eclipse Aviation. Em 1999, levantou US$ 60 milhões em recursos, provenientes de amigos ricos, como Bill Gates, o fundador da Microsoft. A partir dessa base, ele buscou meios mais eficientes para construir um jato. Voltado para o sucesso, estruturou sua empresa para uma produção em grande escala. Sempre que possível usaria técnicas de produção padronizadas e partes manufaturadas altamente padronizadas. Em vez de usar rebites, que atrasavam a produção, ele usaria a "soldagem por fricção linear" — tecnologia nunca usada antes na produção de jatos para passageiros — para unir os painéis de alumínio. Ele se concentrou na competência central de seu negócio: o projeto e a montagem dos aviões, e terceirizou todos os componentes que pudesse, sem sacrificar o custo ou o padrão de qualidade.

A partir de 1999, ele levantou centenas de milhões de dólares, montou uma equipe com 850 funcionários e fez parcerias com grande número de fornecedores; finalmente, em 30 de setembro de 2006, recebeu a autorização da Federal Aviation Administration para produzir e vender os primeiros VLJs do mundo. O Eclipse 500 é vendido por US$ 1,5 milhão, com capacidade de voar 425 milhas por hora em altitudes superiores a 41 mil pés e por distâncias de até 1.300 milhas, e com o menor custo operacional por milha do que qualquer jato existente no mercado. Além disso, pode pousar em mais de 10 mil aeroportos nos Estados Unidos. Em 2007, Vern já tinha pedidos confirmados para construir mais de 2.500 jatos.

Graças a ele, nasceu uma nova indústria dentro de uma indústria. Outros fabricantes pegaram carona no projeto e estão desenvolvendo seus próprios VLJs rapidamente. Como resultado de sua visão e esforço, pela primeira vez estamos muito próximos de ter uma rede nacional de pequenos jatos que oferecem serviços de alta qualidade e viagens aéreas com preços razoáveis entre milhares de localidades. Ainda que não seja do porte da invenção da primeira máquina voadora, pelos irmãos Wright, o Eclipse 500 já chegou a ser classificado como um dos avanços mais significativos na história da aviação. Suspeito que chegará a ser um dos mais importantes avanços da história da aviação comercial.

Vern dá crédito à intuição, ou como ele descreve "ser capaz de enxergar as respostas sem ter de passar por todo o processo", pelo sucesso em sua liderança, em termos gerais, e pelo sucesso da Eclipse Aviation, em particular. A intuição alimenta sua visão do futuro e sua capacidade de expressá-la com clareza. Ele sabia que os "especialistas" estavam errados. Ele sabia que sua visão do Eclipse seria realizada.

A intuição direciona sua capacidade de constituir e inspirar sua equipe. Em primeiro lugar, ele confiou em sua intuição para contratar as pessoas certas. "Os currículos são um bom ponto de partida, mas me dê uma hora para interagir com o candidato e minha intuição fará uma leitura melhor da pessoa do que eu conseguiria de outro modo." Em segundo lugar, ele confia em sua intuição para determinar se uma pessoa não está se adaptando à equipe como ele esperava, e o que fazer em relação a isso. Finalmente, ele confia na intuição, provavelmente mais do que em qualquer outro elemento, ao fazer os julgamentos difíceis — aquelas decisões e ações corajosas, árduas e cruciais que acabam por definir o líder de alto impacto e selar a confiança de sua equipe: "Vamos nos comprometer com esses prazos finais do projeto e do desenvolvimento. Vamos substituir esse fornecedor importante por aquele outro. Vamos realocar esse engenheiro, liberar aquele e promover esse outro".

Ele também dá crédito à intuição por sua habilidade de construir uma estrutura com capacidade de resposta que está alinhada com um ambiente de incertezas, complexidade e rápidas mudanças, e que não está excessivamente vulnerável a erros devastadores. Como Vern diz: "O melhor líder usa uma combinação da intuição do hemisfério direito do cérebro com o pensamento lógico do hemisfério esquerdo, e sabe quando usar cada um deles. Confiar somente no pensamento lógico do hemisfério esquerdo é perigoso. Pode levar você a caminhos falsos e colocá-lo em péssimas situações, muitas vezes quando já é tarde demais para tentar outra saída. A intuição trabalha de outro modo. Ela me avisa, e de modo bastante confiável, como evitar grandes erros".

Como todos os líderes de alto impacto que conheci, Vern é totalmente a favor de usar mentores para ajudá-lo a detalhar e articular sua intuição. Em geral descobre, especialmente com relação aos problemas mais difíceis, que o processo de explicar o problema a pessoas que ele respeita e em quem confia — basicamente, apresentar o problema e sua intenção a respeito dele — estimula a intuição dentro de si mesmo.

## O PAINEL DE CONTROLE DA LIDERANÇA

O Painel de Controle da Liderança (Quadro 6.1) demonstra graficamente como o líder de alto impacto usa sua poderosa diretriz da intuição para ampliar imensamente certos traços característicos e funções da liderança. O quadro mostra, numa escala de 0 a 100 pontos, que a intuição lhe fornece um "saber" que está além dos cinco sentidos físicos e do pensamento racional, e lhe permite:

SER AUTODEFINIDO. A intuição, com seu foco de origem dentro do hemisfério direito do cérebro, é a chave para você conhecer intimamente seus valores, crenças, objetivo mais elevado e visão do futuro, e ser capaz de expressá-los com clareza.

SER INSPIRADOR. A intuição lhe permite ouvir os outros com atenção e descobrir um propósito comum, e então dar vida à sua visão, ao comunicá-la de modo que os membros de sua equipe possam se enxergar nela.

FORMAR UMA VISÃO. O pensamento do hemisfério esquerdo do cérebro — racional e lógico — é uma *commodity*, ou seja, um bem primário. E como tal, produz um produto primário, uma visão racional, com uma determinação de preço primária. A intuição, por definição, lhe permite alcançar além da visão primária e processar ideias e possibilidades em um objetivo organizacional altamente valioso.

CONSTRUIR UMA ESTRUTURA RESPONSIVA. A intuição e seu poderoso discernimento permitem que você construa uma estrutura idealmente adaptada ao mundo dinâmico, de alta velocidade, de alta complexidade e interconectado em que vivemos. Essa estrutura permeável é altamente adaptável e responsiva às situações mutáveis.

Em menor extensão, mas de modo potente, a intuição também alimenta sua capacidade de:

TER RACIOCÍNIO PROATIVO. A intuição, e sua confiança nela, fortalecem a visualização das infinitas possibilidades.

TER CREDIBILIDADE. Ninguém inspira mais confiança nos outros, ou é visto pelos outros como o mais competente, do que o indivíduo que parece "saber" mais do que os outros.

ORIENTAR-SE PARA AS PESSOAS. Como descrito neste capítulo, a intuição é particularmente útil no trato de questões humanas. Ao confiar mais na intuição, você vai descobrir-se em uma "zona de conforto" com as pessoas, interagindo com mais honestidade e eficácia do que antes.

TER ENERGIA. A intuição vai guiá-lo na direção das fontes de energia positiva, e para longe das fontes de energia negativa que diluem sua eficácia geral.

SER CURIOSO. Aqueles que têm a intuição mais desenvolvida sabem que são nutridos pelo conhecimento e pela experiência. São acentuadamente inquisitivos e motivados a aprender.

SER CORAJOSO. Na maior parte do tempo, as decisões difíceis e as tarefas árduas são duras porque os dados disponíveis não são bastante claros e convincentes. O hemisfério esquerdo do cérebro não consegue chegar a uma decisão. O líder intuitivo permite que sua intuição "pese na balança".

OFERECER APOIO. Com essa força específica de saber lidar com as questões humanas, a intuição capacita você a construir um ambiente que incentive a assumir riscos, a colaboração, a autoliderança e o reconhecimento.

GERAR IDEIAS. O pensamento do hemisfério esquerdo do cérebro está focado naquilo que é conhecido e provado. A intuição do hemisfério direito fornece o combustível para você se transformar em um líder reflexivo, capaz de identificar novas associações e interligações, capaz de originar conceitos, abordagens, processos e objetivos, tanto novos como alternativos.

ELABORAR UM PLANO. Você saberá em seu interior qual o caminho ótimo que liga sua visão aos resultados.

CONSTITUIR UMA EQUIPE. A intuição lhe proporciona a capacidade de recrutar, envolver e inspirar as pessoas certas para ajudar sua empresa a realizar sua visão.

## INTUIÇÃO

### Traços de Caráter de um Líder

| | 0% — 100% |
|---|---|
| Autodefinição | ██████████ |
| Raciocínio proativo | █████ |
| Credibilidade | █████ |
| Inspiração | █████████ |
| Orientação para pessoas | ███████ |
| Energia | ██████ |
| Curiosidade | █████ |
| Concentração | ███ |
| Coragem | █████ |
| Organização | ████ |
| Capacidade de apoio | █████ |

### Funções de um Líder

| | 0% — 100% |
|---|---|
| Construir um núcleo baseado em valores | ████ |
| Gerar ideias | ████ |
| Formar uma visão | █████████ |
| Criar um plano | █████ |
| Constituir uma equipe | ████ |
| Construir uma estrutura responsiva | ████████ |
| Criar *accountability* | ███ |
| Produzir resultados | ████ |

QUADRO 6.1

CAPÍTULO 7

# CRIATIVIDADE
## A Sétima Diretriz do Líder de Alto Impacto

Sugeri no Capítulo 1 que a energia é uma vibração que existe dentro de cada pessoa e de cada objeto tangível e intangível, portanto ela liga todas as coisas e pessoas em um sistema único e inteiro. Estamos intrinsecamente interligados uns com os outros e com tudo na vida. Nada está separado e nada é independente.

A *criatividade* é a capacidade de descobrir, a partir da mente aberta, discutida no Capítulo 2, as interligações existentes em nossas vidas. Criar é causar o surgimento de algo, porém o que surge no processo criativo não é um novo elemento em nossa existência, mas a identificação das conexões entre elementos que já existem. Essa é uma distinção decisiva, que retira uma imensa quantidade de pressão do processo criativo. Para ser criativo, você não precisa construir algo novo, que nunca existiu antes. Simplesmente, você tem de estar mais consciente e enxergar as conexões que não havia visto antes. Você não precisa forçar nada; apenas deve permitir que as coisas aconteçam.

> *Criatividade* é a capacidade de descobrir as interligações existentes em nossas vidas.

A criatividade é um elemento fundamental da *inovação*, que, por sua vez, é a comercialização da criatividade. Se existisse uma única característica capaz de definir as organizações do século XXI, seria provavelmente a necessidade de inovação. Independentemente do campo de atuação, uma empresa precisa inovar para sobreviver, que dirá para prosperar! Qualquer organização — seja empresa, entidade sem fins lucrativos, governo, forças armadas ou franquia de produtos esportivos — perderá para os concorrentes que forem mais inovadores.

Este capítulo discute as dimensões da criatividade, os meios para você ampliar sua criatividade pessoal e por que a criatividade é a diretriz fundamental para o líder de alto impacto melhorar sua capacidade de ser inspirador e vigoroso, e gerar ideias e formar uma visão organizacional.

## CRIATIVIDADE É VIDA

No sentido extremo, a criatividade é binária. Nós criamos e vivemos, ou nós não criamos e morremos. Quase todo mundo tem criatividade suficiente para, no mínimo, sobreviver, mas acredito que nosso nível de *prosperidade* — nossa ideal e exclusiva combinação de contentamento e riqueza — depende de nosso nível de criatividade. Quanto mais criativos formos, mais prósperos seremos e mais energia positiva receberemos da vida. Quanto menos criativos formos, menos prósperos seremos e menos energia positiva receberemos. Um caminho é em direção à vida. O outro é direcionado à inércia, que leva à decadência, que leva à morte.

A criatividade é a essência de nossa existência. Nós chegamos nesta vida por intermédio da criatividade, pois nossos pais identificaram uma ligação entre eles e a possibilidade que poderia resultar da união de suas células. Nós sobrevivemos porque identificamos ligações suficientes para colocar comida em nosso estômago e ter um abrigo para nos proteger dos elementos. Nós prosperamos porque maximizamos o número de ligações que enxergamos.

# CRIATIVIDADE É UMA ESCOLHA

Como a ordem natural da vida, a criatividade repousa dentro de cada um de nós. Cada pessoa é uma poderosa força criativa. É simplesmente uma questão de escolha: você quer ter a mente aberta para identificar novas ligações? Você quer se envolver totalmente no poder criativo da vida e canalizar esse poder para a totalidade de sua vida pessoal e profissional? Em essência, você quer canalizar a energia do universo? Ao longo dos últimos anos, desde que descobri minha própria criatividade, tenho ouvido centenas de pessoas, inclusive uma longa lista de líderes, dizerem: "Eu não sou muito criativo". Eu lhes respondo: "Isso é o mesmo que dizer que o Sol não nasceu hoje. É a negação de 'o que é'. Por definição, como um ser humano com seis sentidos — paladar, tato, audição, visão, olfato e intuição —, você é criativo. Apenas não está reconhecendo ou exercitando sua criatividade".

Como mencionei no Capítulo 3, durante quase toda a minha vida adulta, eu não me considerava criativo. Há alguns anos, no entanto, fiz a escolha de ser criativo. Inspirado em minha esposa, que é uma pessoa altamente criativa, capaz de oferecer apoio incondicional e incapaz de definir limites para o potencial humano, decidi que eu era realmente bastante criativo. Um amigo muito próximo, que é um talentoso profissional de criação em vários meios de comunicação e diversas áreas de atuação, arrastou-me para uma loja de artigos de pintura, comprou para mim o material básico e me mandou pintar. Comecei a pintar grandes telas abstratas e, dentro de um ano, já estava vendendo minhas pinturas por alguns milhares de dólares cada. Comecei também a fazer pulseiras e tornozeleiras em macramê para mim e todas as pessoas que eu achava que as usariam. Comecei a tirar mais fotografias. Comecei a escrever um diário pessoal e, em seguida, a escrever para os outros. Escrevi uma coluna sobre vinhos em um jornal local por cinco anos. Comecei a escrever este livro.

Tudo aquilo que eu fazia que não era "artístico" no sentido tradicional — treinar executivos, traçar estratégias para empresas, dar aulas sobre liderança e fundar novas empresas —, eu rapidamente transformava em algo criativo. À medida que minha criatividade florescia, meus relacionamentos a acompanhavam. Eu estava menos rígido. Por ver mais interligações, eu estava menos apegado a um ponto de vista em particular.

# CRIATIVIDADE É A ÚNICA OPÇÃO DO LÍDER DE ALTO IMPACTO

A alta velocidade e a natureza altamente complexa do mundo atual exigem que as organizações, até mesmo as instituições, inovem para sobreviver. Elas precisam comercializar a criatividade, senão seu objetivo será mais bem cumprido por outra empresa que seja mais criativa e comercialize melhor sua criatividade.

Uma organização só consegue ser criativa, a meu ver, se seu líder for criativo. Isso não significa necessariamente ser criativo no sentido da pesquisa e do desenvolvimento, mas criativo ao incorporar os traços tradicionais e as funções esperadas de um líder — ou seja, criatividade na liderança. Tendo em vista a maneira pela qual a tecnologia nivelou o campo de atuação entre os líderes e os membros de sua equipe, o líder eficaz de hoje precisa ser mais criativo — enxergar mais interligações e ter uma visão mais clara de "o que é" — do que seus subordinados, ou então ele se tornará irrelevante. Não precisamos de um líder para nos ajudar a permanecer parados. Precisamos de um líder que enxergue melhor do que nós e, consequentemente, mereça caminhar na nossa frente.

## AS DIRETRIZES DA CRIATIVIDADE

A criatividade é guiada pelas seis primeiras diretrizes, já descritas neste livro. Essas diretrizes ampliam de maneira drástica a nossa capacidade de enxergar novas interligações no mundo que nos cerca.

PRESENÇA. Devo estar parecendo um disco riscado, mas a prática da presença é o fator mais importante no desenvolvimento de sua criatividade. Especificamente, a prática da meditação (veja o Capítulo 1), duas vezes por dia durante 20 minutos, aumenta incrivelmente sua percepção das interligações existentes em sua vida.

MENTE ABERTA. A mente aberta (ver Capítulo 2) é a determinação de considerar cada elemento de "o que é". Ela remove todos os bloqueios que atrapalham sua visão das interligações. Com os bloqueios visuais eliminados, você começa a enxergar as interligações que a maioria das pessoas não consegue ver.

CLAREZA. A clareza de pensamento, emoção e comportamento — em essência, estar livre dos pensamentos, emoções e comportamentos apoiados no medo, tais como raiva, ira, vergonha, inveja, tristeza e culpa —, resulta em clareza de visão, a qual resulta em capacidade de identificar novas interligações.

Algumas pessoas acreditam que um ambiente cheio de restrições e urgências — talvez provocadas pelo tempo, dinheiro ou competição — seja favorável à criatividade.

Talvez seja verdade para a inovação, mas, segundo minha experiência, isso não funciona para a criatividade. Concordo com Julia Cameron (1992) quando ela diz que a criatividade se desenvolve melhor em um ambiente nutrido pelo amor e livre de restrições e urgências, as quais são a antítese da clareza de pensamento, emoção e comportamento. Às vezes, você não tem escolha, mas sugiro que, quando for assim, não exerça pressão. Deixe as coisas fluírem como tem de ser. Estou convencido de que quanto menos você pressionar, maior será o fluxo de novas interligações.

> Para ser criativo, você não precisa construir algo novo, que nunca existiu antes. Precisa apenas estar mais consciente e enxergar as interligações que ainda não foram vistas.

INTENÇÃO. A intenção, ou o desejo por um resultado, guia a criatividade à medida que produz cada um dos outros resultados. A intenção, incorporada à prática, transforma a possibilidade de criatividade em uma certeza. Por exemplo, quando decidi que queria ser pintor, quis simplesmente que isso se tornasse realidade. Comprei o material necessário, reservei tempo em minha agenda e comecei a pintar. Eu estudei, conversei com outros artistas, experimentei coisas novas, cometi erros e acabei por criar um trabalho vendável.

RESPONSABILIDADE PESSOAL. A responsabilidade pessoal, ou seja, a completa posse de "o que é", significa que sua natureza criativa básica não pode ser negligenciada e que você não pode abdicar de sua criatividade.

INTUIÇÃO. A intuição, o seu sexto sentido, permite que você identifique e compreenda as interligações que tem dificuldade de enxergar, ou sobre as quais fica confuso, quando confia somente nos outros cinco sentidos.

## EXERCÍCIO: VER NOVAS INTERLIGAÇÕES

Este exercício é, na verdade, um programa para desenvolver sua criatividade — sua capacidade de identificar novas interligações em sua vida. Os exercícios do Capítulo 2 prepararam você para a criatividade. Figurativamente falando, eles abrem seus olhos, desbloqueiam sua visão. Este exercício vai melhorar sua visão e sua capacidade de dar sentido àquilo que vê. Ao aperfeiçoar essa capacidade de descobrir interligações, você ampliará drasticamente sua capacidade de inspirar sua equipe, ser altamente energético, gerar ideias e formar uma visão para sua empresa.

## PASSO 1: ESCREVER SEM UM PROPÓSITO

Julia Cameron, autora do *The Artist's Way* (1992), um livro cultuado entre os artistas e, cada vez mais, entre os que ainda não se consideram artistas e estão apenas buscando meios para desenvolver sua criatividade, sugere que você escreva toda manhã três páginas sobre qualquer assunto. Inspirado pelo hábito de minha esposa de escrever diariamente, comecei a fazer a mesma coisa há muitos anos e os resultados foram significativos. Há alguma mágica em apenas expressar seus pensamentos para você mesmo no momento presente. O melhor modo que encontro para explicar isso é que o pensamento que permanece em sua mente ou é expresso verbalmente passa sempre pelos mesmos caminhos dentro de um território já familiar, enquanto os pensamentos que são expressos por escrito saltam por cima dos caminhos e levam você para lugares novos.

Repito: você pode escrever sobre absolutamente qualquer coisa. Na verdade, o objetivo é permitir que sua mente vagueie sem rumo, indo até o mais profundo, distante e vasto que sua inspiração o levar. Não há regras.

## PASSO 2: LIGUE OS PONTOS

Em primeiro lugar, anote as coisas aleatórias. Por exemplo, sua unha e um carvalho gigante. Sua ansiedade relacionada à reunião da antiga turma do colégio e o campeonato de futebol. Um grampeador e o porta-voz do governo americano. Um gato na Nigéria e uma fechadura em Moscou. Em seguida, acrescente outras coisas à mistura. Um avião, uma lesma, um copo plástico e um laptop. Depois, anote todas as possíveis interligações entre as coisas aleatórias que surgiram.

Eis um exemplo: minha unha e um carvalho gigante? Claro! Como será que eles crescem? Cada um deles precisa de oxigênio e da luz do dia. Ambos acumulam sujeira. Ambos oferecem proteção. Ambos são bastante rijos e exigem cuidados mínimos para sua sobrevivência. Os fungos, no entanto, podem atacá-los. Ambos podem rachar e quebrar. A unha pode arranhar a árvore. Farpas da árvore podem entrar embaixo da unha. A unha, como parte da mão do jardineiro, contribui para o plantio da árvore. Outra coisa que tem "unha" no nome, a unha-de-gato, é uma trepadeira e se enrosca na árvore. E assim por diante.

Em segundo lugar, abra um livro em uma página qualquer, leia uma passagem breve e analise seu possível significado para sua vida. A primeira vez que li sobre uma variação dessa prática foi há cerca de 30 anos em *Illusions*, o clássico conto de Richard Bach (1977). O protagonista, Don Shimoda, aconselha o leitor a abrir um livro, qualquer um, pois vai encontrar a solução para qualquer problema que esteja incomodando sua mente. Fiz isso inúmeras vezes e obtive resultados profundos. Lembro-me quando estava decidindo se abandonava minha segurança no Citicorp para assumir um cargo no recém-formado e promissor banco de investimento, o Montgomery Securities. Eu estava aturdido com a escolha que tinha de fazer. Abri um livro de Peter Drucker, o grande guru da administração moderna, e a página diante de mim descrevia como três homens no final da década de 50 abandonaram suas empresas muito bem estabelecidas em Wall Street e formaram a Donaldson, Lufkin & Jenrette, que acabou se tornando um grande e importante banco de investimento. Naquele momento, eu soube com certeza qual seria e deveria ser minha decisão, e nunca me arrependi por tê-la tomado.

Essas duas ações — anotar as coisas aleatórias e fazer as ligações entre elas, e abrir um livro aleatoriamente e analisar o significado para sua vida de hoje — foram elaboradas para ajudá-lo a perceber as interligações em todos os lugares possíveis. Se você não as enxergar, isso significa apenas que não as reconheceu. Elas estão lá. Nada é aleatório. Pratique essas ações sempre que puder, todo dia se possível, e você verá seu lado criativo começar a florescer.

## PASSO 3: ENVOLVA-SE EM UMA ATIVIDADE ARTÍSTICA

Envolva-se em alguma ocupação artística por pelo menos quatro horas por semana. Aprenda a tocar um novo instrumento musical. Escreva um artigo ou um romance. Aprenda a fazer cerâmica. Aprenda a esculpir em madeira. Construa um móvel. Aprenda a dançar. Junte-se a um grupo de teatro. Tricote um cachecol. Borde uma colcha. Faça qualquer coisa, desde que esteja fora de sua zona de conforto.

Mencionei anteriormente que a pintura foi minha primeira atividade artística, e os efeitos dessa escolha foram imediatos e incríveis. Como resultado, logo me tornei mais criativo em todos os aspectos de minha vida pessoal e profissional. E percebi que também me sentia mais satisfeito em todos os aspectos.

Como vimos acima, muitos líderes acreditam que não são criativos, o que representa uma negação da natureza básica da vida. Muitos outros acreditam que são criativos, mas consideram qualquer expressão dessa criatividade um luxo e uma extravagância a que não têm direito em sua existência atribulada, opressiva, corrida e pautada pelas obrigações. Esse modo de pensar é, no mínimo, prejudicial. A realidade é a seguinte: a expressão criativa é tão importante quanto qualquer outra atividade que preencha atualmente nosso tempo. Tendo em vista que o mundo contemporâneo exige criatividade de você e de sua empresa, você não pode dar-se ao luxo de ignorar sua criatividade. Você precisa colocar o desenvolvimento de sua criatividade entre as suas prioridades mais altas.

## PASSO 4: ALIMENTE SEU CÉREBRO

Alimente, alimente, alimente seu cérebro. O melhor modo de alimentá-lo é ler, ler, ler. Leia tudo que estiver ao alcance de suas mãos: romances clássicos e contemporâneos, biografias, história, ciência, ficção científica, autoajuda, periódicos especializados no seu ramo de negócios e em outros ramos, revistas sobre cultura pop, jornais de grande circulação, jornais alternativos. E além de ler, ouça livros em CD, assista filmes, ouça programas de rádio, converse com o maior número possível de pessoas, participe de palestras e seminários, navegue na internet, explore novas áreas.

Ainda fico surpreso com a quantidade de líderes que não alimentam seu cérebro. Não por coincidência, eles são pouco criativos e não são líderes de alto impacto. Costumam dizer: "Não temos tempo". Eu respondo: "Vocês não têm tempo para alimentar seus cérebros, mas outra pessoa que quer fisgar seus clientes e os membros de sua equipe está alimentando o próprio cérebro, identificando novas interligações e descobrindo novos meios de prestar um serviço melhor do que o prestado por vocês".

## PASSO 5: ATUE EM UMA ÁREA NOVA

Afaste-se de sua área e torne-se um aprendiz em uma nova área de atuação — e depois outra, e mais outra, pelo resto da vida.

Por exemplo, se você é executivo em uma empresa, sem experiência em engenharia eletrônica, comece a estudar engenharia eletrônica. Se é líder de uma organização de serviço social, comece a estudar as leis. Se é líder de uma franquia do segmento esportivo, comece a estudar medicina chinesa. Não estou sugerindo que você sacrifique sua atual carreira profissional. Longe disso. Sugiro que amplie sua carreira atual pelo fato de ter se tornado imensamente mais criativo e percebido novas interligações que antes não enxergava. Essas novas interligações vão ampliar sua capacidade de liderança.

O executivo de uma empresa vai começar a fazer ligações entre a engenharia eletrônica e o seu negócio. O líder dos serviços sociais vai começar a ver ligações entre as leis e sua organização. O líder da franquia esportiva vai começar a fazer ligações entre a medicina chinesa e os esportes. Essas interligações melhorarão a capacidade de liderança deles e as suas empresas. Se você olhar ao seu redor, verá que grande parte da criatividade de hoje é resultado da atividade de pessoas em novas áreas. Por exemplo, a computação quântica, que é o provável futuro da ciência da computação, resultou da atividade de engenheiros eletrônicos na área da ciência quântica.

Assim que termina a faculdade e se envolve em sua carreira, a maioria das pessoas mergulha em uma área e não sai mais dela. Por mergulho, quero dizer ir fundo em um assunto ou ambiente, excluindo até certo ponto os outros assuntos e ambientes. Os advogados mergulham nas leis; os engenheiros, na engenharia; os médicos, na medicina; os banqueiros, nas finanças; os empresários, nos negócios; e assim por diante. Historicamente, é claro, houve incentivos econômicos para essa imersão. Você mergulhava em sua área de atuação, tornava-se altamente qualificado e era muito bem remunerado por sua especialização.

Atualmente ainda existem incentivos econômicos para a imersão profunda em um assunto ou ambiente, mas há um custo quando se exclui os outros assuntos e ambientes. A imersão deixa você cego para todas as interligações existentes fora de sua área de especialização, bem como as ligações entre o que vem de fora para dentro de sua área. Na verdade, a especialização ou *expertise* — que significa aplicar o conhecimento de uma maneira altamente competente — é, de fato, a antítese da criatividade, pois envolve aquilo que é sabido. Para ser um líder de alto impacto, você precisa fazer novas interligações continuamente — dentro de seu campo e, especialmente, fora dele. O Google, criador do maior instrumento mundial de busca de conteúdo na internet e integrante da seleção de 2007 da revista *Fortune* como a melhor empresa para se trabalhar nos Estados Unidos, concorda claramente com essa afirmação. Com sua exigência para que os engenheiros gastem 20% de seu tempo em projetos próprios e definidos por eles mesmos, o Google é uma das empresas líderes no reconhecimento de que a futura definição de especialização e, mais importante, a criação de valor envolvem explorar aquilo que é desconhecido (Lashinsky, 2007, 79).

## PASSO 6: VIAJE PARA NOVOS LUGARES

Viaje para novas terras e explore novas culturas. Já que muitos de nós estamos imersos em nossas carreiras, muitos também estão imersos "localmente". Não atuamos em suficientes campos ao redor do mundo. Perdemos todas as interligações que poderiam ser delineadas entre as terras e culturas estrangeiras e nossas próprias vidas. Yvon Chouinard, fundador e líder da Patagonia, empresa altamente inovadora e bem-sucedida no ramo de vestuário e equipamentos para práticas ao ar livre, credita muito do sucesso de sua liderança e dos membros de sua equipe ao hábito de sair às ruas, viajar e ter novas experiências (Chouinard, 2005, 168-86).

Achei muito útil estar mais consciente das minhas opções de viagem. Assim como a maioria dos outros líderes, não tenho uma abundância de tempo disponível para viagens, portanto tento garantir que minhas viagens me proporcionem uma abundância de novidades e de diversidade.

## PASSO 7: ASSOCIE-SE

Atraia diversos parceiros com quem você possa conversar de modo criativo. Encontre pessoas que compartilhem seu interesse em desenvolver a própria criatividade e, em seguida, passe cerca de 30 minutos todas as semanas na companhia deles, fazendo um *brainstorm*, sem pauta nem limites.

Nos últimos anos venho construindo uma pequena rede de pessoas, em todo o país, com quem converso regularmente sobre trabalho e ideias relacionadas à liderança, do modo mais amplo que se possa imaginar. Recebo vários benefícios desse exercício: é extremamente agradável, desenvolve relacionamentos íntimos (a maioria de nós se beneficia deles) e, o mais relevante para essa discussão, é um poderoso facilitador da criatividade.

## O LÍDER DE ALTO IMPACTO FORTALECIDO PELA CRIATIVIDADE: GEORGE HSU

George Hsu é um brilhante engenheiro formado em Stanford. Desde o início de sua carreira, e provavelmente de sua vida, ele esteve aberto às possibilidades. Como resultado de sua mente aberta, enxergava coisas que os outros não conseguiam. No último ano da faculdade, um dos professores afirmou que, durante muitas décadas, não houve nenhuma inovação tecnológica significativa com relação a bússolas. O professor desafiou os alunos a desenharem uma bússola eletromagnética digital — algo que nunca tinha sido feito. Em questão de semanas, George desenhou e requereu uma patente para a primeira bússola digital do mundo; e, logo depois de sua graduação, fundou uma empresa para desenvolver produtos eletromagnéticos e outros produtos com sensores. Atualmente, a empresa gera aproximadamente US$ 20 milhões em receitas anuais.

Contudo, o sucesso de George não parou por aí. Durante anos, enquanto desenvolvia um número crescente de produtos com sensores, ele pensava por que, para cada novo produto que criava, um novo circuito integrado precisava ser projetado e desenvolvido, de modo customizado. O processo levava de 12 a 24 meses e tornava-se um problema quando o quesito tempo era importante no lançamento de um produto no mercado; o que acontecia sempre. Ele perguntou a centenas de engenheiros sobre a possibilidade de produzir um circuito integrado padrão que processasse qualquer tipo de sinal para o sensor — pressão, gás, umidade, inclinação, só para citar alguns. Um circuito integrado padrão eliminaria o alto custo do projeto customizado e do ciclo de desenvolvimento. Todos respondiam que não dava para ser feito. Diziam que os tipos de sinal variavam demais em suas propriedades físicas e era impossível normatizá-los em um único chip.

George, no entanto, estava aberto à possibilidade de que isso poderia ser feito. Assim, começou a fazê-lo. Depois de dois anos de trabalho, ele finalizou o projeto que faria exatamente o que ele queria e que todos diziam ser impossível de realizar. George levantou um capital de risco e fundou uma nova empresa, a Sensor Platforms, para produzir o chip para empresas que desenvolviam produtos com sensores. Logo, chamou a atenção de um grande número de clientes em potencial e, atualmente, tem planos para vender centenas de milhões desses componentes em poucos anos.

George acredita que a mente deve passar constantemente por um "treinamento cruzado", ou seja, em diversas áreas de interesse, para capacitar a pessoa a identificar interligações que escapam à atenção dos outros. Portanto, George está sempre procurando "pontos" que possam ser ligados entre si. Quando seu tempo permite, ele se envolve em diferentes atividades e interesses. Profissionalmente, estuda engenharia mecânica, estrutural e química, buscando percepções que possam facilitar sua criatividade na engenharia eletrônica. É um jogador de tênis espetacular. Um excelente trombonista, que começou recentemente a tomar aulas de técnica vocal. Ouve vários tipos de música, desde a clássica até o *hip-hop*. Além de inglês, fala mandarim e alemão, e está estudando francês. É um leitor sério e interessado em diversos tópicos. E estabelece muito bem sua rede de contatos, com um grupo diversificado de amigos e conhecidos por todo o mundo.

A criatividade é um elemento fundamental no sucesso de George como líder. Sem criatividade, os outros líderes talvez enxerguem pedras em seus caminhos, formando muros. George compara o líder criativo com a água de um rio, imperturbável diante de qualquer coisa que esteja em seu caminho, sempre seguindo em frente, sem jamais parar. Sempre há uma ligação entre o local onde a correnteza está agora e aonde ela quer chegar, revelando-se no momento presente. O líder criativo não fica parado.

Os membros da equipe de George consideram que sua criatividade é inspiradora. Nutrido por seus muitos interesses, ele transpira energia e otimismo em tudo que faz. É uma fonte de ideias, sempre o líder pensante. Destemido, ele visualiza futuros que os outros não são capazes de enxergar, e depois faz com que eles aconteçam.

## O PAINEL DE CONTROLE DA LIDERANÇA

O Quadro 7.1 — Painel de Controle da Liderança — demonstra graficamente como a criatividade é uma fonte de energia essencial para capacitar você como líder, de modo a incorporar muitos dos traços de caráter e desempenhar muitas das funções de um líder de alto impacto, descritos na Introdução. Esse painel mostra que a criatividade, que se nutre das diretrizes da presença e da mente aberta, amplia sua capacidade de:

SER INSPIRADOR. A criatividade, ou seja, a capacidade de descobrir novas interligações, permite que você identifique o objetivo comum em sua empresa e, em seguida, articule sua visão de modo que os membros de sua equipe se vejam envolvidos integralmente nela.

TER ENERGIA. A criatividade é uma das energias fundamentais da vida. Diferentemente da inércia, que exaure a energia da vida, a criatividade é restauradora, regenerativa e revigorante.

GERAR IDEIAS. Você será um líder pensante, capaz de identificar novas associações e interligações, e de originar novos meios de pensar e fazer as coisas.

FORMAR UMA VISÃO. Livre dos medos, com as ideias fluindo e um pensamento proativo, você será altamente eficaz ao formular objetivos ideais, atingíveis e valiosos para sua empresa.

A diretriz da criatividade também vai alimentar sua capacidade de:

TER RACIOCÍNIO PROATIVO. A mente criativa, com uma consciência exata da existência de interligações por todos os lados, enxerga infinitas possibilidades.

TER CREDIBILIDADE. Em uma existência na qual a sobrevivência organizacional depende da criatividade inovadora ou comercializável, você precisa ser altamente criativo para estabelecer e manter a confiança dos membros de sua equipe em você, como um líder que enxerga mais interligações e possibilidades, além de estar mais bem posicionado para liderá-los rumo a um futuro melhor.

SER CURIOSO. A mente criativa se torna viciada em novas interligações e nunca mais para de procurá-las.

SER CORAJOSO. Ser capaz de perceber mais coisas conduz a um melhor entendimento, que conduz a menos medo. Você vai se perceber mais capaz do que nunca de tomar decisões difíceis, executar as tarefas árduas e assumir os riscos que devem ser assumidos.

SER ORGANIZADO. Sua criatividade lhe permitirá coordenar e direcionar atividades de modo integrado, estruturado e funcional.

ELABORAR UM PLANO. Em sua criatividade, você verá as interligações formarem o caminho ideal, que conduz sua visão até os resultados.

CONSTITUIR UMA EQUIPE. Hoje, com o nivelamento nos campos de atuação, em que as informações estão disponíveis a todos, o que vai atrair membros para a sua equipe será a sua criatividade — sua capacidade de enxergar mais interligações e ter uma visão mais clara de "o que é", a partir de todas essas informações.

CONSTRUIR UMA ESTRUTURA RESPONSIVA. Sua criatividade lhe permite visualizar a estrutura ideal para o sucesso em um ambiente como o nosso: de alta velocidade e alta complexidade.

PRODUZIR RESULTADOS. A criatividade lhe permite realizar sua visão da maneira mais eficaz, holística e mensurável possível.

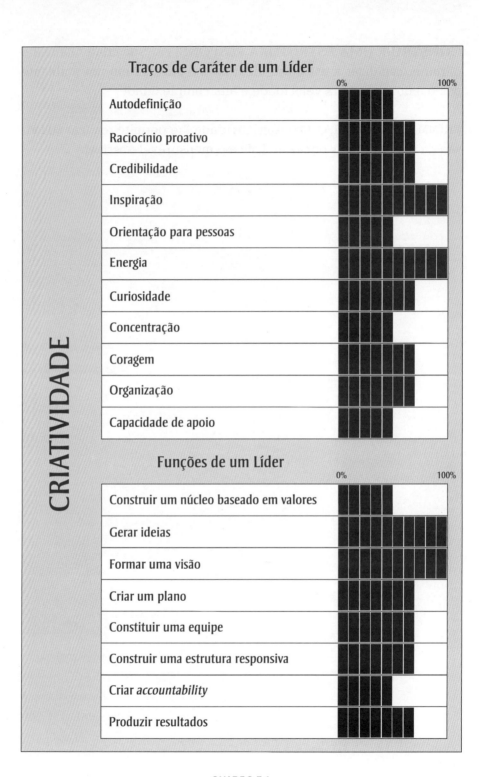

QUADRO 7.1

CAPÍTULO 8

# COMUNICAÇÃO INTERLIGADA

## A Oitava Diretriz do Líder de Alto Impacto

Hoje, nós nos comunicamos constantemente por meio de diálogo em pessoa, e-mail, mensagens de texto, mensagens instantâneas e telefones móveis e fixos. Recebemos comunicação ininterrupta por intermédio da televisão, do rádio, da Internet, de jornais, de revistas e de anúncios de propaganda.

Mas, quando pergunto às pessoas sobre a comunicação atual, a grande maioria me conta que seus relacionamentos não melhoraram com o rápido crescimento dos meios de comunicação. Na verdade, a maior parte delas condena a qualidade de seus relacionamentos com os familiares, amigos e colegas de trabalho. Elas me dizem que gostariam de ir mais "fundo" e fazer intercâmbios mais significativos; desejam interações que fortaleçam os relacionamentos e criem contentamento.

Visto que o volume de comunicação está crescendo, enquanto a qualidade de nossos relacionamentos está diminuindo, então a qualidade de nossa comunicação deve de algum modo estar deficiente. Nós "falamos muito, porém não melhoramos nossa sorte". Para melhorar nossa sorte, para ficarmos mais contentes, para vivermos com mais eficácia, para liderarmos com mais eficiência, acredito que precisamos melhorar a qualidade de nossa comunicação. Precisamos nos comunicar de um modo muito mais interligado.

A *comunicação interligada* é uma troca entre duas ou mais pessoas, facilitada pela empatia, honestidade e clareza de propósito e de mensagem.

Neste capítulo, você verá que a comunicação interligada é mais que uma ferramenta de liderança ou uma prática mecânica. É uma diretriz extremamente potente que está dentro do líder de alto impacto. No momento em que usa a comunicação interligada, o líder de alto impacto está presente, atento e com total honestidade. Ele é claro e conciso, acentuadamente empático e em completo contato com "o que é". Todas as pessoas ao redor do líder de alto impacto sentem a integridade e totalidade de quem ele é e de como se comunica, e ganham forças na presença dele.

Este capítulo explica o sistema de comunicação interligada, a partir da expressão clara de uma mensagem com um propósito, proferida por um orador empático para um ouvinte empático; e fornece ferramentas para otimizar o processo. Mostra como a comunicação transparente está por trás da capacidade de um líder de alto impacto inspirar e apoiar, bem como envolver uma equipe e criar *accountability*.

## FALANTE-OUVINTE, OUVINTE-FALANTE

Neste capítulo, vou me referir ao *falante* como a pessoa que expressa o pensamento ou emoção por meio da palavra escrita ou falada, da comunicação não verbal ou até mesmo do silêncio. Vou me referir à expressão do falante como sua *voz*. O *ouvinte* é a pessoa que está na extremidade receptora da voz, e sua percepção da expressão do falante é seu *ouvido*.

Três elementos, no entanto, complicam a questão. Primeiro, na maioria das comunicações, nós desempenhamos os papéis de falante e ouvinte simultaneamente. Quando nós dois falamos, por exemplo, ambos transmitimos nossa mensagem e "ouvimos" como ela está sendo percebida. Quando ouvimos, ambos percebemos a mensagem do falante e "dizemos" nossa resposta para ele. Segundo, em um *diálogo* — uma comunicação entre duas ou mais pessoas — trocamos de papéis constantemente. O falante, com a voz, torna-se o ouvinte, com o ouvido, e vice-versa, e assim repetidamente. Terceiro, qualquer comunicação afeta mais pessoas do que apenas o falante e o ouvinte. Na comunicação mais simples de todas, você conta para seu cônjuge alguma coisa que um amigo lhe disse. A comunicação agora envolve dois ouvintes, você e seu cônjuge. Como um CEO, você talvez precise transmitir para seus gerentes seniores algo que a diretoria lhe disse. Essa comunicação envolve agora múltiplos falantes e ouvintes. Quanto maior a plataforma do falante, maior o número de pessoas que a comunicação afetará. Por exemplo, o modo de falar do CEO de uma grande corporação tem o potencial de afetar muito mais vidas do que o modo de falar do proprietário de uma pequena loja.

Por causa dessa qualidade dinâmica e interativa da comunicação, eu evito compartimentar e simplificar os componentes críticos da comunicação interligada quando falo e ouço. As funções estão interligadas demais para eu fazer isso. Portanto, sugiro que cada componente discutido a seguir melhore a fala e a audição em diferentes graus, dependendo da situação. Por exemplo, a presença e a empatia se aplicam igualmente para a fala e a audição. A persuasão se aplica mais à fala, enquanto o reconhecimento da mensagem, como o nome indica, aplica-se mais à audição. Tudo isso ficará mais claro à medida que examinarmos as qualidades da comunicação interligada, a seguir.

## ESTAR PRESENTE

Como já discutimos, a diretriz da presença está subjacente a cada uma das outras sete diretrizes do líder de alto impacto, inclusive a diretriz da comunicação interligada. A prática da meditação (ver Capítulo 1) é uma poderosa ferramenta para você se enraizar, tornar-se muito mais consciente de suas necessidades e desejos, e saber como comunicar melhor essas necessidades e desejos. A meditação também o ajuda a aumentar sua percepção consciente das necessidades dos outros.

A presença, é claro, envolve apenas "o que é". Qualquer outra coisa além de "o que é", no momento presente, não é real. Então, para o falante, a comunicação interligada permite nada além da completa honestidade. A comunicação interligada não envolve a ilusão, a manipulação ou o exagero.

> A *comunicação interligada* é uma troca entre duas ou mais pessoas, facilitada pela empatia, honestidade e clareza de propósito e de mensagem.

Para um ouvinte, a comunicação interligada significa ouvir o conteúdo para uma completa compreensão da mensagem e dos sentimentos do falante no momento presente. Isso exclui explicitamente o que poderia ser chamado de "falso ouvir", que é ouvir absolutamente nada. O falso ouvir inclui práticas como prestar atenção na forma, e não no conteúdo; fingir que está ouvindo, enquanto procura uma pausa para interromper o falante; devanear sobre outras coisas ou sobre a formulação da resposta.

## COLOCAR-SE NO LUGAR DO OUTRO

A empatia nos capacita a perceber a verdadeira natureza interligada da vida e nos conectarmos aos outros, com significado e satisfação. Ela é a essência, a chave, da comunicação interligada. Sem empatia, a comunicação perde a conexão. E a comunicação sem conexão é, na melhor das hipóteses, mundana e insatisfatória; e, na pior, perigosa e uma ameaça à vida.

A empatia é uma das mais poderosas práticas que você pode utilizar. Segundo Arthur Ciaramicoli e Katherine Ketcham, autores de *The Power of Empathy*, expressar empatia significa

> sermos capazes de entender o outro em um nível profundo, realmente sentindo as emoções e compreendendo os pensamentos, ideias, motivos e julgamentos dos outros. A empatia é o elo que nos interliga, ajudando-nos a pensar antes de agir, motivando-nos a acudir alguém que esteja sofrendo, ensinando-nos a usar nossa capacidade racional para equilibrar nossas emoções e inspirando-nos a buscar os ideais mais elevados que os seres humanos são capazes de aspirar (Ciaramicoli e Ketcham, 2001, 10).

A empatia é necessária em cada extremidade do processo de comunicação. É importante para a otimização da fala, bem como para a otimização da audição. Pelo menos na teoria, ela é fácil de ser conquistada. Tente apenas responder as seguintes perguntas sobre as pessoas com quem se comunica: Quem é você? Em que você acredita? Quem e o que você ama? De quem e do que você tem medo? O que você deseja?

Tendo em vista a concha protetora dentro da qual muitas pessoas vivem e se sentem confortáveis, você não costuma fazer essas perguntas diretamente, embora eu me veja fazendo-as cada vez mais ao sentir uma abertura por parte da pessoa com quem estou falando. Em vez disso, você tenta sempre saber o máximo que puder nessas circunstâncias antes de se envolver numa comunicação mais profunda. "Nessas circunstâncias" significa geralmente que, quanto mais importante a comunicação for ou tiver o potencial de ser para você, e quanto mais tempo você tiver disponível, mais tempo você investirá no processo de aprendizagem. Portanto, o processo ocorre às vezes em poucos momentos e, em outras vezes, ocorre durante horas ou dias.

## RECONHECER, RECONHECER, RECONHECER

Há ocasiões em que penso que o reconhecimento talvez seja a solução para todos os conflitos mundiais. Há muitos anos, como um jovem advogado de defesa no Alasca, ofereci-me para ser mediador em um centro de resolução de conflitos da comunidade. A chave para uma mediação bem-sucedida, caso após caso, era o reconhecimento. Descobri que as partes em conflito não queriam dinheiro nem propriedades, apenas o reconhecimento. Quando as partes percebiam o meu reconhecimento, a disputa costumava chegar a um acordo na metade do tempo previsto. Quando as partes demonstravam o reconhecimento mútuo, nenhum caso ficava sem solução.

Dois importantes tipos de reconhecimento são decisivos para a comunicação interligada. Você usa o primeiro tipo, o *reconhecimento dos sentimentos*, quando comunica que compreende os sentimentos do outro. Assim como a empatia lhe permite compreender os sentimentos dos outros, esse tipo de reconhecimento fecha o ciclo e comunica essa compreensão para a outra pessoa. Essa é uma ferramenta tanto para quem fala como para quem ouve. Considerando o conceito discutido no Capítulo 1, o de que toda ação provoca uma reação de igual intensidade e em sentido contrário, quando você reconhece os sentimentos do outro, esse ato praticamente garante que ele também vai procurar entender os seus sentimentos. Comece a perguntar às pessoas como elas se sentem e ficará surpreso ao ver que elas começarão a perguntar a mesma coisa para você.

Você usa o segundo tipo, o *reconhecimento da mensagem*, quando, como ouvinte, entende a mensagem do outro. Isso abrange questionar o falante e, em seguida, resumir a mensagem dele para assegurar a precisão e o significado do que foi percebido. Geralmente referido como "ouvir ativamente", esse tipo de reconhecimento é poderoso porque comunica ao falante que sua mensagem tem importância. Quando é reconhecido desse modo, o falante possivelmente vai procurar entender sua mensagem.

---

**A comunicação interligada não envolve a ilusão, a manipulação ou o exagero.**

---

O efeito que cada tipo de reconhecimento exerce é profundo. Pense nas vezes em que você foi reconhecido de maneira sincera por alguém que você respeita. Foi provavelmente muito gratificante e fez com que você ficasse muito receptivo para as outras coisas que a pessoa estava comunicando para você.

## DETERMINAR SEU OBJETIVO E ELABORAR SUA ESTRATÉGIA

Cada comunicação tem um objetivo ou múltiplos objetivos. Mesmo quando acha que não tem um objetivo, você realmente o tem. Às vezes, é apenas entretenimento. Muitas vezes, é um desejo de aprender. No início de qualquer comunicação seria de grande ajuda fazer uma rápida revisão mental de seu objetivo. Você está tentando persuadir alguém? Está tentando informar? Está tentando aprender? Está se socializando? Ou está expondo suas emoções?

Sugiro que depois você elabore uma estratégia para atingir seu objetivo. Segundo minha experiência, isso é algo que poucas pessoas fazem ou, pelo menos, poucas fazem bem. Elas percebem o objetivo da comunicação, mas gastam pouco tempo e energia para desenvolver uma estratégia para alcançá-lo. Pergunte a si mesmo: O que define uma comunicação bem-sucedida? O que preciso fazer para atingir esse resultado?

## PERSUASÃO

A persuasão envolve a tentativa de convencer uma ou mais pessoas de alguma coisa. Num nível estrutural, o psicólogo da Universidade de Yale, William McGuire (1969, 3:173) dividiu o processo de persuasão em cinco passos básicos. Cada passo deve ser satisfeito, senão o processo de persuasão é interrompido e falha:

1. O falante precisa ganhar a atenção do ouvinte, o que ele fará com mais eficácia se criar uma mensagem que atraia o ouvinte.
2. O falante precisa auxiliar o ouvinte a compreender a mensagem. O uso de linguagem clara e exemplos reais é muito útil.
3. O falante precisa assegurar a confiança por parte do ouvinte. Se o falante já tiver credibilidade perante o ouvinte, esse passo será muito mais fácil. Sem uma credibilidade preexistente, o falante geralmente se apoiará em evidências que fundamentem sua mensagem, bem como no sincero entusiasmo com relação à mensagem.
4. O falante precisa assegurar que o ouvinte retenha a mensagem, e o melhor modo de consegui-lo é repetir a mensagem diversas vezes. Obviamente, os melhores falantes são extremamente talentosos no uso de frases ou palavras de efeito que simplesmente não permitem que o ouvinte se esqueça da mensagem.
5. O falante precisa solicitar uma ação direta e imediata.

Há muitos anos, um de meus antigos sócios na Montgomery Securities, John Skeen, ensinou-me uma abordagem prática a esse processo. Ele me puxou de lado no final da minha primeira apresentação para os sócios e me disse: "David, a apresentação foi boa, mas lembre-se de que cada elemento — cada palavra — de toda comunicação persuasiva que você fizer num ambiente de negócios deve necessariamente atender aos três seguintes critérios, ou então ser descartada. São eles: a comunicação deve estar focada, ser conclusiva e gerar ganância ou medo. Precisa ir direto ao ponto. Ninguém quer saber de detalhes; apenas mostre suas conclusões. E encaixe na mensagem algo extraído das necessidades básicas de seu ouvinte". Até hoje, reviso minhas comunicações de negócios de acordo com esses critérios.

## INFORMAÇÃO

Ao transmitir uma informação, sua autoconfiança e a confiança em sua mensagem, identificáveis pelo ouvinte, são elementos decisivos para você estabelecer sua criatividade. A chave dessa questão é enviar sua mensagem com confiança, mas sem condescendência, arrogância ou dogmatismo. Se você realmente se colocar "no lugar do outro", não haverá esse problema. Logo, sua missão é transmitir a informação de maneira clara e concisa.

## APRENDIZADO

Ao tentar extrair informações do outro, existem duas considerações importantes que afetam sua estratégia: a quantidade de informação de que você precisa ou quer, e o tempo e as demais necessidades do outro.

Se a quantidade de informações for grande, você deve fazer perguntas não restritivas, que permitam ao outro passar a informação que ele achar melhor, e depois você preenche os espaços vazios com perguntas mais específicas. Se a quantidade de informação for pequena, você pode ser bastante direto e específico.

Você deve respeitar as necessidades de tempo do outro. Procure sinais no comportamento da pessoa e considere a possibilidade de perguntar diretamente sobre o tempo que ela tem disponível para você e faça os ajustes necessários de acordo com essa disponibilidade. E sobre as outras necessidades da pessoa? Faça o máximo para antecipar os potenciais medos e torne a comunicação dela com você a mais segura possível. Se o outro necessita confidencialidade, comprometa-se a mantê-la e cumpra a promessa, sem exceção, ou então explique porque não pode assumir esse compromisso.

Acima e além das necessidades de tempo e dos medos existentes no outro, pense na necessidade que ele tem de intercâmbio. Se você considerar que, na vida, nada é uma via de mão única, então precisa considerar o que a pessoa que produz a informação necessita em troca. Tendo em vista que normalmente essa é uma necessidade implícita, a intuição é vital para identificá-la. Talvez o outro tenha necessidade de sentir que você vai oferecer as informações que ele precisará em alguma situação no futuro. Talvez ele necessite de sua gratidão. Talvez precise de seu respeito e aprovação.

## SOCIALIZAÇÃO

Neste caso, você se comunica apenas por prazer ou para desenvolver um relacionamento. Geralmente, não há estratégias necessárias para a comunicação social. O objetivo é ser sociável, portanto a estratégia é se divertir, transmitir amor ou compartilhar experiências, pensamentos e emoções. Contudo, acho bastante útil examinar minhas interações sociais para encontrar meios de melhorá-las.

## EXPOR AS EMOÇÕES

Neste tipo de comunicação, você "ventila" suas emoções. Talvez você seja agressivo, por exemplo, e precise expor sua raiva para outra pessoa no intuito de liberar a tensão existente em seu interior.

Ao contrário da socialização, muito mais estratégias são usadas nesse caso. Segundo minha experiência, a maioria dos indivíduos expõe suas emoções com demasiada frequência e sem qualquer consideração anterior. Desse modo, passam uma imagem negativa e acabam afastando pessoas com uma mente mais positiva, com as quais interagem.

Sugiro quatro regras para expor as emoções:

1. Lembre-se da velha máxima de origem questionável que diz: "Nunca atribua à maldade o que pode ser adequadamente explicado pela ignorância ou pela tolice".
   Nossos medos tendem a nos levar imediatamente a acreditar que alguém tem a missão de nos prejudicar. Na verdade, raramente é esse o caso. As pessoas não têm tempo para destruir nossas vidas intencionalmente. Mas nós pensamos o pior dos outros e logo reagimos com a maldade que percebemos da parte deles.

2. Deixe passar algum tempo. Por definição, expor significa reagir, mas você provavelmente quer reduzir a quantidade de veneno dessa reação e o tempo costuma colaborar muito nesse caso. A quantidade de tempo varia, porém precisa ser o bastante para que a próxima regra seja satisfeita.
3. Exponha o que você sente e somente aquilo que sente — e não quanto alguém está errado ou como é idiota. Uma pessoa que foi ignorada durante uma importante reunião da empresa pode inicialmente ficar inclinada a reagir com os seguintes comentários para seu amigo: "Joe, o meu gerente, é um &#*@!&!!!! Ele é ruim demais. Que cretino! Eu queria que demitissem esse &#*!!!." A reação mais saudável seria: "Estou com raiva porque Joe não perguntou minha opinião durante a reunião. Estou magoado. Tenho medo de que ele não considere minhas opiniões boas o bastante para me perguntar o que penso na frente de um grupo de pessoas. Isso me deixa triste e tenho receio de não ter futuro dentro dessa empresa, enquanto Joe for meu gerente".
4. Depois de expor suas emoções, foque sua atenção na comunicação de coisas positivas que você pode fazer para melhorar essa situação. O funcionário que foi ignorado podia dizer para seu amigo: "Estou pensando em chamar o Joe para tomar um café comigo e lhe mostrar como me sinto. O que você sugere?"

## SER AUTOCONFIANTE E POSITIVO

Uma autoconfiança perceptível ao outro é decisiva para você estabelecer sua credibilidade e a credibilidade de seu objetivo. É muito interessante como um falante persuasivo não precisa que sua confiança seja sempre perceptível. Eu costumava fazer negócios com um advogado da área de títulos de crédito corporativos que era mestre em sugerir sutilmente uma solução, quase como se estivesse se desculpando por oferecê-la para uma sala lotada com 25 profissionais altamente obstinados e poderosos — dentre eles, executivos, banqueiros de investimento, contadores e outros advogados —, e depois assistir sua sugestão crescer e florescer até se tornar consenso no grupo. Lembrando o personagem vivido por Peter Falk na antiga série de televisão *Columbo*, esse advogado formulava sua sugestão mais ou menos assim: "Hmmm, este é um problema muito difícil. Acaba de me ocorrer que... sei que parece loucura, provavelmente não faz sentido algum, mas se estruturássemos essa operação como um contrato de licenciamento, em vez de uma venda direta? Não sei, talvez seja uma ideia realmente tola, mas achei que devia expressá-la em voz alta".

Ele era brilhante em dois aspectos. Primeiro, parecia sempre ter a melhor solução para qualquer problema que surgisse. Segundo, sabia como vendê-la para um público difícil. Seu público tinha um ego grande demais para deixar que uma opinião lhe fosse empurrada garganta abaixo. Mas era bastante esperto para identificar a melhor solução depois de ouvi-la. Invariavelmente, após algumas horas, a "ideia tola" do advogado era adotada pelo grupo e, por incrível que pareça, cada pessoa em volta da mesa achava que tinha contribuído muito para encontrar a solução. Claramente, a aparente falta de confiança do advogado na mensagem não o prejudicava; pelo contrário, ajudava-o imensamente. Mas, em alguns aspectos, sua autoconfiança era evidente para o ouvinte perceptivo. Primeiro, ele era seguro de si o suficiente para rotular sua ideia como "tola", depreciando-se assim diante de uma plateia exigente. Ele não ligava se seria rotulado de tolo, juntamente com sua ideia. Segundo, ele depositava tanta confiança na ideia em si que podia vendê-la "sutilmente".

Uma atitude positiva e a ausência de emoções negativas também são importantes para você estabelecer e manter sua credibilidade e sua capacidade de envolver o ouvinte. Essa afirmação soa como algo óbvio demais, no entanto é ignorada com muita frequência. A maioria de nós passou pela experiência de ter um líder que começa uma reunião de equipe assim: "Revisei o relatório de desempenho da semana passada e não estou nada contente. Não sei que diabos está acontecendo, mas vou descobrir agora mesmo. Não pensem que vão sair cedo hoje, pois terão muito o que explicar". Compare esse líder com outro que fala: "Quero agradecer a todos os esforços feitos até hoje. Sei que vocês estão trabalhando duro para fazer de nossa empresa a melhor em sua categoria. No entanto, temos alguns desafios pela frente e eu gostaria de explicá-los a vocês para que possamos elaborar juntos um plano para superá-los". Qual líder você gostaria de ter? Qual líder conseguiria extrair o máximo de você?

## ENVOLVER O OUVINTE

Por definição, o falante está envolvido, pois ele está ativamente envolvido na fala. Esta seção, entretanto, trata do desafio que o falante encontra para envolver o ouvinte. Um ouvinte engajado percebe a mensagem do falante e reage ao seu objetivo. O ouvinte não precisa concordar necessariamente com o objetivo, nem cooperar necessariamente para a conquista do objetivo do falante, mas compreende o objetivo e reage a ele de modo positivo ou negativo.

Com empatia — a capacidade de dizer: "Eu sei quem você é, em que você acredita, quem e o que você ama, de quem ou de que você tem medo e o que você deseja", ou, pelo menos, algo nesse sentido —, o falante está bem preparado para envolver o ouvinte. O ouvinte valoriza o reconhecimento pessoal do falante e quer naturalmente oferecer algo em troca. A troca, claro, é envolver-se na comunicação com o falante e ouvir o que ele tem a dizer.

À medida que a comunicação se desenvolve, você, no papel de falante, pode analisar duas práticas para criar esse envolvimento. Primeira, você pode compartilhar coisas suas. Isso naturalmente inspira o ouvinte a compartilhar as coisas dele. Em seguida, o ouvinte investe mais no processo, além do tempo gasto na comunicação, e fica mais inclinado a se envolver. Segundo, você pode fazer perguntas e dar o retorno. As perguntas lhe dão uma oportunidade de superar objeções ou outras barreiras a fim de atingir seu objetivo, e permitem que você se coloque mais profundamente "no lugar" de seu ouvinte e, se necessário, mude sua estratégia.

## OUVIR A SI MESMO

O interessante, pelo menos com relação à voz oral, é que ouvir a si mesmo é uma das práticas mais negligenciadas na comunicação. Em relação à voz escrita, ouvimos geralmente a nós mesmos ao revisar e editar o que escrevemos antes de comunicar nossa mensagem. Em relação à nossa voz oral, poucos de nós ensaiamos e, depois de expressa, não costumamos prestar atenção na maneira como ela soa exatamente. É interessante o fato de que a maioria das pessoas que eu conheço que ouve a gravação da própria fala fica infeliz com o resultado.

Acho profundamente benéfico gravar minha voz em comunicações da vida prática. Se tiver um importante telefonema para fazer, uma reunião para participar ou um discurso a proferir, eu faço mais do que apenas anotar o que gostaria de transmitir. Gravo com antecedência meus comentários em um pequeno gravador digital e então ouço atentamente, buscando meios de melhorá-los. Como alternativa, ensaio o que quero dizer diante de alguém em quem confio e peço críticas sinceras e construtivas.

## ELABORAR E EXAMINAR A MENSAGEM COM MUITO CUIDADO

Em toda comunicação, você, no papel de falante, deve se perguntar: "Qual mensagem vai abrir a mente de meu ouvinte ao meu objetivo e provocar a resposta que eu gostaria?" À medida que a comunicação se desenvolve, outra boa pergunta é: "Como meu ouvinte está reagindo a minha mensagem?"

Como ouvinte, você deve se perguntar em toda e qualquer comunicação: "Qual é o objetivo do falante e da mensagem?" À medida que a comunicação se desenrola, você pode perguntar: "Qual a resposta que quero transmitir para o falante?"

No mundo ideal, as mensagens trocadas são claras e cristalinas, refletindo perfeitamente o que as partes pretendem comunicar. Para se atingir o ideal — uma comunicação interligada —, as palavras, os silêncios e as mensagens não verbais precisam ser cuidadosamente elaborados pelo falante e profundamente examinados pelo ouvinte para que seja mantida a comunicação interligada.

PALAVRAS. Como falante, sua primeira tarefa é escolher suas palavras com muito cuidado. Use as palavras, o fraseado e a entonação que vão funcionar em relação ao objetivo de sua comunicação, e não para seu conforto, conveniência ou ego.

Como ouvinte, você deve dar muita atenção às palavras usadas pelo falante. No entanto, se o falante não for bem articulado, você terá de analisar as palavras dele para poder perceber a mensagem que está sendo comunicada. Um antigo cliente do meu banco de investimento, por exemplo, não conseguia dizer coisa alguma com clareza.

Quando me deu a autorização para vender sua empresa, ele grunhiu pelo telefone alguma coisa como: "Olha, não estou gostando desta situação. Vamos nos manter em contato e ver o que acontece". Eu não tinha a menor ideia de que ele tinha me dado a autorização até conversar com seu diretor financeiro logo depois do telefonema. A referência a manter contato era equivalente ao que a maioria das pessoas expressaria como: "Você está contratado e estou ansioso para trabalhar com você". Ao longo do nosso relacionamento, fui aprendendo a procurar a mensagem escondida por trás das palavras dele, e acabei me tornando especialista.

SILÊNCIO. Sua segunda tarefa é escolher com cuidado os seus silêncios. Como alguém disse certa vez: na música, os silêncios são tão importantes quanto os sons. A mesma afirmativa é verdadeira na comunicação interligada. Se você está tentando convencer ou informar o ouvinte de algo, abaixe o "som" e use uma cadência confortável de modo que o ouvinte não perceba que está sendo pressionado, que não tem oportunidade de fazer objeções ou que está sem voz. Se seu objetivo é aprender, então você só vai aprender se ficar em silêncio e ouvir. O silêncio pode ser um potente "vácuo" de informações. As pessoas costumam sentir-se desconfortáveis com o silêncio e querem naturalmente preenchê-lo. Infelizmente, o silêncio incentiva muitas vezes a conversa fiada, mas, em outras ocasiões, ele inspira a troca de informações valiosas.

Eu sempre me lembro de uma reunião coordenada por um gerente de uma corretora de imóveis com quem trabalhei há muitos anos, na qual ele pediu ao potencial vendedor de um shopping-center que lhe dissesse todas as coisas negativas que sabia sobre o referido shopping. O vendedor falou rapidamente de algumas coisas óbvias, enquanto isso o gerente ficou sentado, esperando em silêncio. Fiquei abismado com a quantidade de informações valiosas que o vendedor começou a revelar em seguida. Ele ficou visivelmente desconfortável com o silêncio e resolveu preenchê-lo, mesmo com informações que o prejudicariam financeiramente. Ao final de uma hora, o vendedor havia revelado uma série de problemas — muitos dos quais o gerente da corretora não conseguiria descobrir por outros meios —, que totalizavam mais de um milhão de dólares; e assim o vendedor foi forçado a fechar o negócio por um preço bem inferior ao que o gerente estava preparado para pagar.

MENSAGENS NÃO VERBAIS. Sua terceira tarefa é escolher com cuidado suas mensagens não verbais. Segundo minha experiência, as mensagens não verbais são tão importantes quanto as verbais. Infelizmente, muitas delas são acidentais ou contradizem a mensagem verbal. Preste muita atenção em suas expressões faciais, gestos das mãos, movimentos dos olhos e postura corporal. Por exemplo, o fato de você não olhar alguém diretamente nos olhos costuma corroer por completo a sua sinceridade. Talvez você ache que olhar fixamente para algo distante é apenas a consequência de um pensamento intenso e deliberado, mas seu ouvinte pode sentir que você está sendo dissimulado e furtivo. De modo contrário, encarar alguém diretamente nos olhos, enquanto faz uma promessa, é normalmente interpretado quase como um selo contratual.

## SER FIRME, MAS OFERECER APOIO

O líder de alto impacto é um mestre em demonstrar firmeza, mas também em oferecer apoio em sua comunicação. Ele comunica as decisões difíceis da maneira mais positiva possível. A mensagem, mesmo que tenha consequências negativas para o ouvinte — tal como demissão, rebaixamento, transferência ou qualquer tipo de recusa, rejeição ou remoção de algo que o ouvinte queira —, pode ser transmitida juntamente com apoio, para que o ouvinte não se sinta "errado". A crítica, é claro, nunca é positiva, a menos que seja transmitida em um ambiente amigável. A exclusão nunca traz consigo algo positivo. O apoio sempre o traz, não importa qual seja a mensagem.

Sempre fico abismado com o número de líderes que recua diante da tarefa de dar más notícias. Por exemplo, é quase epidêmica a maneira como os líderes mantêm funcionários com baixo desempenho em seus postos porque têm medo de levar uma conversa dura, com o intuito de rebaixá-los, transferi-los ou demiti-los. Acredito que a resposta é, em primeiro lugar, assumir a responsabilidade pessoal (ver Capítulo 5) e então aprender como oferecer apoio em suas comunicações.

Demitir um membro da equipe é uma das tarefas mais difíceis que um líder tem de enfrentar. Eu posso dizer, no entanto, como alguém que estudou e aplicou os princípios da comunicação interligada por mais de 20 anos, que só passei por uma ou duas experiências negativas de demissão em toda minha carreira. Um membro da equipe que não esteja mostrando os resultados esperados e cujo desempenho não tenha reagido aos esforços para remediar a situação, percebe que não se adaptou à empresa muito antes de receber a mensagem de demissão. Descobri que, na maioria dos casos, uma conversa efetiva, desde que ocorra em um ambiente de honestidade e apoio, costuma trazer grande alívio e certo grau de cura para o líder e para o membro do seu departamento.

## O LÍDER DE ALTO IMPACTO FORTALECIDO PELA COMUNICAÇÃO INTERLIGADA: MARTIN LUTHER KING JR.

Como tantas pessoas, eu também considero o dr. Martin Luther King Jr. um dos maiores líderes da História. Ao longo de 15 anos como ativista político e social, Luther King organizou e liderou uma campanha não violenta dos afro-americanos em prol do direito ao voto, da extinção da segregação, dos direitos trabalhistas e de outros direitos civis básicos; sua campanha resultou na Lei dos Direitos Civis de 1964 e na Lei dos Direitos de Voto de 1965.

A comunicação interligada estava no cerne de sua grandeza. Ele era um mestre da empatia e do reconhecimento. Colocava-se no lugar dos afro-americanos em todas as situações. Seus discursos, ensaios, livros e, mais importante, sua interação diária com as pessoas eram caracterizados por uma mensagem semelhante a esta: "Eu sinto sua dor, humilhação, medo, opressão e isolamento. Eu sinto como as injustiças de nossa sociedade enfraquecem vocês. E eu sei o que vocês querem. Eu sei que vocês clamam por liberdade, aceitação, respeito, oportunidade e amor".

Suas comunicações eram altamente estratégicas e extraordinariamente bem articuladas. Ele tinha um objetivo e, com cuidado, planejava e transmitia sua mensagem a fim de assegurar que seu objetivo encontrasse o alvo. Ele expressava sua empatia e reconhecimento dos sentimentos dos afro-americanos por meio de uma prosa metafórica e de imagens vívidas. Então descrevia uma vida melhor e usava exatamente as palavras certas para despertar em seus seguidores o compromisso de usar a resistência pacífica para conquistar essa vida melhor.

Eu li todos os livros de Martin Luther King, a maioria de seus ensaios e entrevistas, bem como a maior parte dos livros sobre ele. Com regularidade, ouço as gravações de seus discursos mais importantes e sou sempre inspirado por seu uso da comunicação interligada. Eu ainda acredito que seu discurso "Eu tenho um sonho" — realizado no Lincoln Memorial em 28 de agosto de 1963, cuja tônica era a Marcha pelos Direitos Civis em Washington – seja o discurso mais persuasivo e o uso mais exemplar da comunicação interligada que já ouvi. Pelo fato de ser tão conhecido e citado, não vou repeti-lo aqui. Mas vou mencionar os comentários finais, transcritos por James Washington, proferidos por Martin Luther King em seu sermão no Mason Temple, em Memphis, na noite anterior ao seu assassinato:

> Vocês sabem que, há muitos anos, eu estive em Nova York para autografar o primeiro livro que escrevi. Enquanto eu estava lá sentado, autografando os livros, chegou uma mulher negra, com problemas mentais. A única pergunta que ouvi dela foi: "Você é Martin Luther King?"
>
> Eu estava com a cabeça baixa, escrevendo, e respondi que sim. E, no minuto seguinte, senti algo atingindo o meu peito. Antes que eu percebesse, havia sido esfaqueado por essa mulher demente. Levaram-me às pressas para o hospital do Harlem. Era uma tarde escura de sábado. Aquela lâmina tinha penetrado profundamente e o aparelho de raios X revelou que a ponta da lâmina estava encostada na parede da aorta, a artéria principal. E quando ela é perfurada, você morre inundado em seu próprio sangue — é o seu fim.
>
> Na manhã seguinte, publicaram no *New York Times* que, se eu tivesse espirrado, teria morrido. Bom, quatro dias mais tarde, depois da operação, depois de meu peito ter sido aberto e a lâmina retirada, eles permitiram que eu me movimentasse de cadeira de rodas pelo hospital. Permitiram que eu lesse algumas das correspondências que tinham chegado de todos os estados e do resto do mundo; eram cartas gentis. Li algumas, mas de uma delas jamais vou esquecer. Recebi uma mensagem do presidente e do vice-presidente. E me esqueci do que falavam esses telegramas. Recebi a visita e uma carta do governador de Nova York, mas me esqueci do que falava a carta. Mas havia outra carta, enviada por uma jovem, uma menina que era aluna da White Plains High School. Li

aquela carta e nunca mais a esqueci. Ela dizia simplesmente: "Querido dr. King: sou aluna da nona série da White Plains High School". E continuava: "Apesar de não ter importância, gostaria de mencionar que sou uma garota branca. Eu li nos jornais sobre seu infortúnio e sofrimento. E li que, se o senhor tivesse espirrado, teria morrido. E estou escrevendo só para lhe dizer que estou feliz porque o senhor não espirrou".

E quero dizer esta noite, quero dizer que estou feliz por não ter espirrado. Porque, se tivesse espirrado, eu não teria estado aqui em 1960 quando estudantes de todo o sul do país começaram a se manifestar, com protestos passivos em balcões de lanchonetes. E eu sabia que, ao se sentarem nos balcões, eles estavam na verdade ficando em pé para defender o melhor do sonho americano. E levando toda a nação de volta àqueles grandes poços da democracia que foram escavados profundamente pelos Pais Fundadores na Declaração de Independência e na Constituição. Se tivesse espirrado, eu não teria estado aqui em 1962 quando os negros de Albany, na Geórgia, decidiram endireitar suas costas. E quando homens e mulheres endireitam suas costas, eles estão indo para algum lugar, pois um homem só consegue cavalgar em nossas costas quando estamos curvados. Se eu tivesse espirrado, não teria estado aqui em 1963 quando a população negra de Birmingham, no Alabama, despertou a consciência desta nação e fez nascer a Carta dos Direitos Humanos. Se tivesse espirrado, eu não teria tido a chance de, mais tarde naquele ano, em agosto, tentar contar para os americanos sobre um sonho que eu tivera. Se tivesse espirrado, eu não teria estado em Selma, no Alabama, para assistir ao grande movimento que acontecia lá. Se tivesse espirrado, eu não estaria em Memphis para ver a comunidade se reunir em defesa desses irmãos e irmãs que estão sofrendo. Estou muito feliz por não ter espirrado.

E eles estão me dizendo, isso não importa mais agora. Não importa realmente o que acontecer agora. Deixei Atlanta esta manhã, e quando sentamos no avião para decolar, havia seis de nós, o piloto disse pelo alto-falante: "Desculpem-nos pelo atraso, mas temos o dr. Martin Luther King neste avião. E para termos certeza de que todas as bagagens foram verificadas e para termos certeza de que não havia nada de errado com o avião, tivemos de verificar tudo com extremo cuidado. E o avião esteve protegido e vigiado a noite toda".

E assim eu vim para Memphis. E alguns começaram a anunciar ameaças ou falar das ameaças que foram feitas. O que vai acontecer comigo por causa de alguns de nossos irmãos brancos que estão doentes?

Bem, eu não sei o que virá agora. Teremos dias difíceis pela frente. Mas isso não importa para mim agora porque subi ao topo da montanha. Não me importo mais. Como qualquer pessoa, eu gostaria de ter uma vida longa. A longevidade é boa. Mas não estou mais preocupado com isso agora. Quero apenas cumprir a vontade de Deus. E Ele permitiu que eu subisse a montanha. E lá de cima eu enxerguei. Enxerguei a Terra Prometida. Talvez eu não chegue lá junto com vocês. Mas quero que vocês saibam esta noite que nós, como um povo, chegaremos à Terra Prometida. Estou feliz esta noite. Nada me preocupa. Não temo homem nenhum. Meus olhos viram a glória da vinda do Senhor. (Washington 1986, 285-86)

Não consigo ouvir a gravação desse sermão sem ficar com os olhos cheios de lágrimas. Às vezes, penso que minhas lágrimas resultam do vazio que existe em nós agora — lágrimas de pesar pela morte da comunicação interligada entre nossos líderes e lágrimas de esperança pela vida que podemos ter quando de sua redescoberta.

## O PAINEL DE CONTROLE DA LIDERANÇA

O Painel de Controle da Liderança (Quadro 8.1) mostra como o líder de alto impacto usa a diretriz da comunicação interligada para otimizar certos traços e funções característicos da liderança. O painel mostra, numa escala de 0 a 100 pontos, que a comunicação interligada lhe permite:

SER INSPIRADOR. A comunicação interligada, por definição, envolve escutar os outros com profundidade. Munido de conhecimento e empatia pelos membros de sua equipe, você será capaz de identificar um objetivo comum que o ligue a cada um deles e à empresa, e também será capaz de dar vida à sua visão ao transmiti-la de modo que os membros de sua equipe se vejam inseridos nela.

OFERECER APOIO. Um dos princípios básicos da comunicação interligada diz que os comunicados devem ser acompanhados por manifestações de apoio. Esse apoio vai fortalecer os outros por meio da adoção de um ambiente que incentive a assumir riscos, a colaboração, a autoliderança e o reconhecimento.

CONSTITUIR UMA EQUIPE. A comunicação interligada une os seres humanos. É imensamente poderosa no recrutamento, engajamento e inspiração dos membros da equipe para que realizem sua visão organizacional.

CRIAR *ACCOUNTABILITY*. A comunicação interligada facilita muito a adoção de uma cultura e de sistemas organizacionais que exigem de cada indivíduo sua contribuição dentro de um ambiente colaborativo. Ela elimina a maior desculpa para se abster da obrigação de prestar contas, ou *accountability*: "Eu não sabia".

A comunicação interligada também amplia sua capacidade de:

TER CREDIBILIDADE. A comunicação interligada, fundamentada em "o que é", facilita a construção da confiança. Os membros de sua equipe veem a consistência e a congruência em suas palavras e comportamento, e desenvolvem uma profunda confiança em suas capacidades e em seu caráter.

ORIENTAR-SE PARA AS PESSOAS. A comunicação interligada, baseada na empatia, só pode ser conquistada com um coração aberto e um genuíno apreço pelas pessoas.

TER ENERGIA. A profunda conexão que você cria com os membros de sua equipe, por intermédio da comunicação interligada, abastece você com um profundo senso de propósito e com a energia para realizar sua visão.

SER CURIOSO. A prática da empatia — que nada mais é que aprender em um nível profundo — inspira você a buscar a compreensão de tudo e de todos em sua vida.

SER CORAJOSO. Como um comunicador interligado, como um especialista em entender profundamente os outros e comunicar-se com eles de modo objetivo, honesto e encorajador, você vai atingir a excelência para fazer comunicados difíceis, portanto será muito mais capaz de tomar as decisões difíceis e executar as tarefas árduas.

CONSTRUIR UM NÚCLEO BASEADO EM VALORES. Saber se comunicar somente de uma maneira interligada lhe permite congregar com eficácia os membros de sua equipe e injetar neles um forte sentimento por aquilo que sua empresa defende e "fincou como bandeira" (Collins e Porras, 1994, 54).

ELABORAR UM PLANO. Por ter criado e definido o caminho ideal, que liga sua visão aos resultados, você será capaz de transmitir esse plano para sua equipe de maneira clara e inspiradora.

CONSTRUIR UMA ESTRUTURA RESPONSIVA. A comunicação interligada é decisiva para você criar tanto a permeabilidade como a flexibilidade necessárias para a sobrevivência de sua empresa em um mundo interligado, altamente complexo e rápido. O comunicador interligado sempre está com os olhos, os ouvidos e a mente bem abertos para identificar as condições externas a ele.

PRODUZIR RESULTADOS. A comunicação interligada, baseada na presença, clareza e honestidade, é uma poderosa ajuda na realização de sua visão de uma maneira mais holística e eficaz.

QUADRO 8.1

CAPÍTULO 9

# COMO SE TORNAR UM LÍDER DE ALTO IMPACTO

## As Oito Diretrizes do Líder de Alto Impacto

Grande parte do meu trabalho como treinador de executivos, consultor estratégico e empreendedor envolve determinar onde meu cliente ou empresa está hoje, onde meu cliente ou empresa quer estar amanhã e o caminho ideal que liga os dois pontos.

Em termos de liderança, eu assumi, ao longo de todo este livro, que a liderança de alto impacto está onde você, no papel de líder ou aspirante a líder, quer estar. Nós podemos até divergir sobre quais os exatos traços de caráter e funções que deveriam ser atribuídos ao líder de alto impacto, no entanto acredito — com base na minha experiência com todas as principais abordagens à liderança e várias outras, bem como por ter trabalhado com milhares de líderes de todos os níveis de eficácia — que todos esses traços e funções se resumiriam a algo semelhante aos traços e funções que discuti neste livro. Essas características estão representadas graficamente no Quadro 9.1.

QUADRO 9.1

# ONDE VOCÊ ESTÁ HOJE?

A próxima questão é: "Onde você está hoje?" Por definição, a liderança envolve causar um efeito nas outras pessoas. A descrição mais precisa de onde você está agora, como líder, deve partir delas.

## QUESTIONÁRIO DA "AVALIAÇÃO DA FONTE DA LIDERANÇA"

A "Avaliação da Fonte da Liderança" (*Source of Leadership Assessment*™) é uma poderosa ferramenta para determinar até que ponto você incorporou os traços e está desempenhando as funções de um líder de alto impacto. Essa ferramenta inclui: um questionário para ser respondido por 5 a 10 indivíduos-chave ligados ao líder; um cálculo para encontrar a média dos pontos referentes a cada categoria de perguntas e um painel de controle da liderança.*

Dependendo da posição e das circunstâncias de sua liderança, podem estar entre os integrantes da sua pesquisa os seus subordinados diretos, as pessoas às quais você se reporta, outros membros da equipe, membros do conselho, investidores, voluntários e importantes clientes e fornecedores. Se você for um aspirante a líder, provavelmente não deve ter subordinados diretos ou outros membros da equipe subordinados a você, mas isso não o impede de usar a avaliação. Simplesmente, peça para os integrantes responderem à pesquisa como se as perguntas sobre as principais áreas da liderança se referissem ao seu potencial, em vez de seu desempenho.

Apresente pessoalmente a pesquisa para seus integrantes como uma tentativa de reunir informações significativas sobre o seu desempenho como líder, de modo que você possa aperfeiçoar sua liderança,

---

* Para encontrar a média referente às perguntas 6 e 7, por exemplo, some os pontos das respostas de ambas as perguntas, divida pelo número de pessoas que responderam ao questionário (neste caso, 5) e depois divida pelo número de perguntas dessa categoria (neste caso, 2).

Veja o exemplo:
Ou seja,

2 + 3 + 3 + 4 + 5 + 3 + 4 + 5 + 2 + 2 = 33 ÷ 5 = 6,6 ÷ 2 = 3,3 (média). Consulte agora o texto O Caminho Ideal para a Liderança de Alto Impacto da p. 230. Esta ferramenta está disponível para download (em inglês) em www.thesourceofleadership.com.

aperfeiçoar a experiência de todos os membros da equipe e desenvolver a empresa. Para assegurar o *feedback* mais sincero possível — a melhor maneira de retratar "o que é" —, você deve garantir aos integrantes que haverá total confidencialidade e anonimato. Portanto, a pesquisa em si deve ser aplicada — em sua distribuição, coleta, contagem de pontos e inserção dos dados — por seu assistente ou por um profissional de recursos humanos que possa manter a confidencialidade do processo. Essa pessoa deve destruir as respostas da pesquisa logo depois de serem computadas para que você não possa ver as respostas individuais.

É solicitado aos integrantes que respondam as seguintes perguntas sobre você, usando uma escala de 1 a 5, sendo que 1 é a menos aplicável a você ou a mais próxima do "não", e 5 é a mais aplicável ou a mais próxima do "sim".

1. Ele/ela conhece os próprios valores? \_\_\_\_\_
2. Ele/ela conhece as próprias crenças? \_\_\_\_\_
3. Ele/ela tem uma visão sobre o futuro? \_\_\_\_\_
4. Ele/ela expressa com clareza esses valores, crenças e visão? \_\_\_\_\_
5. Ele/ela é autodefinido(a)? \_\_\_\_\_
6. Ele/ela visualiza possibilidades estimulantes e positivas para o futuro? \_\_\_\_\_
7. Ele/ela tem raciocínio proativo? \_\_\_\_\_
8. Ele/ela é competente? \_\_\_\_\_
9. Ele/ela demonstra consistência e congruência em suas palavras e comportamento, de modo que os outros tenham uma profunda confiança em suas capacidades e caráter? \_\_\_\_\_
10. Ele/ela tem credibilidade? \_\_\_\_\_
11. Ele/ela ouve os outros atentamente, com o intuito de descobrir um objetivo comum entre os membros da equipe e a organização? \_\_\_\_\_
12. Ele/ela dá vida à sua visão organizacional ao comunicá-la de modo que os membros de sua equipe se vejam inseridos nessa visão? \_\_\_\_\_
13. Ele/ela é inspirador(a)? \_\_\_\_\_
14. Ele/ela é franco(a) e tem genuíno apreço pelas pessoas? \_\_\_\_\_
15. Ele/ela está orientado(a) para as pessoas? \_\_\_\_\_

16. Ele/ela tem sempre um amplo reservatório de energia positiva? \_\_\_\_\_
17. Ele/ela é dinâmico(a)? \_\_\_\_\_
18. Ele/ela é inquisitivo(a) e ávido(a) por aprender? \_\_\_\_\_
19. Ele/ela é curioso(a)? \_\_\_\_\_
20. Ele/ela é capaz de concentrar sua energia e atenção na busca de um objetivo? \_\_\_\_\_
21. Ele/ela é focado(a)? \_\_\_\_\_
22. Ele/ela é capaz de tomar as decisões difíceis e executar as tarefas árduas? \_\_\_\_\_
23. Ele/ela gosta de assumir riscos? \_\_\_\_\_
24. Ele/ela é corajoso(a)? \_\_\_\_\_
25. Ele/ela é capaz de coordenar e dirigir atividades de modo integral, estruturado e funcional? \_\_\_\_\_
26. Ele/ela é organizado(a)? \_\_\_\_\_
27. Ele/ela fortalece os outros ao proporcionar um ambiente que incentive a assumir riscos, a colaboração, a autoliderança e o reconhecimento? \_\_\_\_\_
28. Ele/ela incentiva os membros da equipe a transformarem desafios em crescimento pessoal? \_\_\_\_\_
29. Ele/ela oferece apoio? \_\_\_\_\_
30. Os membros de sua equipe conhecem com clareza o objetivo da empresa? \_\_\_\_\_
31. Os membros de sua equipe conhecem com clareza os valores da empresa? \_\_\_\_\_
32. Ele/ela criou dentro da empresa um núcleo baseado em valores? \_\_\_\_\_
33. Ele/ela é um líder pensante, que identifica novas associações e interligações, e dá origem a conceitos, abordagens, processos e objetivos, tanto novos como alternativos? \_\_\_\_\_
34. Ele/ela é um(a) gerador(a) de ideias? \_\_\_\_\_
35. Ele/ela transforma ideias e possibilidades em um objetivo organizacional? \_\_\_\_\_
36. Ele/ela dá forma à visão para a organização?
37. Ele/ela cria e define o caminho ideal que liga sua visão aos resultados? \_\_\_\_\_
38. Ele/ela elabora um plano para alcançar os resultados da empresa? \_\_\_\_\_

39. Ele/ela recruta, com sucesso, os membros da equipe? _____
40. Ele/ela inspira os membros da equipe a realizarem sua visão? _____
41. Ele/ela envolve os membros da equipe, com sucesso? _____
42. Ele/ela cria uma estrutura permeável, flexível e responsiva, que é altamente adaptável às condições mutáveis?
43. Ele/ela adotou uma cultura e implantou sistemas que exigem que cada indivíduo contribua com sua parcela dentro de um ambiente colaborativo? _____
44. Ele/ela criou *accountability* na empresa? _____
45. Ele/ela realizou sua visão da maneira mais eficaz, holística e mensurável? _____
46. Ele/ela produziu resultados? _____

## CALCULADORA E PAINEL DE CONTROLE DA "AVALIAÇÃO DA FONTE DA LIDERANÇA"*

Em seguida, os pontos atribuídos a cada uma das perguntas são inseridos na calculadora da "Avaliação da Fonte da Liderança", que gera o resultado de sua pontuação para cada um dos traços de caráter e das funções do líder de alto impacto. Isso, por sua vez, vai gerar o painel de controle da "Avaliação da Fonte da Liderança", que mostra até que ponto, na opinião de seus colaboradores mais próximos, você incorpora os traços de caráter e desempenha as funções de um líder de alto impacto.

## O CAMINHO IDEAL PARA A LIDERANÇA DE ALTO IMPACTO

Esta seção vai ajudá-lo a identificar a diretriz, ou diretrizes, na qual você é forte ou que precisa fortalecer para se tornar um líder de alto impacto. Sua pontuação identificará claramente os traços do caráter

---

* Esta ferramenta só está disponível para download (em inglês) no site: http://www.thesourceofleadership.com.

que você incorpora ou que lhe faltam, bem como as funções que desempenha bem ou as que precisa melhorar. As referências a capítulos específicos servem para guiá-lo à diretriz que precisa desenvolver. Você perceberá que não há referências ao Capítulo 1, sobre a diretriz da presença. Isso porque a presença fornece o alicerce para todas as outras diretrizes — mente aberta, clareza, intenção, responsabilidade pessoal, intuição, criatividade e comunicação interligada —, as quais você deve cultivar para desenvolver a presença sempre que qualquer outra diretriz necessitar de atenção.

PERGUNTAS 1-5. Se a média dos pontos das perguntas 1 a 5 for menor que 4, ou 80%, isso prova que você é menos autodefinido do que normalmente se espera de um líder de alto impacto. Você deveria pensar em prestar mais atenção nas diretrizes da clareza (Capítulo 3) e da intuição (Capítulo 6) e, possivelmente, em seus níveis de intenção (Capítulo 4) e responsabilidade pessoal (Capítulo 5).

PERGUNTAS 6-7. Se a média dos pontos das perguntas 6 e 7 for menor que 4, ou 80%, isso indica que você possui um nível de raciocínio proativo menor do que o do típico líder de alto impacto. Você deveria olhar com mais atenção a diretriz da mente aberta (Capítulo 2) e, possivelmente, seus níveis de clareza (Capítulo 3), intenção (Capítulo 4), responsabilidade pessoal (Capítulo 5), intuição (Capítulo 6) e criatividade (Capítulo 7).

PERGUNTAS 8-10. Se a média dos pontos das perguntas 8 a 10 for menor que 4, ou 80%, isso sugere que você talvez tenha menos credibilidade do que gostaria de ter como um líder de alto impacto. Você deveria olhar com mais atenção para a diretriz da responsabilidade pessoal (Capítulo 5) e, possivelmente, para seus níveis de mente aberta (Capítulo 2), clareza (Capítulo 3), intenção (Capítulo 4), intuição (Capítulo 6), criatividade (Capítulo 7) e comunicação interligada (Capítulo 8).

PERGUNTAS 11-13. Se a média dos pontos das perguntas 11 a 13 for menor que 4, ou 80%, isso prova que você talvez seja menos inspirador do que seria esperado de um líder de alto impacto. Você deveria pensar em prestar mais atenção nas diretrizes da intuição (Capítulo

6), da criatividade (Capítulo 7) e da comunicação interligada (Capítulo 8). Você também deveria olhar com mais atenção para seus níveis de mente aberta (Capítulo 2), clareza (Capítulo 3), intenção (Capítulo 4) e responsabilidade pessoal (Capítulo 5).

PERGUNTAS 14-15. Se a média dos pontos das perguntas 14 e 15 for menor que 4, ou 80%, isso indica que você talvez seja menos orientado para as pessoas do que um líder de alto impacto normalmente é. Você deveria olhar com mais atenção para a diretriz da clareza (Capítulo 3) e, possivelmente, para seus níveis de mente aberta (Capítulo 2), intenção (Capítulo 4), responsabilidade pessoal (Capítulo 5), intuição (Capítulo 6) e comunicação interligada (Capítulo 8).

PERGUNTAS 16-17. Se a média dos pontos das perguntas 16 e 17 for menor que 4, ou 80%, isso sugere que você talvez seja menos dinâmico que o típico líder de alto impacto. Você pode encontrar a solução na diretriz da criatividade (Capítulo 7) e, possivelmente, nas diretrizes da mente aberta (Capítulo 2), da clareza (Capítulo 3), da intenção (Capítulo 4), da intuição (Capítulo 6) e da comunicação interligada (Capítulo 8).

PERGUNTAS 18-19. Se a média dos pontos das perguntas 18 e 19 for menor que 4, ou 80%, isso prova que você é menos curioso do que precisa para ser um líder de alto impacto. Você deveria pensar em se focar na diretriz da mente aberta (Capítulo 2) e, possivelmente, em seus níveis de clareza (Capítulo 3), intuição (Capítulo 6), criatividade (Capítulo 7) e comunicação interligada (Capítulo 8).

PERGUNTAS 20-21. Se a média dos pontos das perguntas 20 e 21 for menor que 4, ou 80%, talvez você esteja menos focado do que o típico líder de alto impacto. Você deveria pensar em prestar atenção na diretriz da intenção (Capítulo 4) e, possivelmente, em seu nível de clareza (Capítulo 3).

PERGUNTAS 22-24. Se a média dos pontos das perguntas 22 a 24 for menor que 4, ou 80%, isso sugere que você talvez esteja demonstrando menos coragem do que a geralmente vista em um líder de alto impacto. Você deveria dar uma olhada na diretriz da responsabilidade pessoal (Capítulo 5) e, possivelmente, em seus níveis de clareza (Capítulo 3), intuição (Capítulo 6), criatividade (Capítulo 7) e comunicação interligada (Capítulo 8).

PERGUNTAS 25-26. Se a média dos pontos das perguntas 25 e 26 for menor que 4, ou 80%, talvez você não seja tão organizado quanto o típico líder de alto impacto. Você deveria se concentrar na diretriz da intenção (Capítulo 4) e, possivelmente, em seus níveis de clareza (Capítulo 3) e criatividade (Capítulo 7).

PERGUNTAS 27-29. Se a média dos pontos das perguntas 27 a 29 for menor que 4, ou 80%, isso prova que você talvez ofereça menos apoio do que se espera do típico líder de alto impacto. Você pode encontrar uma solução na diretriz da comunicação interligada (Capítulo 8) e, possivelmente, em seus níveis de clareza (Capítulo 3), responsabilidade pessoal (Capítulo 5) e intuição (Capítulo 6).

PERGUNTAS 30-32. Se a média dos pontos das perguntas 30 a 32 for menor que 4, ou 80%, isso prova que talvez você esteja falhando na criação de um núcleo baseado em valores, que é normalmente construído pelo líder de alto impacto. Você deveria dar uma olhada na diretriz da clareza (Capítulo 3) e, possivelmente, em seus níveis de responsabilidade pessoal (Capítulo 5) e comunicação interligada (Capítulo 8).

PERGUNTAS 33-34. Se a média dos pontos das perguntas 33 e 34 for menor que 4, ou 80%, você talvez não seja o gerador de ideias que tipifica o líder de alto impacto. Você deveria se concentrar nas diretrizes da mente aberta (Capítulo 2) e da criatividade (Capítulo 7) e, possivelmente, em seus níveis de clareza (Capítulo 3) e intuição (Capítulo 6).

PERGUNTAS 35-36. Se a média dos pontos das perguntas 35 e 36 for menor que 4, ou 80%, isso sugere que você talvez seja mais fraco em formar uma visão corporativa do que o típico líder de alto impacto. Você deveria pensar em prestar mais atenção nas diretrizes da mente aberta (Capítulo 2), da intuição (Capítulo 6) e da criatividade (Capítulo 7) e, possivelmente, em seus níveis de clareza (Capítulo 3) e responsabilidade pessoal (Capítulo 5).

PERGUNTAS 37-38. Se a média dos pontos das perguntas 37 e 38 for menor que 4, ou 80%, talvez você não seja tão bom na elaboração de um plano quanto o líder de alto impacto. Você deveria concentrar sua atenção nas diretrizes da intenção (Capítulo 4) e da responsabilidade pessoal (Capítulo 5) e, possivelmente, em seus níveis de intuição (Capítulo 6), criatividade (Capítulo 7) e comunicação interligada (Capítulo 8).

PERGUNTAS 39-41. Se a média dos pontos das perguntas 39 a 41 for menor que 4, ou 80%, isso sugere que você talvez seja menos eficaz ao envolver uma equipe do que o típico líder de alto impacto. Você deveria dar uma olhada nas diretrizes da clareza (Capítulo 3) e da comunicação interligada (Capítulo 8) e, possivelmente, em seus níveis de mente aberta (Capítulo 2), intenção (Capítulo 4), responsabilidade pessoal (Capítulo 5), intuição (Capítulo 6) e criatividade (Capítulo 7).

PERGUNTA 42. Se a pontuação da pergunta 42 for menor que 4, ou 80%, isso indica que talvez você esteja menos apto a construir uma estrutura corporativa com capacidade de resposta do que um líder de alto impacto normalmente está. Você deveria examinar a diretriz da intuição (Capítulo 6) e, possivelmente, seus níveis de mente aberta (Capítulo 2), intenção (Capítulo 4), criatividade (Capítulo 7) e comunicação interligada (Capítulo 8).

PERGUNTAS 43-44. Se a média dos pontos das perguntas 43 e 44 for menor que 4, ou 80%, talvez você seja menos eficaz ao criar *accountability* do que normalmente se espera de um líder de alto impacto. Você deveria explorar as diretrizes da responsabilidade pessoal (Capítulo 5) e da comunicação interligada (Capítulo 8) e, possivelmente, seus níveis de clareza (Capítulo 3) e intenção (Capítulo 4).

PERGUNTAS 45-46. Finalmente, se a média dos pontos das perguntas 45 e 46 for menor que 4, ou 80%, isso sugere que você talvez esteja produzindo menos resultados do que gostaria como um líder de alto impacto. Talvez você deva olhar com atenção a diretriz da intenção (Capítulo 4) e, possivelmente, seus níveis de responsabilidade pessoal (Capítulo 5), criatividade (Capítulo 7) e comunicação interligada (Capítulo 8).

# LIDERANÇA DE ALTO IMPACTO

Na Introdução, sugeri uma nova definição de *liderança* que integra o "eu" e suas energias com os resultados externos:

> *A liderança é o processo de transformar as profundas energias pessoais — as diretrizes internas — em resultados interpessoais extraordinários. A pessoa que reconhece, acessa e desenvolve essas diretrizes observará, em primeiro lugar, um fortalecimento de poder e uma satisfação completa no nível pessoal e, em seguida, e somente então, uma profunda eficácia como líder de pessoas no mundo atual, em toda sua alta velocidade, complexidade e interconexão.*

Em *A Fonte da Liderança*, você vai aprender como alavancar as oito energias transformacionais — as diretrizes pessoais da presença, mente aberta, clareza, intenção, responsabilidade pessoal, intuição, criatividade e comunicação interligada — até alcançar uma liderança de alto impacto. Nutrido pelas oito diretrizes do líder de alto impacto, você se sentirá mais satisfeito e contente no nível pessoal, como nunca esteve antes. Será extraordinariamente eficaz em seu papel de líder. Seja ao conduzir um negócio, um projeto, sua família, uma organização sem fins lucrativos, uma equipe esportiva, os constituintes políticos, uma unidade militar, uma instituição acadêmica, uma classe de alunos ou uma organização religiosa, você verá que está causando um forte impacto positivo, maior do que imaginou ser possível. Se aspira a uma posição de liderança, perceberá que está totalmente preparado para uma das experiências mais compensadoras de sua vida, pois:

VOCÊ SERÁ EXTRAORDINARIAMENTE AUTODEFINIDO. Sua clareza — que agora está livre dos pensamentos, emoções e comportamentos guiados pelo medo — e sua acurada intuição lhe permitem saber exatamente quem você é, quais são seus valores e crenças, seu objetivo principal e para onde está indo. Você expressa claramente sua essência, seus valores e crenças, seu objetivo e seu destino e, desse modo, ganha o mais alto respeito por parte dos membros de sua equipe.

VOCÊ TERÁ RACIOCÍNIO PROATIVO. Sua mente aberta — sua determinação em considerar cada elemento de "o que é", sem medo ou resistência — faz com que você busque e aceite o futuro desconhecido e suas possibilidades. Você visualiza possibilidades mais fortes e mais excitantes para si mesmo, para os membros de sua equipe e para sua empresa.

VOCÊ TERÁ GRANDE CREDIBILIDADE. Sua responsabilidade pessoal capacita-o — na verdade, força-o — a falar e agir com total consistência, honestidade e congruência. Pelo fato de "trilhar o caminho", você ganhará o respeito e a dedicação dos membros de sua equipe.

VOCÊ VAI INSPIRAR OS MEMBROS DE SUA EQUIPE A ATINGIR ALTURAS JAMAIS IMAGINADAS. A combinação de intuição, criatividade, profunda empatia e expressão clara da comunicação interligada lhe permite enxergar o objetivo comum que une você, os membros de sua equipe e a empresa; e lhe permite dar vida à sua visão, de modo que os membros de sua equipe se vejam como uma parte vibrante dessa visão.

VOCÊ ESTARÁ ORIENTADO PARA AS PESSOAS. A clareza de pensamento, emoção e comportamento lhe permite compreender e amar todos os aspectos de si mesmo, quer seja sua *persona* ou sua sombra, o que, em troca, abre seu coração aos outros.

VOCÊ TERÁ MAIS ENERGIA. A criatividade — por definição, uma das energias fundamentais da vida — restaura, regenera e revigora você. Você terá um grande reservatório de energia positiva à disposição e capacidade de gerar uma nova energia sempre que necessário.

VOCÊ SERÁ INTENSAMENTE CURIOSO. Libertado dos medos que bloqueiam a mente, você buscará constantemente o novo e o desconhecido.

VOCÊ ESTARÁ ALTAMENTE FOCADO. Sua prática da intenção concentrará sua energia e sua atenção na busca de seus objetivos pessoais e organizacionais.

VOCÊ SERÁ CORAJOSO. Guiado pela responsabilidade pessoal — a posse completa de "o que é" —, você achará fácil tomar as decisões difíceis, executar as tarefas árduas e assumir riscos.

VOCÊ SERÁ ORGANIZADO. A prática da intenção, com a percepção consciente intensificada e a força efetiva que ela lhe proporciona, permite que você coordene e direcione as atividades necessárias para a realização de seus objetivos de um modo integrado, estruturado e funcional.

VOCÊ OFERECERÁ APOIO. A comunicação interligada, fundamentada na empatia e no apoio oferecido aos outros, favorece um ambiente para assumir riscos, a colaboração, a autoliderança e o reconhecimento, o qual fortalece os membros de sua equipe.

VOCÊ CONSTRUIRÁ UM NÚCLEO BASEADO EM VALORES. Com a segurança conferida pela clareza de pensamento, emoção e comportamento — de que existe um único mestre em sua vida a quem você deve satisfazer —, você será capaz de traduzir sua própria autodefinição em capacidade, para sua empresa e membros de sua equipe, de definir com precisão "quem somos... o que representamos... a que viemos", segundo as palavras de James C. Collins e Jerry Porras (Collins e Porras, 1994, 54).

VOCÊ VAI GERAR UMA MIRÍADE DE IDEIAS. Nutrido pela mente aberta e pela criatividade, você será um líder pensante que sabe identificar novas associações e conexões, bem como originar novas formas de pensamento e de comportamento.

VOCÊ FORMARÁ UMA VISÃO. Sua destemida mente aberta e sua criatividade florescente, bem como sua intuição altamente desenvolvida, que lhe permitem enxergar além daquilo que a mente racional ilumina, guiam sua capacidade de transformar ideias e possibilidades em objetivos corporativos altamente valiosos.

VOCÊ ELABORARÁ UM PLANO. A prática da intenção, combinada à responsabilidade pessoal e ao consequente sentimento de controle e da crença de que você pode causar um efeito, guiará sua capacidade de criar e definir para os membros de sua equipe o caminho ideal entre sua visão e os resultados.

VOCÊ ENVOLVERÁ A EQUIPE. A clareza de pensamento, emoção e comportamento, adquirida por intermédio do seu total autoconhecimento — sua *persona* e sua sombra — e combinada à comunicação interligada que une os seres humanos, amplia seu poder de seduzir os corações dos membros de sua equipe. As mentes e corpos deles acompanham de perto os corações.

VOCÊ CONSTRUIRÁ UMA ESTRUTURA RESPONSIVA. A poderosa perspicácia da intuição guia sua capacidade de construir uma estrutura ideal e adequada ao mundo extremamente rápido, dinâmico e complexo em que vivemos. Essa estrutura permeável é altamente adaptável e responsiva às situações de mudança.

VOCÊ CRIARÁ UM ALTO GRAU DE *ACCOUNTABILITY*. Sua inabalável responsabilidade pessoal inspira os membros de sua equipe a assumirem responsabilidade e apoiarem a cultura e os sistemas da empresa que requerem de cada indivíduo sua parcela de contribuição para um ambiente colaborativo. A comunicação interligada elimina a grande desculpa que atrapalha a *accountability*: "Eu não sabia".

VOCÊ PRODUZIRÁ RESULTADOS. A prática disciplinada da intenção, combinada a todos os traços e funções discutidos acima, traduz-se num impacto altamente positivo.

VOCÊ SERÁ UM LÍDER DE ALTO IMPACTO. Você terá alavancado as oito diretrizes pessoais, profundamente presentes em seu íntimo, ao patamar da transformação positiva em sua vida pessoal, em sua empresa, na vida dos membros de sua equipe e, em última análise, na vida de todas as outras pessoas deste mundo interligado em que vivemos. Que a velocidade da luz, o apoio do universo e a infinita energia estejam com você.

*Junte-se aos líderes e aspirantes a líder que partilham da mesma opinião no site www.thesourceofleadership.com (em inglês), para ter acesso ao primeiro blog sobre liderança e também a downloads, listas de leituras recomendadas e comunicados sobre os programas, notícias e eventos de A Fonte da Liderança.*

# REFERÊNCIAS BIBLIOGRÁFICAS

Alexander, C., P. Robinson e M. Rainforth. 1994. "Treating and preventing alcohol, nicotine, and drug abuse through Transcendental Meditation: A review and statistical meta-analysis", *Alcoholism Treatment Quarterly* 11:13-87.
Back, R., 1977. *Illusions*. Nova York: Dell.
*Bates v. State Bar of Arizona*, 433 U.S. 350 (1977).
Benson, H. e R. K. Wallace, 1970. "Decreased drug abuse with Transcendental Meditation", artigo apresentado no International Symposium on Drug Abuse for Physicians", Universidade de Michigan, agosto de 1970, e para o House Select Committee on Crime, publicado em *Hearings Before the Select Committee on Crime of the House of Representatives*, 92º Congresso, primeira seção, 1971.
Berrettini, R., 1976. "The effects of the Transcendental Meditation program on short-term recall performance", tese de mestrado, Wilkes College.
Bleick, C. e A. Abrams, 1987. "The Transcendental Meditation program and criminal recidivism in California", *Journal of Criminal Justice* 15:211-30.
Bly, R., 1988. *A Little Book on the Human Shadow*. San Francisco: HarperSanFrancisco.
Burnham, S., 2002. *The Path of Prayer*. Nova York: Viking Compass.
Cameron, J., 1992. *The Artist's Way: A Spiritual Path to Higher Creativity*. Nova York: Tarcher/Penguin Putnam.
Chouinard, Y., 2005. *Let My People Go Surfing*. Nova York: Penguin.
Ciaramicoli, A. e K. Ketcham, 2001. *The Power of Empathy*. Nova York: Plume/Penguin Putnam.
Collins, J., 2001. *Good to Great*. Nova York: HarperCollins.
Collins, J. C. e J. I. Porras, 1994. *Built to Last*. Nova York: HarperBusiness.
Conlin, M., 2004. "I'm a bad boss? Blame my dad", *Business Week*, 10 de maio, 60-61.
Cooper, M. e M. Aygen, 1979. "Transcendental Meditation in the management of hypercholesterolemia", *Journal of Human Stress* 5(4):24-27.
Cranson, R., D. Orme-Johnson, J. Gackenbach, M. Dillbeck, C. Jones e C. Alexander, 1991. "Transcendental Meditation and improved performance on intelligence-related measures: A longitudinal study", *Personality and Individual Differences* 12(10):1105-16.
Day, L., 1997. *Practical Intuition*. Nova York: Broadway Books/Bantam Doubleday Dell.
Der Hovanesian, M., 2003. "Zen and the art of corporate productivity", *Business Week*, 28 de julho, 56.
Dunne, B. J., 1991. "Co-operator experiments with an REG device" (norma técnica PEAR 91005), Princeton Engineering Anomalies Research, Universidade de Princeton, Escola de Engenharia e Ciências Aplicadas.
Dunne, B. e R. Jahn, 1992. "Experiments in remote human/machine interaction", *Journal of Scientific Exploration* 6:311-32.
Emoto, M., 2005. *The True Power of Water*. Hillsboro, OR: Beyond Words Publishing.
Engel, B., 2005. *Breaking the Cycle of Emotional Abuse*. Hoboken, NJ: Wiley.
Frew, D., 1974. "Transcendental Meditation and productivity", *Academy of Management Journal* 17:362-68.
Gettleman, J., 2006. "Annan of UN blames 'lack of leadership' for global warming", *International Herald Tribune*, 16 de novembro, seção NE, ed. 3, 8.
Goldsmith, M., 2004. "Leave it at the stream". *Fast Company*, maio, 103.
Gordon, T., 2001. *Leadership Effectiveness Training*. 2ª edição, Nova York: Perigee/Penguin Putnam.
Greenleaf, R., 1977. *Servant Leadership*. Mahwah, NJ: Paulist Press.

Hawkins, D., 1995. *Power vs. Force*. Carlsbad, CA: Hay House.
Hill, N., 1960. *Think and Grow Rich*. Nova York: Fawcett/Random House.
Jaworski, J., 1996. *Synchronicity*. São Francisco: Berrett-Koehler.
Jung, C., 1959. *The Archetypes and the Collective Unconscious*. Nova York: Pantheon Books.
Kouzes, J. e B. Posner, 2002. *The Leadership Challenge*, 3ª edição, San Francisco: Jossey-Bass.
Lashinsky, A., 2007. "Search and enjoy", *Fortune*, 22 de janeiro, 70-82.
McGuire, W. J., 1969. "Attitude and attitude change", em *Handbook of Social Psychology*, ed. Gardner Lindsey e Elliot Aronson, 2ª edição (3 volumes) 3:136-314. Reading, MA: Addison-Wesley.
Miller, W. A., 1989. *Your Golden Shadow*. São Francisco: Harper & Row.
Mills, W. e J. Farrow, 1981. "The Transcendental Meditation technique and acute experimental pain", *Psychosomatic Medicine* 43(2):157-64.
Montana, J. e T. Mitchell, 2005. *The Winning Spirit*. Nova York: Random House.
Muehlman, J., S. Nidich, B. Reilly e C. Cole, 1988. "Relationship of the practice of the Transcendental Meditation technique to academic achievement", artigo apresentado na reunião anual da Mid-Western Educational Research Association, Chicago, IL.
Olson, W., 1991. "Better living through litigation", *The Public Interest*, primavera: 76-87.
Orme-Johnson, D., 1987. "Medical care utilization and the Transcendental Meditation program", *Psychosomatic Medicine* 49(1):493-507.
Palmer, P., 1990. "Leading from within: Reflections on spirituality and leadership", transcrição do discurso proferido no Annual Celebration Dinner of the Indiana Office for Campus Ministries, março.
Schneider, R., C. Alexander e R. Wallace, 1992. "In search of an optimal behavioral treatment for hypertension: A review and focus on Transcendental Meditation", em *Personality, Elevated Blood Pressure, and Essential Hypertension*, ed. S. Johnson, W. Gentry e S. Julius, 291-316. Washington, DC: Hemisphere Publishing.
Sellers, P., 2006. "MySpace cowboys", *Fortune*, 4 de setembro, 66-74.
Senge, P., 1990. *The Fifth Discipline*. Nova York: Currency Doubleday.
Simon, D., S. Oparil e C. Kimball, 1974. "The Transcendental Meditation program and essential hypertension", Hypertension Clinic and Department of Psychiatry, Pritzker School of Medicine, Universidade de Chicago, Chicago, IL.
Thich Nhat Hanh, 2001. *Essential Writings*. Maryknoll, NY: Orbis Books.
Tichy, N., com E. Cohen, 1997. *The Leadership Engine*. Nova York: HarperBusiness Essentials.
Travis, F., 1979. "Creative thinking and the Transcendental Meditation technique", *Journal of Creative Behavior* 13(3):169-80.
Wallace, R., 1970. "The physiological effects of Transcendental Meditation: A proposed fourth major state of consciousness", dissertação de doutorado, Universidade da Califórnia em Los Angeles, Departamento de Fisiologia, nº 1, p. 54.
Wallace, R. e H. Benson, 1972. "The physiology of meditation", *Scientific American*, fevereiro, 84-90.
Wallace, R., M. Dillbeck, E. Jacobe e B. Harrington, 1982. "The effects of the Transcendental Meditation and TM-Sidhi program on the aging process", *International Journal of Neuroscience* 16:53-58.
Washington, J., edição de 1986. *A Testament of Hope: The Essential Writings and Speeches of Martin Luther King Jr*. Nova York: HarperCollins.
Wheatley, M. J., 1999. *Leadership and the New Science*. San Francisco: Berrett-Koehler. [*Liderança e a Nova Ciência*, publicado pela Editora Cultrix, São Paulo, 1996.]
Zukav, G., 1979. *The Dancing Wu Li Masters*. Nova York: William Morrow.
Zweig, C. e J. Abrams, 1991. *Meeting the Shadow*. Nova York: Tarcher/Putnam. [*Ao Encontro da Sombra*, publicado pela Editora Cultrix, São Paulo, 1994.]